供应链管理

从入门到精通

卓弘毅 编著

SUPPLY CHAIN MANAGEMENT
FROM BEGINNER TO EXPERT

中国铁道出版社有限公司
CHINA RAILWAY PUBLISHING HOUSE CO., LTD.

图书在版编目(CIP)数据

供应链管理从入门到精通/卓弘毅编著．—北京：中国铁道出版社有限公司，2022.1(2025.9重印)

ISBN 978-7-113-28393-3

Ⅰ.①供… Ⅱ.①卓… Ⅲ.①供应链管理 Ⅳ.①F252.1

中国版本图书馆CIP数据核字（2021）第189246号

书　　名： 供应链管理从入门到精通
GONGYINGLIAN GUANLI CONG RUMEN DAO JINGTONG
作　　者： 卓弘毅

责任编辑： 陈　胚　　**编辑部电话：**（010）51873459　　**投稿邮箱：** 18397575@qq.com
封面设计： 仙　境
责任校对： 孙　玫
责任印制： 赵星辰

出版发行： 中国铁道出版社有限公司（100054，北京市西城区右安门西街8号）
网　　址： http://www.tdpress.com
印　　刷： 三河市兴达印务有限公司
版　　次： 2022年1月第1版　2025年9月第7次印刷
开　　本： 710 mm×1 000 mm 1/16　**印张：** 19.5　**字数：** 294千
书　　号： ISBN 978-7-113-28393-3
定　　价： 69.80元

前　言

在十几年前，我刚开始从事供应链管理工作的时候，供应链还是一个比较冷门的概念。现在，经常会在一些媒体上看到有关供应链的内容，各行各业都在讨论它，从芯片到餐饮，从制造业到零售业。供应链越来越多地受到重视，市场上对供应链人才的需求也越来越迫切。

鉴于此，我决定把过去近二十年的工作经验，结合世界领先的供应链管理理论编写成书，以尽献自己的绵薄之力。

本书主要探讨的是企业层面的供应链管理，因此整体的基调非常接地气。

第1章，用一句话来概括供应链管理的定义，即“一个目标、两个关键词、三个主体和四个流”。供应链的一个目标就是企业的目标，那就是盈利；两个关键词是平衡和取舍，它们体现在许多方面；三个主体是供应商、制造商和客户，当然，供应商还有更上游的供应商，客户还有更下游的客户；四个流分别是信息流、实物流、资金流和逆向物流。

第2章，通过一家普通的早餐铺，向读者介绍供应链管理原理在日常生活中的应用。通过对比不同类型的供应链战略，向读者解释为何企业会选用这些战略，以及它们演化的过程；并介绍了著名的供应链运营参考模型SCOR的内容。

第3章到第4章，进入供应链实际运营部分：从一个订单的生命周期到物流运输；并重点介绍合同物流的概念和应用，以及如何高效地管理第三方物流。

第5章，重点讲述入库收货。入库收货看似不重要，却关系重大，在这一章中将介绍如何处理供应商送货的差异，以及一些实践案例。

第6章，仓库管理。现代的仓库早已不再是临时存储的空间，它有许多增值功能。本章重点介绍仓库的前期设计，仓库运营中的绩效考核目标，如何做仓库盘点，以及传统仓库如何向现代化仓库转型，如何选址高标准仓库等。

第7章，交付管理，是本书中极为重要的内容。企业一旦承诺了交货期，就要竭尽所能地达成目标。在这一章中将介绍面对充满不确定的市场环境，企业如果出现了延迟交货的情况该如何处理；作为与客户对接的窗口，销售客服人员需要具备的职业素养等，以及交付中有两项最佳实践，VMI和Consignment；为了系统性地改善交付，企业需要使用的项目管理方法等。

第8章，重点介绍逆向物流。逆向物流或许是供应链中最后的利润源泉。本章先通过一个案例来介绍退货品的"囧途"；然后介绍逆向物流包含的活动，它们之间的层次关系；用案例来说明退货管理流程，以及如何用经典的PDCA工具来处理客户退货；最后介绍可循环包装的使用等。

第9章，重点谈论供应链绩效考核的内容。从三个视角，即企业如何考核供应商，客户如何考核企业，企业内部的自评，更加全面客观地了解供应链的绩效表现。企业可以使用目视化绩效管理法，简单明了地解决日常工作中的问题。

第10章，讲述了供应链组织和人力资源管理。供应链一定要清楚部门的定位，然后才能来构建组织，实现企业的发展目标。

本书编写的目的就是想帮助更多的朋友学习先进的供应链、物流知识。目标读者群体包括并不局限于以下几种：

1. 供应链和物流职场新人；

2. 考虑职业转型人士和在校学生；

3. 第三方物流项目设计和运营人员；

4. 非供应链物流专业的管理人员。

希望通过对本书的学习，读者能有所收获。

目　录

01

第 1 章 什么是供应链管理

近几年来，供应链管理(Supply Chain Management)这个词越来越热门，很多人都在谈论供应链对于一家企业、一个行业，甚至是一个国家的重要性。

但是，大家所谈论的供应链可能并非在同一个维度上的，比如，国家供应链战略和企业供应链运营，虽然都包含供应链概念，但涉及的范围各有不同。如何来理解宏观和微观的供应链；对供应链管理者来说，哪个才是和我们日常工作最密切相关的，这都是本章将要讨论的问题。

1.1 宏观供应链(国家层面的供应链)

在过去10年里,供应链受到了许多国家的重视,特别是中国和美国。其中的背景究竟是什么呢?要回答这个问题,让我们把时间拨回到2010年,看看当时国际上发生了什么大事件。

2010年5月到10月,上海成功举办了世界博览会,为期半年的博览会总计吸引了7 300多万名中外观众。这是中国举办的首届世界博览会,规模空前,有12项纪录入选世界纪录协会世界之最。2010年,中国还有一项值得骄傲的纪录,全年GDP达到40.1万亿元,年增长率10.4%,超越了日本,成为世界第二大经济体,仅次于美国。

奥巴马政府在2012年1月23日,发布了著名的《全球供应链国家安全战略》(National Strategy for Global Supply Chain Security),在全球范围内,美国是最早提出把供应链发展上升为国家战略的国家。这份文件中提道:

国际贸易一直并将继续是美国和全球经济增长的强大引擎。近年来,通信技术的进步以及贸易壁垒和生产成本的降低,为全球资本市场的扩张和新的经济机会做出了贡献。支持这种贸易的全球供应链系统对美国的经济和安全至关重要,并且是至关重要的全球资产。

美国的供应链战略包括两个目标:

一是促进货物的高效和安全流动。促进及时、有效地合法商业流通,同时保护供应链,减少受破坏的风险。

二是培育有弹性的供应链。建立一个全球供应链系统,该系统可以应对不断变化的威胁和危害,并可以迅速从破坏中恢复。

美国寻求的全球供应链体系是通过全球范围内快速、安全和可靠地运输商品和服务,来支持长久的创新和繁荣,努力促进美国未来的经济增长和提升国际竞争力。美国《全球供应链国家安全战略》的发布,标志着在全球经济一体化的市场竞争环境下,终于迎来供应链管理的时代。

中国也在 2 年多后提出了国家供应链战略。2014 年 11 月，我国决定实施全球价值链、供应链的领域合作倡议，明确提出供应链战略。供应链受到国家领导人的高度关注，开始进入国人的视野。2017 年 10 月 13 日，国务院办公厅印发了《关于积极推进供应链创新与应用的指导意见》，国办发〔2017〕84 号，(以下简称《意见》)。在《意见》中指出：供应链是以客户需求为导向，以提高质量和效率为目标，以整合资源为手段，实现产品设计、采购、生产、销售、服务等全过程高效协同的组织形态。随着信息技术的发展，供应链已发展到与互联网、物联网深度融合的智慧供应链新阶段。

从《意见》中可以看到，我们国家对供应链的定义是从产品设计开始，经过采购、生产、销售环节，到客户服务结束的一系列活动。我们可以把它理解为产品的全生命周期管理，适用的范围不再局限于某个行业，而是具有更强的普世意义。从国家战略的高度来解读供应链，推进供应链创新和应用，这样才能确保供应链上的每一个关键点都不会被忽视，从产品设计、财务、营销、运营到销售，面面俱到。当每个环节都足够坚韧时，才能保证整体链条不会断裂。

以上是从中美两个国家战略层面来看待供应链，是属于宏观的供应链。对于众多的供应链从业者，我们都是在各个企业里从事供应链相关工作，更加需要从微观的层面上，深入了解供应链的上下游关系。只有了解每个职能(计划、采购、制造、运输)之间的内在联系，才能把我们的工作做到位。

1.2 微观供应链(企业层面的供应链)

大家可能听过这样一句话："真正的竞争不是在公司之间，而是在供应链之间。"提出这个观点的是英国著名学者，克兰菲尔德大学(Cranfield University)管理学院市场营销与物流荣誉教授马丁·克里斯托弗(Martin Christopher)。这句话的原文是："Supply chains compete, not companies."想要在供应链的竞争中获胜，需要考虑供应链网络、可持续发展、产品设计，还有物流、采购、分销和交付。供应链是获取竞争优势的关键，从国家到企业，都需要重新思考供应链的含义，以及它的战略意义。

简单来讲，企业的供应链管理可以用这样一句话来总结，那就是："一个目标，两个关键词，三个主体，四个流。"

1.2.1　一个目标

供应链管理的目标是什么？来自不同行业和企业的人都有各自的解读。有些人认为订单交付率最重要，如果不能把订单按时、足量地交给客户，那就不能继续获得订单，因此满足交付是供应链最重要的目标。还有些人认为库存周转很关键，库存转得越快，就能让公司赚更多的利润，所以要想尽方法提高周转率。各家众说纷纭，那么什么才是供应链管理的目标？

在明确供应链管理的目标之前，先要明确企业的目标是什么。用最简单、通俗的话来说，就是企业要赚钱。只有盈利了，企业才能长期健康地发展。持续性亏损的公司，迟早是要结束经营的。供应链的目标应该和企业目标保持一致，不能背道而驰。在达成目标的过程中，需要有一些可衡量的指标来反映供应链运营的状况。在高德拉特博士著名的小说《目标》里，就运用了三个指标来衡量工厂运营情况，分别是有效产出、库存和运营费用。

有效产出是指整个系统通过销售商品而获得金钱的速度，可以理解为工厂通过加工，把原料库存制成商品卖给客户，回笼资金的速度。

为了把商品卖出去，需要先投资购入原材料，这部分的资金会暂时存在系统之中，也就是所谓的**库存**。

运营费用是系统为了将库存转化为有效产出而花费的所有资金。库存是暂存于系统中的钱，只有把库存变成有效产出以后，才能收回库存的投资；而为了实现这个过程，就会有运营费用的产生。

高德拉特博士对于"目标"的阐述就是，在提高有效产出的同时，减少库存和运营费用。这三个指标是相互联系，并不是孤立存在的。

当然，在不同的行业里，可能还存在其他的衡量指标。但是，要明确企业的目标是始终不变的，那就是要可持续地盈利发展。一些互联网公司，为了快速抢占市场份额，把盈利的指标暂时搁置一边，先把其他竞争对手全部挤出赛道，然后期望独享整个市场。这种做法看似与企业盈利的目标相悖，但是投资者对于互联网公司也有盈利的预期时间。如果长期无法实现盈利，资本还是会抛弃这类企业的。

1.2.2　两个关键词

供应链管理的两个关键词是平衡和取舍。

1. 平衡

供应链管理是平衡的艺术，其中最主要的一项工作就是平衡需求和供应。需求来自客户，可以是有实物的商品，也可以是无形的服务。

例如，在咖啡店里，顾客在柜台点单，就是提出需求的过程，顾客获得的咖啡就是有形的商品，除了美味的咖啡，顾客还得到了另一种满足，那就是优雅的消费环境：店里播放着旋律动人的爵士乐，空气中弥漫的咖啡烘焙香味让人情不自禁地感叹“好香啊”，这些都无形提升了顾客整体的消费体验。有形的商品和无形的体验构成了顾客的完整需求。但如果咖啡店里人满为患，那就会是另外一种场景了。店员们忙于应付线上的外卖订单和排队点单的顾客，咖啡店的供应能力已经无法满足顾客的需求，超长的订单等待时间引起顾客的强烈不满，或许他们下次不会再来光顾。店员在手忙脚乱之时，还很有可能会做错饮料，遭到顾客投诉。为了平息顾客的怒火，店长除了道歉，有时还要奉送饮品折扣券来安抚对方，这些活动都增加了店铺的经营成本。由于供应能力不能匹配需求，导致咖啡店的有效产出下降，使在制品库存数量和运营费用上升。想要实现店铺盈利的目标，必须增加供应方面的资源投入。

对于制造业来说亦是如此。在一段时间内，工厂的生产供应能力是相对稳定的。供应资源的配置决定了产能的上限，而产能是由机器数量、模具、原材料库存、一线员工人数、厂房面积和仓库容积等一系列参数构成的。相比之下，需求数量是波动的，不是固定的。工厂有多个客户，有些甚至是来自不同的行业，比如医疗器械、汽车制造或是厨房用品等。经济周期有繁荣有萧条，行业又有各自的状况，客户的经营情况也各不相同，多重因素叠加在一起，导致了需求的波动性。

工厂依靠相对稳定的供应能力来应对持续波动的客户需求。如果不能平衡好供应和需求，就会重蹈前文中咖啡店的覆辙。所幸的是，睿智的供应链先驱者已经研究出平衡供应与需求的理论，开发出了相应的工具，由咨询公司制定出可实施的落地方案，还有软件公司研发出了配套的系统。在现阶段，比较成熟的应用是销售和运营计划(Sales and Operations Planning，简称 S&OP)，此部分内容将会在第 3 章里重点展开。

供应链管理中的平衡是无处不在的，供应和需求是最重要的一对关系。如果把目光放到更大的范围内，从全局来考虑问题，就需要引入更多的要素，比如运营费用、产能、库存、交货时间和产品组合五个要素，如图 1-1 所示。

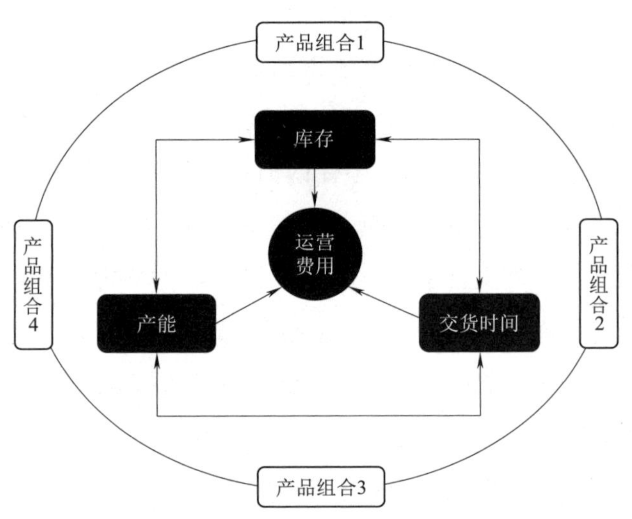

图 1-1　供应链运营的五个要素及其关系

在这些要素中，产能、交货时间(也称前置时间)和库存是运营的重要资源。以咖啡店为例，每小时内可以完成的各种饮品数量的总和就是店铺的**产能**。值得注意的是，产能是和店铺内咖啡机及相关配套数量有关的，设备越多，单位时间内可产出的量也越大。另外还和当班员工数量有关，人员越多，可完成的数量也越高。产能和原材料库存也有关系，咖啡豆、牛奶、糖浆和其他辅料都是制作饮料必不可少的原料，甚至是包装材料——空咖啡杯、杯盖和吸管，一样都不能少。只要缺少了其中的一样，就无法完成一杯质量合格的饮料。而顾客是否能够接受“次品”，取决于他当时的心情和店员的沟通技巧。

交货时间是从接到订单开始，直至货物交付给顾客的全部时间，其中包括订单处理时间、生产时间和运输时间。顾客点完咖啡，付好钱以后，这笔订单就正式生效。咖啡师在确认饮品的种类和数量以后，进入了制作过程。如果前面没有其他订单，那就能用标准的生产时间来完成饮品。如果前序还有其他订单没有完成，那就必须等待，根据先来后到的顺序完成订单。为此产生的等待时间，也是生产时间中的一部分。在这个场景中的运输时间可以忽略不计，因为顾客早已等候在柜台。

咖啡店的原料**库存**方面，咖啡豆等用于制作饮料的是直接材料（Direct Material），另外还有一类是间接材料（Indirect Material），比如糖包、奶油球、纸巾、封口贴、搅拌棒等。间接材料不会直接用于咖啡的生产，但也都是必不可少的原料。

产能、交货时间和库存对需求波动起着缓冲作用，保护企业免受缺货造成的销售损失。维持这些缓冲可以有效地管理需求的不确定性。供应链和运营管理人员需要掌握量化的产能信息和交货时间，再结合可用的库存情况，才能给客户承诺准确的交货时间。

产品组合可以理解为公司向目标市场推出的产品和服务的总清单，客户可以在菜单式的列表中，选择想要购买的商品。产品组合一般是由产品开发和市场营销部门负责，并不在供应链管理的职责之内；但是产品组合的复杂度却和供应链运营的结果息息相关。一般而言，复杂度越高，供应链运营的难度就越大。还以咖啡店为例，最基础的产品就是浓缩咖啡，它是通过高压蒸汽萃取出来的少量精华。在一份浓缩咖啡的基础上，加上热水就成了美式咖啡；如果倒入牛奶和奶沫，那就是拿铁咖啡；如果再淋上糖浆，就会成为各种风味的咖啡饮料。随着加入的原料增多，咖啡的种类变得越来越丰富，产品的复杂度也越来越高。所有的原料都需要提前预备好库存，以免顾客点单的时候发现缺料而无法供应。店铺内需要储备的原料品种随着产品复杂度上升而增加。

除此以外，产品组合对机器设备和人员技能培训也有相应的要求。磨豆子、打奶泡、做冰沙，都需要配备专门的设备。在新的饮品推出上市之前，店内需要对所有员工进行培训，确保每个人做出来的产品是一致的，不能出现饮品口味“因人而异”的情况。随着新产品数量的增加，对于设备和人员培训的要求也会越来越高，供应链管理难度也随之增加。在目前市场环境下，顾客“喜新厌旧”的消费习惯已经被众多商家的激烈竞争培养起来了，各个品牌都在快速迭代产品，用新奇的事物来吸引消费者的注意力。在这种驱动力下，产品组合必然要考虑市场需求的趋势，消费者都是愿意尝试新品的，推陈出新可以带动销售额增长。产品组合可以丰富品牌的商品内容，提高销售额，同时会对库存产生影响。

企业的高层管理人员都希望达到这样的运营结果：最高的产能利用率，最低的库存水平，最短、最可靠的客户交货期，最广泛的产品组合，而最重要的是，运营费用最低。

在实际的供应链管理中，五个要素之间的关系有点像“按下葫芦浮起瓢，顾了这头就顾不了那头”。在一个地方施加压力，问题就会在另一个地方浮现出来。根本的原因是，供应链各个要素在企业组织内部是脱节的，它们隶属于不同的部门，因此很难找到最佳平衡点。在典型的制造业环境中，生产部门负责监督产能利用情况，考核设备利用率；销售或供应链负责库存和客户交付服务；市场和营销部门负责管理产品组合；运营费用会由生产和供应链共同负责。我们经常会遇到以下的场景。

第一，由于大量订单在同一时间段涌入，推高了产能的使用率，导致生产就像是绷紧的皮筋，没有任何回旋的余地。原料库存可能跟不上生产的消耗，出现了缺料的现象。

第二，随着缺料的情况越来越多，生产被迫中止，使得交货时间不断延长。焦急的客户投诉到工厂的高层，生产不得不根据客户催单的紧急程度重新调整，扰乱了既定的计划。反复地催单让工厂陷入彻底的混乱，订单只有紧急、非常紧急和至关重要紧急三种状态，所有人都迷失了方向，不知道该先做哪一个订单。

第三，为了获得更多销售额，市场部推出了更多的产品组合，而过快的扩张给库存和产能造成了巨大的压力，同时增加了供应链管理的复杂度。

这些情况都会给企业运营带来破坏性的影响，由于订单大面积延迟，客户不满的情绪高涨，而企业却面临着销售损失和利润暴跌的后果。面对这种局面，企业只有优化以上提及的五个要素，才能够在保持平衡的情况下运行。

2. 取舍

企业一方面想要降低总持有成本（Total Cost Ownership，简称 TCO），包括库存、订货和运输的成本；另外一方面，又想要提高客户服务水平，包括及时交货、质量保障和快速响应水平，以保持竞争力，争取更多的市场份额。但是，在现实中，这两个目标往往是"鱼与熊掌不可兼得"。在这个时候，企业就会面临一个取舍的问题，到底是要成本更低，还是要更好地满足客户需求？这就要看企业的战略到底是什么。有些企业的毛利率不高，那就要增加运营的效率，势必要考虑降低成本；有些企业的利润率比较高，为了争取更多的市场份额，打击竞争对手，就一定要提高客户服务水平，成本就不是主要的约束条件了。

在目前实际的供应链管理中，有很多需要进行取舍的问题，以下列举了几种经常会遇到的情况。

（1）大批量生产与多品种小批量生产

生产的取舍是选择大批量生产降低准备时间，还是要多品种小批量生产满足客户订单？前者是生产部门最喜欢的作业方式，因为连续性的生产能够提供最稳定、最大化的产量，这也是生产部的关键考核指标。因为合格品的产量关系到工人的绩效工资，在很多工厂里，工人的奖金和产量直接挂钩。而在机器设备上连续生产同一个类型的产品，就可以减少因为换型而造成的时间损失，从而生产出最大量的产品。

对工人来说，最理想的情况是连续生产同一个类型的产品，不用换型，以便达到最大的产出量。但是现实情况并不允许工人一直这样做。生产是依照计划执行，而不是个人的意愿。制订的计划要能够满足客户订单需求，在规定的时间，把正确数量的产品交付给客户。计划还能够避免生产过量或不在计划内的产品，确保不会做出一堆客户暂时不需要的库存。

但是随着市场竞争的加剧，很多客户的下单模式已经演变成多品种、小批量的形式。这样扩充的产品组合让订单的品种数量增加了，但如果销量没有达到预期，那就可能会造成滞销库存，最终报废销毁。减少订货批量可以规避冗余库存的风险，但要如何合理地减少订单批量呢？在采购信息系统诞生之前，采购计划员全凭手工下单，需要进行大量的计算之后，才能完成一张采购订单，然后通过电话、传真和邮件发送给供应商。随着技术的进步，已经有多种采购系统解决方案，采购员可以依据采购协议和系统内设定的参数，通过全自动或是半自动(系统计算加上手工调整)的方式下订单，这样就大幅地提高了采购计划工作的效率，使得多品种小批量的采购模式成为主流。但是对供应商来说，数量过小的订单又增加了生产换型的时间，这部分的时间损失必须内部消化，客户不会为此买单。有些产品的订单数量可能只有几十个，甚至是几个，工厂在一小时内就能够完成产品生产，但是却需要花费数个小时来更换模具。因此，生产需要放进整个供应链中一起讨论研究，以便在满足客户订单需求，以及在实现生产效率最大化之间做出最合理的选择。

(2)自制与外包

自制还是外包，是企业经常会面临的一个问题。对于某种产品或是服务，企业会权衡考虑是由自己生产，还是外包出去。

外包指的是企业把原来在内部生产的产品或是服务，转移到外部的供应商来提供的过程。举个例子，iPhone 是由苹果公司设计，而它的生产制造会外包给富士康等一些公司来做。

企业选择是由自己生产还是外包，成本是关键因素。企业要算一下账，看看哪一种方案的成本更低。例如：

某工厂需要使用 X 零件，年用量是 1 万件，该零件既可以自制，也可以外包生产。如果是外包，每件单价为 100 元；如果是自制，其单位成本见表 1-1。

表 1-1　X 零件自制单位成本

直接材料	60 元
直接人工	20 元
变动制造费用	16 元
单位成本合计	96 元

A零件是自制还是外包？通过一个简单的计算就可以得出结论。

自制总成本为：10 000×96＝960 000(元)

外包总成本为：10 000×100＝1 000 000(元)

根据成本计算的结果，工厂应选择自制方案，每年可节约成本40 000元。

不过，在现实中情况远比这个简单的计算要复杂得多。产品或服务的成本并不是唯一考量因素。是自制还是外包，还需要进行战略层面的分析，如图1-2所示。同时还要考虑以下三个问题。

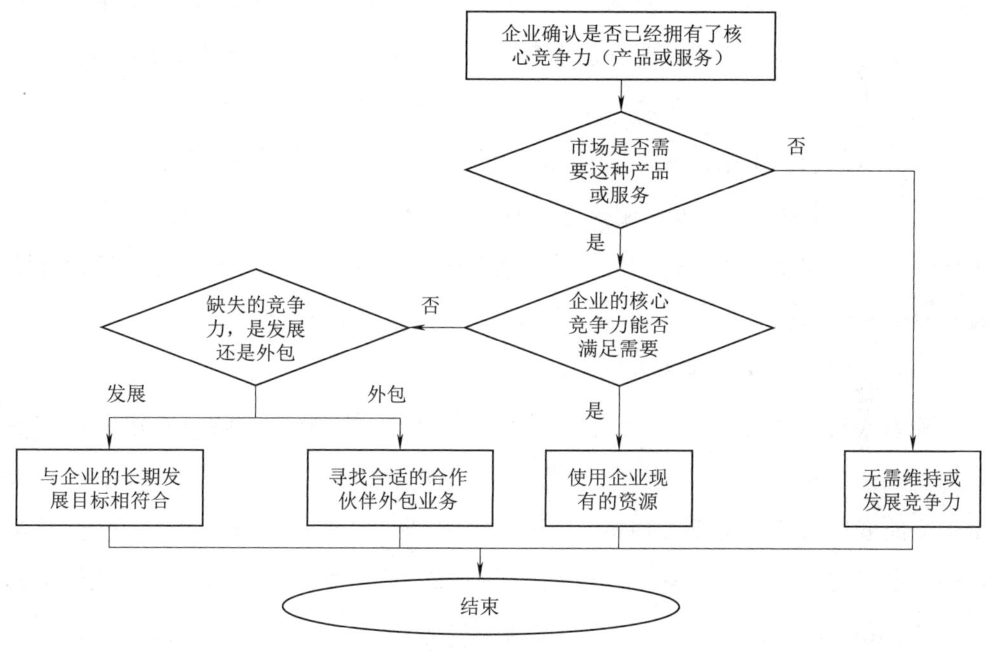

图1-2　自制还是外包的决策过程

①是否为企业的核心竞争力。

核心竞争力是企业或者个人相较于竞争对手而言所具备的竞争优势和核心能力差异。企业从核心竞争力方面考虑是自制还是外包，可以从下面的案例借鉴一下。

达美乐比萨(Domino's pizza)成立于1960年，有别于其他比萨连锁品牌，达美乐非常专注于比萨外送服务。达美乐的创始人从经营第一家堂食店铺时，就发现了一块新兴的市场——外卖。当时，达美乐店铺80%的营业额都来自外卖订单，顾客大多数是喜欢观看体育比赛直播，不愿意离开电视机屏幕的宅男。在发掘出这个商机后，达美乐开始专注于外送比萨，提出了“30 分钟内必达，超时免费”的口号，由自建的物流团队完成配送。既然是以准时外送为主要的卖点，那么堂食就变得不那么重要了，所以达美乐的门店规模都比其他的品牌小很多。这种策略的另一个优势是可以节省大量店铺租金，达美乐的门店扩张也可以采用成本较低的加盟制完成。截至 2020 年，达美乐在全球已经拥有了 17 200 家门店。

在这个案例中，我们看到达美乐的一项核心竞争力是快速优质的外送服务。假设达美乐的管理层在考虑进入一个新的市场，对比萨外送这项服务，是用自己的配送团队还是找外部供应商时，他们可能会通过以下的思考模型来进行决策。

比萨外送是达美乐的核心竞争力，需要不断发展相关的能力并和市场的需求相匹配。从最初的网络订餐，到当下流行的 App、小程序下单，达美乐一直在尝试把最新的 IT 科技应用于外送服务上。在 2020 年疫情期间，达美乐的网络下单外送食物业务占据整个市场份额的 11%，这要归功于多年来公司致力于信息化和物流及时配送能力的建设。

②外包以后可能出现的后果。

随着经济全球化的发展，外包也成了一种潮流。影响企业做出外包决定的主要因素还是成本。在 20 世纪 90 年代，大量外资公司在我国设立生产基地，正是看中了当时我国低廉的劳动力成本。随着我国产业工人薪酬水平逐渐上升，劳动密集型企业又逐渐把工厂转移到印度和东南亚等成本更低的国家。而成本并不是影响企业外包的唯一的因素，跨国公司越来越注重核心竞争力，同时战略性地剥离一些非核心的业务。

外包非核心竞争力的业务可以节省运营成本，还能为企业提供更好的服务。例如，现在很多公司都有企业公众号，用于品牌推广和产品服务介绍，由市场部负责公众号的宣传和运营。由于人员编制有限，企业内部没有足够的人力资源来产出内容、运营账号，所以都外包给了第三方的运营商。这些外包服务商拥有丰富的媒体内容制作经验，在充分理解客户产品特点之后，用最能被目标群体接受的方式，定期制作发布客户产品内容，充分体现出外包服务的优势。

外包模式有着以下的优点和缺点。

优点方面：

一是可以降低运营费用。

外包公司凭借着其规模和专业性，可以帮助客户降低成本。如，把运输业务外包给第三方在区域线路上有优势资源的物流供应商，可以给客户提供更好的服务和更低的价格。

二是可以转移不确定的风险。

市场需求充满不确定性，通过外包可以把风险转移给供应商。如，很多公司为了实现产品快速送达客户端，会在全国多地建立配送中心仓库。如果是自建仓库的话，那就需要进行固定资产投资，假使某个区域的销售情况没有达到预期的目标，自建仓库的投资回报率一定是很低的。为了规避潜在的不确定性，最好的办法是租赁现成的仓库，做一些布局改造后就可以立即投入使用。节省下来的资金可以用于其他方面的投资，提升企业的资本利用率。

三是可以使用最新技术。

企业如果想要长期拥有行业内最领先的供应链和物流科技，必须进行持续的投资。而使用外包服务供应商，企业只要付出较少的资金，就能获得最新的科技，而不需要进行大量的人力、物力的投资。

不过企业在享受外包带来的利益的同时，也面临着一些困难和挑战。

一是交货延迟的风险。

当企业把某些生产过程外包给外部的供应商后，就意味着失去了对这部分生产的直接控制。外部供应商是否能够按照规定的时间、地点来交货，这是对客户的一个挑战。特别是把生产能力转移到海外，供应链管理的难度就会急剧增加。如在疫情期间，印度国内由于长期的封锁政策，使得制造业工人数量短缺，海外客户订单交付出现严重延迟的情况。

二是企业的社会责任。

一些企业非常注重对自然环境的保护和承担社会责任，但是他们很难控制外包供应商的行为，往往会因为发展经济的需要而忽视保护环境和劳动工人的权益。

企业要对外包供应商的作为和不作为负责。

三是可能会失去相关的知识和技术。

企业在生产过程或是服务外包后，就不再直接参与经营活动，在经过一段时间以后，可能会出现知识和技术方面的断层。如，美国在把大量制造业工厂转移到亚洲以后，国内的产业工人素质下滑；再加上年轻一代人不喜欢从事制造业相关工作，使得制造业回流美国之路变得异常艰难。

对于自制还是外包的问题，企业如何进行取舍？除上述两点之外，还需要对总持有成本进行分析。

③对企业总持有成本的分析。

一旦企业决定了要把某项产品或服务外包，接下来就要认真考虑外包的成本、质量和供应连续性。很多跨国公司都把制造转移到低成本国家，从这些国家采购的成本都低于企业自制。跨国公司会在低成本国家设立办公室，聘用当地员工，配合总部的团队来寻找低成本供应商。通过对供应商进行的层层筛选和后期开发，产品的质量都能达到客户的标准。即使如此，海外的供应商是否可以持续稳定地供应？这里面依然存在着一些不确定的因素。

一是天灾。如 2011 年泰国发生水灾，洪水冲毁了西部数据公司的工厂。该公司承担全球四分之一的计算机硬盘驱动器的生产。花了整整一年的时间，才恢复到洪水前的水平。这次水灾扰乱了该公司全球计算机制造的供应链。

二是政局不稳。政治不稳定是指政权或政府更迭、动荡。任何涉及上述因素的政治活动将会造成重大的全球供应链动荡。如，2018 年在北非、中东和乌克兰发生的政治事件就威胁到全球供应链，特别是在这些地区有经营活动的公司。

三是罢工。如 2019 年 9 月，美国汽车工人联合会（United Auto Workers）发起的全国罢工致使通用汽车美国工厂几乎全部停产，甚至影响到通用公司的零部件供应商，因为停工以后通用公司不再向供应商购买新的零件。更广泛的汽车供应链都受到了此次罢工的波及。

总之，供应链是依靠自制还是选择外包，成本是关键因素，还要深层次地考虑哪一种选择符合企业长期发展的战略。目前，在越来越讲究垂直细分竞争市场的背景下，企业强调核心竞争力是一种趋势。

在供应链管理中的取舍现象比比皆是。还比如，在物流运输中，整车运输可以降低单个零件的运输成本，但是为了凑满整车货物，可能会影响按时交货，也会增加货物的仓储成本；零担拼车的运输成本比整车高，但是发货的频率更高，可以更好地满足订单交货，还可以降低仓储费用。

供应链管理的本质就是在动态的环境下，不断地寻找出新的平衡点，让整个系统都可以发挥出更大的效率，从而加快从原料到商品的过程，降低库存和运营费用，让企业具有更强的盈利能力。在这个过程中，管理者会面临很多的取舍权衡，要在两个甚至多个选择项中，经过数据分析和深思熟虑，做出最正确的决策。

1.2.3　三个主体

在基本的供应链管理中存在着三个主体，分别是供应商、制造商和客户。

如果把一家企业视为供应链的核心，即处于三个主体中间位置的制造商，它的上游是供应商，提供原材料、零部件、能源和服务。制造商经过生产加工，制作出可以销售给客户的产品或是服务，并卖给下游的客户。这样就形成了一个最简单的供应链，而且适用于任何的商业公司或是组织机构，甚至是经常出现在我们的日常生活中的小摊贩。例如，山东杂粮煎饼是街头巷尾常见的早餐小吃，其中就包含着一条最基础的供应链。链条的核心就是煎饼制作，上游的供应商为摊主提供各种原料、工具、设备和能源，经过摊主的手工制作，一份热气腾腾的煎饼就出炉了，交给了顾客就完成了整个交易流程。本书中讨论的供应链会远比煎饼供应链复杂得多。

1. 供应商

供应商为下游企业提供原材料、零部件、能源和服务。在有的供应链中，存在多个供应商，如在汽车制造业中，直接给整车厂供应零部件的供应商称为一级供应商；给一级供应商提供原材料的是二级供应商，这类企业与整车厂没有直接的业务联系，零部件需要在一级供应商的工厂加工装配以后，才能运送到整车厂组装。在二级供应商的上游，还有上一级的供应商，提供钢材、橡胶等原料或部件。

2. 制造商

制造商即生产者，是制造产品的企业，包括生产原材料的公司和生产成品的公司。原材料生产者提供基础的原材料，包括开采矿物、钻探石油和天然气，以及砍伐木材等；生产者还包括耕种粮食、饲养牲畜或捕捞海产品的企业。成品制造商使用供应商生产的原材料和零部件来制造产品。

制造商不仅提供产品，还可以提供服务，比如金融保险、医疗卫生、教育辅导，这些服务的提供者都是制造商。

3. 客户

根据销售渠道和规模，可以将客户分为以下几种类型。

(1)分销商

分销商也称为批发商，是从制造商大量收购商品，并销售给下一级客户的公司。因为销售的产品数量很大，一般不会直接卖给个人消费者。服装行业是典型的分销商模式，国内大众的休闲服饰公司体量较小，成立时间较短，缺乏运营整个供应链的能力，普遍采用了轻资产的批发模式。

分销商的强项在于渠道，可以快速实现扩张。分销商通过销售网络为制造商寻找客户，通过囤积库存来缓冲终端客户需求波动。除了产品推广和销售外，分销商还负责库存管理、仓库操作和产品运输，以及客户支持和售后服务。

(2)零售商

零售商储存库存，并以较小的数量出售给大众消费者。零售商还密切关注顾客画像，收集消费者的喜好和需求。零售商向顾客推送广告，并经常使用价格、产品选择、服务和便利性的组合来吸引顾客。零售商有诸多的细分模式，比如，十元百货店利用低价和广泛的产品选择来吸引顾客；高档专卖店提供独特的产品和高水准的服务；快餐店以方便和低价作为主要的卖点等。

随着移动互联网的发展，零售商在销售渠道中的比重越来越高，新的业态层出不穷。如盒马鲜生突破性地融合了线下门店和线上订单，消费者既可以在门店购物，也可以通过 App 在线上采购。盒马的工作人员根据网上订单，在店内拣货，装入袋子，然后放在传送带上送到配送中心，并在 30 分钟内送到顾客家中。盒马的线下门店还兼作配送中心，增加了门店的销售额，每平方米的营业额要比传统零售商高得多。盒马 App 记录了顾客每笔的消费记录，并使用人工智能技术分析他们潜在的购买需求。在顾客打开 App 的时候，推送相应的商品组合或优惠券给他们。人们在习惯了新零售购物的便利性后，会持续在线上采购商品，消费的黏性由此建立起来。

(3)终端客户

终端客户或消费者是购买和使用产品的企业或个人。终端客户可能是一家企业，它购买产品，以便将其用于另一个产品的加工制造，然后再卖给其他客户。消费者是购买、使用产品的最终用户。

三个主体供应商、制造商和终端客户之间的关系可以用图 1-3 所示来总结。

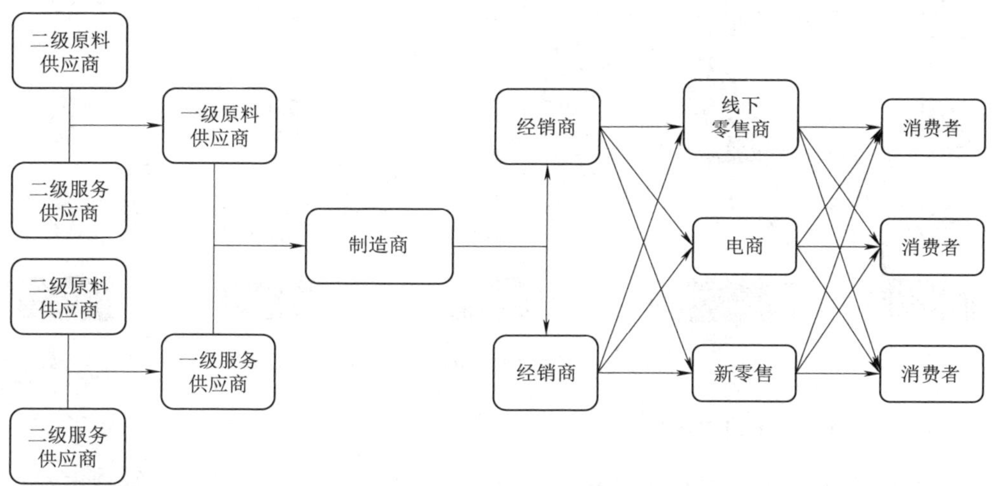

图 1-3　供应商、制造商和终端客户之间的关系

1.2.4　四个流

四个流是人们常说的信息流、实物流、资金流和逆向物流，这是供应链管理最核心的内容。根据美国 ASCM(供应链管理协会，原 APICS 美国生产和库存控制协会)协会的定义，供应链管理是："在全球网络里，通过预先设计好的信息流、实物流和现金流，将产品和服务从原材料传递给最终客户。"

1. 信息流

信息流是供应链管理中的核心，贯穿供应链中的所有节点和相关流程。在数字化时代，越来越多的信息管理工作，已经或即将被信息系统所取代。仓库管理从最早期的台账、保管卡和实物一致，已经升级到全自动仓库管理，使用扫描识别和自动化货架，减少了人为干预。生产计划从手工排产，计算采购需求量的传统模式，演变成为高度集成的业务计划。在制造环节上，通过物联网技术，可以收集每台智能制造设备的实时数据，并且与企业 ERP 系统、智能物流系统、产品生命周期管理和现场控制系统对接，完成传统生产向信息化生产的转型。

如图 1-4 所示，展示了在供应链管理中的部分信息化应用。

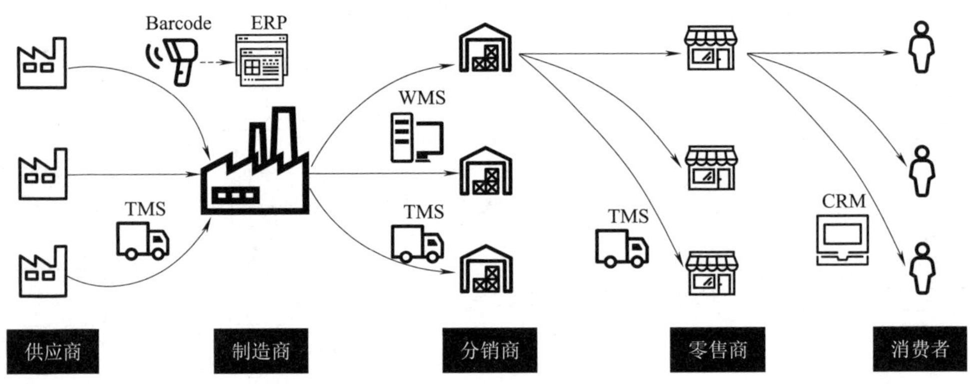

图 1-4　供应链中的信息系统

（1）企业资源计划 ERP

企业资源计划 ERP 最早是在 20 世纪 90 年代初提出的。从公司管理层的角度来说，关键在于“计划”一词。ERP 的功能模块可以同时支持多种任务，从中长期战略计划的制订，到生产现场实时的执行。从信息流的角度来说，ERP 的关键在于“集成”。ERP 代表了一种软件系统的架构：财务、生产、物流、销售等多种模块被集成在了一起。这种集成的基础是一个由所有模块共享的数据库，ERP 系统内部的每个用户都可以对数据库进行访问，只是用户之间的权限有所不同。

（2）运输管理系统

运输管理系统（Transportation Management System，简称 TMS，以下均用简称）

是一套管理运输的系统软件，它包括决定运输方式、规划进出口、规划和控制运输车队活动、制订并优化装载计划等。TMS 帮助货主寻找运输资源，制定运输方案，提供端到端的运输解决方案。TMS 还可以帮助货主寻找更多的承运人，优化现有物流供应商，在保证运输服务质量的同时，尽可能地降低运输成本。TMS 促进了空运、海运、汽车、铁路以及其他模式的货物流动，可以使用多式联运，实现跨洋物流运输。

（3）仓库管理系统

仓库管理系统（Warehouse Management System，简称 WMS）是帮助管理和智能化地执行仓库或配送中心业务的软件应用。早期 WMS 就是一个单独的仓库管理软件，让传统的纸质记账功能实现了电子化。现在的 WMS 已经发展得非常强大，提供的功能包括收货、入库、库存定位、库存管理、循环盘点、任务交错作业、订单分配拣选、补货、包装、运输、人力资源管理和自动化物料搬运设备接口等。这些系统利用移动设备、条形码和 RFID（无线射频技术），形成了 WMS 的数据传输基础，提供了准确的实时数据，同时提高了仓库以及供应链管理的效率。

（4）条形码 Barcode

利用条形码，仓库工人能够使用扫描仪将编码数据直接发送到数据库，节省了时间，减少了手工输入数据的错误率。条码系统一般和 WMS 系统对接，可以迅速完成货物入库和出库作业，同步库存数据，提高数据准确性和仓库工作效率。

（5）客户关系管理

客户关系管理（Customer Relationship Management，简称 CRM）系统，用于管理公司与客户和潜在客户的互动。其最基本的功能通常在销售信息上，包括跟踪购买的细节、价格，以及按地点和人口进行的销量统计。这些信息对公司分析市场占有率和预测未来的销量很重要。先进的系统还能够协调更多的客户互动，包括客户服务和技术支持等。

在供应链中的信息系统不局限于以上这几种，但碍于篇幅，在这里不做详细展开，将会在后续章节中继续介绍。

2. 实物流

实物流即物流，其最初的定义是指物料在物理上的移动，所以也被称为 Material Flow 或是 Physical Flow。广义上的物流元素包括仓储、运输、关务和相应的信息系统。实物流很常见，在所有的企业里都广泛存在。

如图 1-5 所示，以制造业为例，供应商提供给工厂用于生产的零部件和原料，其中一些是经过了初步加工，只需要进行装配；还有些是需要加工锻造，如钢材冲压成型。这些零部件和原材料，通过供应商安排的物流运输，先抵达了工厂的仓库。收货的工人用叉车把货物从卡车上卸到地面，根据到货通知和装箱单来清点货物，如果单据与实物相符，工人把货物运送至内部的仓库做临时的存储。不久之后，车间工人根据每日的生产计划，要求仓库配齐当天生产需要的所有原料。仓库理货工人在接收到指令后，根据清单把车间需要使用的原料准备好，然后配送到生产线上。在车间，工人完成产品的生产组装，经过检验以后，包装打托，最终把货物移动到成品仓库，等待发运。成品出货根据客户的出货计划，安排物流车辆，把货物送至指定地点。

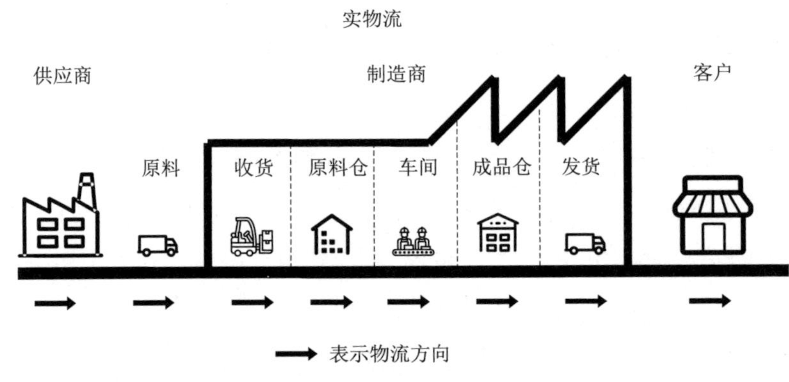

图 1-5　制造业的实物流

在这个过程中，物料沿着同一个方向，从最初的原材料出发，经过多个生产、加工、装配、检验和包装环节以后，最终以成品的形式抵达销售点，被顾客买走。

3. 资金流

资金流是客户把得到的产品或服务，通过货币的形式反馈给制造商或是服务商。资金流更多是和企业财务有关。供应链从业者需要懂一些基本的财务知识，才能够用“同一种语言”与财务人员进行交流。以下介绍两个与供应链管理相关的财务指标，分别是库存周转和现金循环周期。

(1)库存周转

库存周转是衡量供应链管理水平的重要指标。较高的周转速度意味着企业使用较少的库存,来支持了公司的销售活动;省下来的钱,可以用来做商业投资或者研发新的产品。供应链管理最主要的一个目标就是加快库存周转的速度,让库存快速地转化为现金,进入下一个“购买原料—生产加工—销售变现”的循环中。完成一次循环,就能为公司挣到一笔利润,在一年中完成的循环次数越多,赚取的总利润也就越多。

库存周转的计算公式是:

库存周转=销货成本总和÷平均库存

其中,销货成本(Cost of Goods Sold,简称 COGS)总和,指公司生产和销售与主营业务有关的产品或服务所必须投入的直接成本,一般包括直接人工、直接材料和间接制造费用。请注意,计算库存周转是使用 COGS,而不是销售额。

表 1-2 为某公司的损益表。2020 年的销货成本合计是直接人工 389 万元、直接材料 1 145 万元和间接制造费用 332 万元的总和,一共是 1 866 万元。

表 1-2　损　益　表

损益表 Income Statement		
单位:万元	2019 年	2020 年
销售收入	2 867	3 143
减:销货成本 COGS		
直接人工	367	389
直接材料	1 023	1 145
间接制造费用	314	332
销货成本合计	1 704	1 866
毛利	1 163	1 277
减:运营费用		
销售费用	267	289
管理费用	170	186
租赁费用	82	82
运营费用合计	519	557
减:折旧	40	46
减:利息费用	42	45
税前净利润	562	629
所得税	198	278
税后净利润	364	351

公式中的平均库存，采用的是月度、季度或是年度的库存金额。平均库存是期初库存和期末库存的平均值，它是一个时点数，一般都是取月末、季末或是年末财务关账前的数据来统计。公司里普遍的做法都是在关账截止时间之前，想方设法地减少库存金额，这样就可以得到较少的平均库存数字。

表 1-3 为某公司的资产负债表。2020 年的平均库存是取用的 2019 年的库存 442 万元，还有 2020 年的库存 451 万元的平均数，也就是 446.5 万元。

表 1-3　资产负债表

资产负债表							
单位:万元		**2019 年**	**2020 年**			**2019 年**	**2020 年**
资产				负债			
	流动资产				流动负债		
	货币资金	813	918		应付账款	632	698
	存货	442	451		短期应付	76	98
	应收账款	520	562		流动负债合计	708	796
	流动资产合计	1 775	1 931		长期负债	610	617
	固定资产				负债合计	1 318	1 413
	固定资产原价	640	771	所有者权益			
	减累计折旧	75	70		普通股(面值)	25	34
	固定资产净值	565	701		附加实缴股本	478	479
资产合计		2 340	2 632		未分配的利润	519	706
					所有者权益合计	1 022	1 219
				负债和所有者权益合计		2 340	2 632

上述的 2020 年销货成本合计 1 866 万元，以及平均库存 446.5 万元，根据库存周转的计算公式：

库存周转＝销货成本总和÷平均库存

可以得出该年的库存周转是：

库存周转＝1 866÷446.5＝4.2 次

即库存在 2020 年里总计周转了 4.2 次。

在不同的行业，库存周转的情况有所不同。生鲜食品行业的周转速度较快，因为这类食品保质期很短，如果不能在保质期之前卖出去，商品也是要被销毁的，所以周转得很快。与之相反的是重工机械设备行业，这种行业的订单交付周期很长，库存金额较高，决定了整个行业的周转率偏低。

根据美国高德纳咨询公司 Gartner 发布的 2020 年度全球供应链 25 强评选结果：阿里巴巴的库存周转高达 23.9 次，而排名末尾的英美烟草集团（British American Tobacco）仅有 0.7 次。单从周转次数来比较，零售业的阿里巴巴是烟草公司巨头的 34 倍。即使是在同一行业内部，不同的垂直细分领域也会对库存周转造成显著差异。在 Gartner 同一份榜单中，零售企业之间也有较大库存周转差距，其中同属于服装业的 Inditex 集团（Zara 母公司）是 4.6 次，而传统线下连锁百货超市沃尔玛是 8.5 次，全球最大咖啡连锁品牌星巴克是 13 次。可见不同的细分行业也会对企业的库存周转造成影响。

（2）现金循环周期

现金流是企业经营的命脉，特别是在 2020 年新冠疫情期间，很多企业因为现金流断裂而宣告破产。健康的现金流可以保障企业长期可持续发展，现金循环周期就是重要的财务指标。

现金循环周期指公司拿出现金去购买的原料或成品，通过生产加工或是流通贸易，完成销售以后，回收现金的整个过程中所需要的时间，单位是天。

现金循环周期的计算包含三个要素，分别是应收账款天数、库存天数和应付账款天数，可以简单地将其理解成以下几种说法。

应收账款天数：客户欠你多少天的销售额。

库存天数：你拥有的所有库存可以支持多少天的销售。

应付账款天数：你欠供应商多少天的货款。

计算公式如下：

现金循环周期＝应收账款天数＋库存天数－应付账款天数

现金循环周期是公司财务健康的重要指标，现金循环得越快，说明公司经营情况越健康。循环周期要变短，就意味着要缩短应收账款天数和库存天数，同时还要增加应付账款天数。

4. 逆向物流

正向的物流相对容易理解，而物流的反向操作逆向物流远不如正向物流那么整齐有序，且充满不可预测性。逆向物流的运作特点与制造和配送所涉及的内容与正向物流有着本质上的不同，也更加复杂。前文中介绍的实物流就是以订单驱动的正向物流，制造企业用标准的包装方式给纸箱贴上标签，使用托盘和卡车运输货物。而在逆向物流中，企业面对的是不规则的货物包装和物料流向，或者是在各种条件下的随机组合。

最常见的逆向物流就是电商购物退货。每年的电商大促，消费者在享受购物乐趣的同时，也会退回大量商品。因为线上购物看不到实物，消费者在退货政策允许的条件之内，可以无理由退货。

在线下实体店购物，消费者需要把退货品带到商店，零售商处理起来相对容易，而且没有运输成本。但是线上购物退货就是另外一回事情，由于一次退货量很少，使得逆向物流成本很高，零售商如果处理不当，就会产生大量的浪费。零售商应对网络购物退货的方法一般是交给第三方物流来处理，让专业的人做专业的事。

关于逆向物流的模式不止电商退货一种，还包括资源的回收再利用、再制造、废弃物处理等，在后面的章节中还会详细深入地介绍逆向物流，在此不再展开。

供应链管理就是对信息流、实物流、资金流和逆向物流的综合化、精细化的管理过程。在这里没有太多深奥的概念，只有可实施的流程、可运行的系统和训练有素的专业人员。供应链在不断进化，拥抱新的商业模式，尝试新的科学技术，以期实现效率提升和成本降低。

知识总结

本章介绍了宏观的国家层面供应链和微观的企业层面供应链。而供应链管理者们更需要关注后者，也就是在企业日常运营中发生的各种供应链活动。

一个目标，两个关键词，三个主体，四个流，这是对供应链概念言简意赅的总结，基本上描绘出了企业供应链的全景图。

02

第 2 章 供应链管理到底长啥样

究竟什么是供应链管理？目前有很多说法。有些人认为采购就是供应链管理，因为供应这个词与采购管理有着千丝万缕的联系；有些人把产业链看成是供应链，因为产业链里也有上下游的供需关系；还有些人认为供应链与金融相关，因为一些供应链金融公司主营业务是融资租赁。

这些说法都有一定的局限性。管中窥豹，只看到豹身上的一块斑纹，没有看到事物的全貌。

2.1　生活中的供应链管理

供应链管理来源于日常的生产和交易活动，应该是看得见、摸得着的。即使在一个早餐铺子里，我们也能发现很多涉及供应链的实例。上海的街边早餐铺，主营的经典早点是所谓的“四大金刚”：大饼、油条、豆浆和粢饭。这种小铺子临街而开，店堂面积一般在十几平方米，店内仅容得下几张小桌子，老板加上伙计一共3～4个人。在这样的小店里到底蕴含了哪些供应链管理原理呢？

2.1.1　大饼和油条

大饼的制作方式是拉动式（Pull System），它的概念如下。

在生产中，只根据使用需求生产物品，或取代那些已被使用的物品；在物料控制中，根据使用业务的需求领取库存，在用户发出要货信号之前，不发放物料；在配送场景中是一种仓库补货系统，补货决定来自现场仓库，而不是由总仓或工厂做出的。简单总结，拉动式就是“不见兔子不撒鹰”，有了真实需求，才会驱动上一道工序生产或是发货。

回到案例中，做大饼的设备是一个圆柱形的烤炉，大饼的原料是面粉，将其加水和成面团，接下来的步骤是把面团贴在烤炉的内侧烘烤，这就是大饼的生产加工过程，此时的面团就是在制品（Work-in-Process）。烘烤结束后，大饼出炉，早点师傅把成品大饼放在烤炉的最上层，这样做可以保温，保持大饼酥脆的口感。师傅会根据成品大饼的库存情况来决定放多少面团进烤炉，再根据面团的库存数量来决定要做（和面）多少新的面团。根据下游的库存或需求数量，来驱动上游加工的拉动式生产就此形成。

烤炉最上层的区域就是成品仓库，成品的数量用的是目视化管理，大饼在某个时间段内卖出的数量少了，成品堆积起来，仓库就放不下了，师傅就会减少放入烤炉新面团的数量。相反，大饼库存下降了，师傅就要放更多的面团进烤炉。这样可以避免过量生产和缺货的情况。大饼从进炉到出炉的时间，就是完成生产所需要的时间（生产周期，Production Lead Time）。整个做大饼过程的瓶颈是烤炉，烘烤过程需要的时间比其他环节都要长，而且不能通过增加人手来提高产量，这是因为烤炉烘烤大饼的数量是有上限的,这就是生产的约束条件。上限的数值再结合烘烤制作的时间,就是烤炉的最大产能。而烘烤制作的时间是有标准规定的,如果时间没有控制好,就会影响大饼的口感,即产品质量没达到标准,最后要么是返工,要么是扔掉。根据以色列管理大师高德拉特博士的约束理论(Theory of Constraints),为了让现有的生产设备发挥最大的产能,就得要保证瓶颈部分——烤炉的持续工作,早点师傅就必须做一些面团的缓冲库存,如图 2-1 所示。

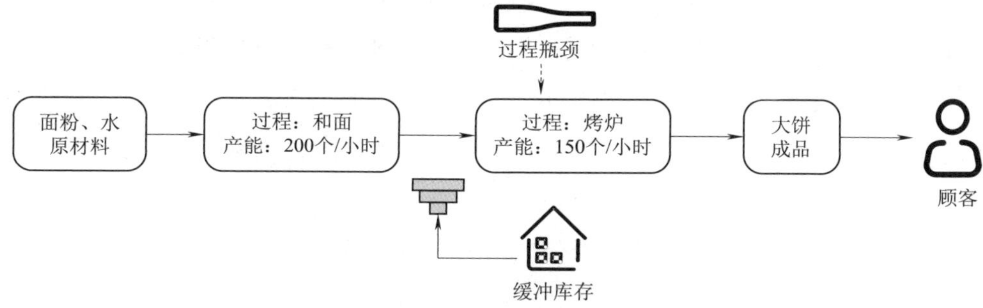

图 2-1　大饼制作流程和瓶颈位置示意图

假设烤炉每小时的最大产出量是 150 个大饼,面团每小时能够完成 200 个,那么在这个制作过程中的瓶颈工序就是烘烤。在烤炉位置之前,早点师傅应该始终保持一定数量的面团半成品。这样做是为了保证烤炉在客流量高峰时段可以始终提供最大的产出,供应给顾客。

油条和大饼是相似的道理,也是通过拉动式进行生产。顾客都喜欢吃刚从油锅里炸好的油条,所以成品的保质期很短,也就意味着产品的时效性要求很强。油条的成品如果做得多了,当天卖不完,隔天也不能再销售。卖不出去的油条都是亏自己的本钱,老板必然会时刻关注成品数量,这样库存就控制住了。

2.1.2　豆浆

上海市街边常见的豆浆成品有三种:

原味的淡浆,即豆浆原汁。

口味甜的甜浆,工艺很简单,就是原汁豆浆加入白砂糖。

口味咸的咸浆，其做法是，先在空碗里放入油条片、榨菜末、虾皮、葱花、紫菜、鲜酱油和辣油，最后把原汁豆浆倒入。

每天光顾豆浆铺子的人流数量是变动的，每个顾客的喜好也是随机的，这些都是需求的不确定因素。早点师傅无法精确预测每天能卖出多少份的淡浆、甜浆或咸浆。淡浆是制作甜浆和咸浆的原料，可以保存的时间较长。可是甜浆和咸浆万一做好了没卖出去，就会变成呆滞库存，最后只能倒掉。早点师傅不可能把淡浆、甜浆和咸浆三种产品都预先准备好。于是他采用了一种供应链管理的工具，解耦点(Decoupling point)，也叫推动式与拉动式生产的分界点。它的定义是，在材料的供应和使用之间建立非相关性；通常是指，在前后道工序之间建立库存，使供应的波动不会限制下道工序的生产或使用率。三种豆浆制作和解耦点如图 2-2 所示。

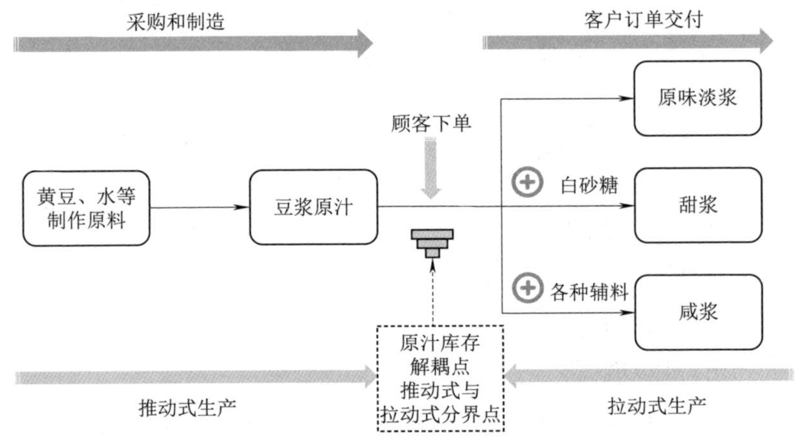

图 2-2 三种豆浆制作和解耦点

在豆浆的例子中，前后道工序的分界点就是原汁。在加入糖以后，原汁可以做成甜浆；在加入油条片、榨菜末、虾皮等辅料后，原汁就成了咸浆。

在豆浆原汁以前的生产方式是推动式(Push System)，也称为根据库存生产模式(Make to Stock)。早点师傅会预先做好一大桶原汁放在店里，这些就是前后道工序之间的库存。在豆浆原汁以后的生产方式是拉动式，就是根据订单生产模式(Make to Order)，根据到店顾客的实际订单来制作淡浆、甜浆或是咸浆。这种设置既能快速满足顾客需求，又能使供应链总成本及风险最小化。

2.1.3　粢饭

粢饭的主要原料是糯米饭，搭配上油条碎末、咸蛋、肉松、榨菜等。这是一种典型的定制化生产的方式，根据客户的不同口味，加上若干辅料。快餐行业大部分是定制化经营。例如，在麦当劳手机订餐程序上，顾客可以自由地选择汉堡、小食和饮料的组合，甚至在汉堡包的选项里进行定制，选择是否要加酱汁和芝士等。这种定制化提供给顾客最充分的选择权。有研究表明，很多快餐消费者都希望从他们的餐点中获得更多独特的东西。与大众化产品相比，提供定制化产品的公司能让客户有更高的参与度，从而增加他们对品牌的忠诚度和满意度。提供定制化餐食可以提升快餐企业的销售额和品牌价值。

一家小小的早餐铺子里蕴含着许多的供应链原理。供应链管理起源于日常的生产经营活动，自然需要应用于各种商业和生活的场景。只要我们细心观察，勇于实践，其实供应链管理并没有想象中那么复杂。

2.2　效率型和响应型的供应链战略

不同企业会选择各自的供应链战略，其中有两种特征迥异的模式：一种是讲究效率（Efficiency）；另一种是要求快速响应（Responsiveness）。让我们来逐一了解这两种供应链战略模式。

2.2.1　效率型供应链战略

宝洁公司是世界著名的消费品集团，它代表了效率型的供应链战略，其主要产品是生活日用品，也被称为功能型产品。宝洁公司的供应链管理，要求最大的资源利用率、最小化库存、最大化库存周转率、最短的订单交付时间。对供应商的选择标准是，价格低而且质量有保障。宝洁公司秉持着简化和高效的供应链运作方式，来实现从供应端到需求端的同步。在这个理念之下，全供应网络通过端到端整合，做到了从源头、生产和运输到消费者之间的无缝连接。宝洁公司供应链管理的战略就是为了降低运营成本，实现整体效率的最大化。

在高德纳咨询公司 Gartner 的 2020 年全球供应链管理 25 强评选中，宝洁公司的供应链管理卓越表现，被评为五家“供应链大师企业”之一，这是宝洁公司连续六年获得这一殊荣。

2020 年宝洁公司再次获奖的原因之一在于供应计划的创新：通过使用算法驱动、对新品引入和老产品淘汰的过程进行优化，帮助公司节省了数百万美元，并减少了供应链规划的时间。这项供应链创新将分析效率提升了 90%，把每周的分析时间缩短到 5 分钟以内。高效率是宝洁公司供应链管理的成功之道。

2.2.2 响应型供应链战略

苹果公司恰好代表了另外一种截然相反的供应链管理模式，那就是响应型供应链战略。作为世界上著名的电子产品设计制造厂商，苹果公司的经营战略非常注重产品的创新性，例如其手机每隔半年就要推出一款新品，因此苹果公司的供应链设计也必须非常敏捷，产品迭代的速度要足够快，这样才能跟得上企业发展的步伐。所以苹果公司的响应型供应链管理要求产品开发周期和生产时间都很短。对供应商的挑选，即是选择响应速度快的、高度柔性的、质量优于行业平均水平的。

响应型供应链管理侧重产品快速占有市场，而对物流的成本并不是特别看重。苹果手机大批量出货都是使用空运，如从中国工厂发往世界各地。虽然空运的费用可能是海运的数十倍，但是购买了最新款苹果手机的顾客更希望的是尽快收到心爱的手机。另外，空运商品的安全性也高于海运。

宝洁公司的产品是功能性的，以生活日用品为主；苹果公司的产品是创新性的，属于高科技产品。他们之间的供应链管理模式差异是由产品的特性决定的。大多数企业的供应链类型都是介于宝洁公司和苹果公司之间的，可能会偏向某一方。

很难说哪一种供应链模式是最好的，只有最适合企业产品特性的模式，才是最好的选择。

2.3　垂直型和水平型的供应链战略

除了上文介绍的效率型和响应型供应链管理模式，根据企业商业模式的不同，供应链管理还可以分成垂直（Vertical）型和水平（Horizontal）型。随着外部市场环境的变化，企业的供应链模式会在两者之间转换，甚至是演变出新型的模式。

2.3.1　垂直型供应链战略

在各个行业的发展过程中都会涌现出行业巨头，甚至颠覆者，就像微信的出现，改变了人们沟通和社交的方式一样，在制造业里也不乏这样的企业。在 20 世纪初，福特汽车的创始人亨利·福特率先发明了汽车的流水线制造模式，大幅提高了汽车生产效率，降低了制造成本，让汽车成为普通工薪阶层都能负担得起的商品。为了更好地控制整个汽车产业的供应链管理，亨利·福特采用了垂直型的供应链管理战略，即一种自给自足的企业模式，如图 2-3 所示。

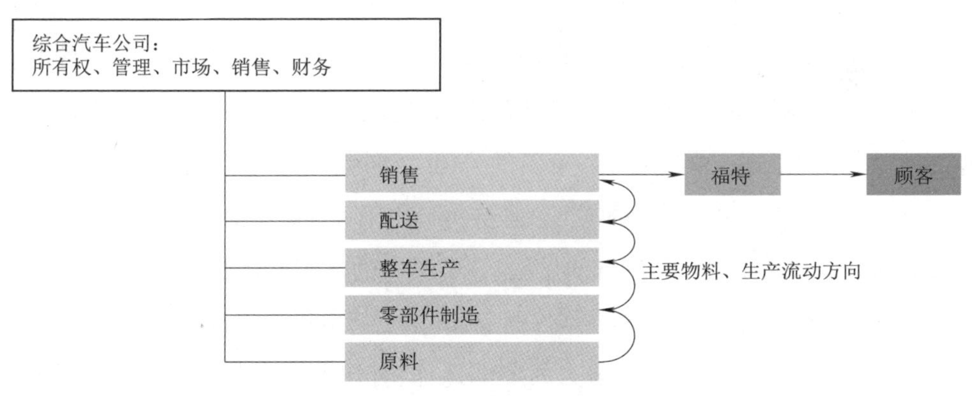

图 2-3　福特汽车垂直整合供应链模式

当时的福特公司拥有橡胶园、煤矿和铁矿石矿山，甚至还有铁路。从制造汽车的原料开采、炼钢、运输、制造加工到最后的销售，全部是由福特公司控制的。这种垂直整合的好处主要是，集团公司拥有很强的控制力，可以监控整个供应链的运营，并从总部来协调和管理各个分公司的经营活动，比如，生产多少数量的汽车、在哪里设厂、制定什么样的劳工政策等。

后来，随着社会分工越来越明显，在20世纪60年代以后，垂直型供应链模式的竞争力就越来越弱了。这是因为，供应链的强弱取决于链条上最薄弱的那个环节。在业内有一个著名的说法，“The Supply Chain is Only as Strong as its Weakest Link”。企业想把供应链做得很强就得需要把整个环节都打造得非常强，但实际情况是，一家企业内部供应链各环节有强有弱，想要让所有环节都保持同样的竞争力是很难实现的。

再加上，当时美国汽车生产的成本开始升高，其效率却没有获得相应的提升。垂直控制的汽车供应链管理模式变得越来越困难，略显粗糙的大规模流水线作业方式开始变得落伍。而与此同时，丰田汽车精益生产模式的出现，也迫使以福特汽车为代表的美国车企必须做出改变，于是，一种全新的供应链模式——水平型供应链就诞生了。

2.3.2 水平型供应链战略

汽车整车厂为了增强核心竞争力，一般只会保留硬件装配生产线和集成的软件管理，几乎把所有的零部件制造都外包给了供应商，甚至把原来公司旗下的配套零部件业务剥离出来，单独成立一家新的公司。福特公司就是如此。

2000年，福特公司把旗下的零部件业务拆分出来，成立了伟世通汽车(Visteon)，随后单独上市。这在当时是流行的做法，北美最大的汽车制造商通用汽车(General Motor)早在1999年就剥离了其零部件业务，成立了德尔福公司(Delphi)。福特公司打算通过拆分获得更有价格竞争力的零部件，同时伟世通汽车也可以拿到更多外部客户的订单。如果长期依靠母公司的内部订单，零部件子公司的竞争力会日益萎缩，对双方来说都不是有利的事情。当拆分完成，母公司就彻底失去了对原来零部件子公司的控制，原来集团总部和子公司的关系变成了客户与外部供应商的关系，供应链管理模式从垂直型变成了水平型。虽然福特公司和伟世通汽车之间还有着千丝万缕的关系，但是从企业运营角度上来看，独立经营的个体都要为了自己的生存而奋斗，这样，企业的核心竞争力就得到了最大的发挥。

水平型的供应链管理模式具有以下优势。

1. 规模效益

外部的供应商往往比内部的一个部门更具有规模效益。例如，一个工厂的食堂一般都由外部的餐饮供应商承包，很少有工厂会在内部设立一个团队，来负责整个厂区的伙食供应。这是因为，如果由内部团队提供餐食，其服务对象也只是工厂里的员工，规模有限。这样有限的采购量，使得内部食堂不具备和食品供应商谈判得到较低采购价的筹码。碍于经营规模，内部供应的餐饮水准都无法和专业服务商相提并论。

2. 降低管理复杂度

在同一集团内部，对供应商的管理往往是很难的，其中部分原因是，所需业务都由内部指定，不存在外来的竞争者，只能从本公司购买产品或服务。即使出了质量事故或交货延迟，想要投诉对方，也可能会考虑一些内部关系和人情世故，不能采取与外部供应商同样的处理方式。而水平型供应链管理模式可以妥善地解决上述问题。在充分竞争的市场环境中，如果产品的质量和交货期没有达到自己的标准，采购部就可以在下一轮的竞标中引入新的供应商。通过优胜劣汰，保证了外部供应能力，减少了内耗，降低了管理复杂度。

3. 增强竞争力

在水平型供应链管理模式中，独立的供应商专精于自己所属的业务领域，在激烈的竞争环境里打造出了特有的竞争力，可以给客户提供更具有性价比的产品或服务。

尽管水平型供应链管理模式具有很多优点，然而想要协同供应网络里的所有合作伙伴，保持业务上的一致，依然很具有挑战性。外部供应商尽管有很强的竞争力，但同时也带来了管理的难度。如何来驾驭独立的供应商，是所有公司都面临的问题。

2.3.3　垂直型供应链战略 2.0

有一句老话："三十年河东，三十年河西。"随着市场环境的变化，曾经被奉为主臬的经营准则也会遭到挑战。强调保持核心竞争力，剥离非核心业务的水平型供应链管理模式也在悄然改变，一些行业和企业重新开始采用垂直控制供应链管理模式。

1. 星巴克与垂直咖啡供应链管理

星巴克(Starbucks)采用的是垂直整合的供应链管理方式，公司全程参与从咖啡豆种植到给顾客冲调咖啡的每一个环节。使用垂直整合供应链管理方式意味着星巴克要直接与全球近 40 万名咖啡种植者合作。星巴克为了让咖啡成为世界上第一个可持续发展的农产品，投入超过 1 亿美元支持咖啡种植者，其中包括咖啡和农民权益等项目来改善农民生计，以确保他们为整个行业长期供应优质咖啡豆。星巴克已经实现了 99%的道德采购咖啡(Ethical Sourcing)，即绝大多数的咖啡供应商必须符合一定的产品质量、社会责任和环境可持续发展标准。星巴克采用严格的审查程序，确保它的供应商符合并遵守这些准则。

星巴克还为供应商提供特殊的培训和教育计划，向全球咖啡生产国的农民开放技术支持中心，共享研究成果和资源，不管他们是否把咖啡豆卖给星巴克。

星巴克这一与种植者的直接互动，以及他们的采购和社会责任标准，让供应商(种植者)感到他们是星巴克的重要合作伙伴。与此同时，星巴克与供应商之间的紧密合作和频繁沟通，使公司的供应链不易受到重大事件干扰，如天灾减产或工人短缺等。星巴克投入巨资提升企业的社会责任感，不仅是为了营造一个具有高度道德标准的企业形象，而且也在无形中增加了公司的利润。这些因素促成了星巴克的垂直控制供应链模式。

2. 马士基与物流端到端供应链管理

2020 年 9 月，航运巨头马士基(AP Moller Maersk)宣布完成了对丹马士物流(Damco)货代业务的整合，后者的品牌不复存在，原本的空运和海运拼箱并入了马士基的业务版图中。总部位于丹麦哥本哈根的马士基，早已不再是一家传统意义上的船公司，而是拥有海运(整柜+拼箱)、空运、卡车运输、报关、仓储和港口码头服务的综合性物流产品+服务提供商。马士基成为全球最大的航运公司，是名副其实的全球海运船公司的“龙头大哥”。

马士基目前的业务版图包括以下内容。

（1）核心板块：集装箱海运。

（2）货代业务：

①空运和海运拼箱，原 Damco 收购过来的业务；

②码头公司的内陆服务业务 Inland；

③数字货代业务 Twill，针对规模较小的货主和电商业务；

④供应链协作平台 Maersk Flow，便于货主和 3PL、供应商更好协作处理数据信息。

（3）区块链数字航运平台：Tradelens，这是和 IBM 合作的一个区块链项目，目前全球 66%的集装箱运力、98 个码头和全球 22 个海关机构都参与进来。

（4）报关业务：

马士基报关业务增长主要依靠并购：2019 年收购了美国报关行 Vandegrift，并在 2020 年 3 月把报关工具改名为“Maersk Customs Navigator”。在欧洲，2020 年 7 月，马士基斥资 2.8 亿美元收购报关公司 KGH Customs，让马士基的欧洲清关业务量增加了 5 倍。

（5）各项增值服务的投资：包括物联网技术追踪货物的 Onomondo、食品新鲜检测的 ImpactVision、逆向物流科技公司 Zigzag 和其他 20 多家公司。

马士基的产品线涵盖了国际物流的各个环节，从航运开始，向供应链的上下游两头不断延伸，再配合最新科技加持，目的是要打造端到端的物流解决方案。马士基把大量的国际物流业务整合到集团内部，重新打造垂直供应链，目的就是获得更高的市场份额和利润。

星巴克垂直整合了原材料供应商，马士基收购了大量的物流服务商，这些企业的战略目标都是为了增强产品和服务的竞争优势。企业应该选择垂直型，还是水平型供应链模式，没有标准的答案，这是由企业的市场地位决定的。

供应链从垂直型到水平型，又演变出新的垂直型，实现了螺旋形上升。在成熟性的维度上，供应链也经历了多个发展阶段。

2.4　供应链发展的四个阶段

根据美国供应链管理协会的 CSCP 教材，把供应链的发展分为以下四个阶段，如图 2-4 所示。

阶段一：Multiple dysfunction——供应链孤岛。

阶段二：Semi-functional enterprise——供应环。

阶段三：Integrated enterprise——内部供应链集成。

阶段四：Extended enterprise——扩展供应链。

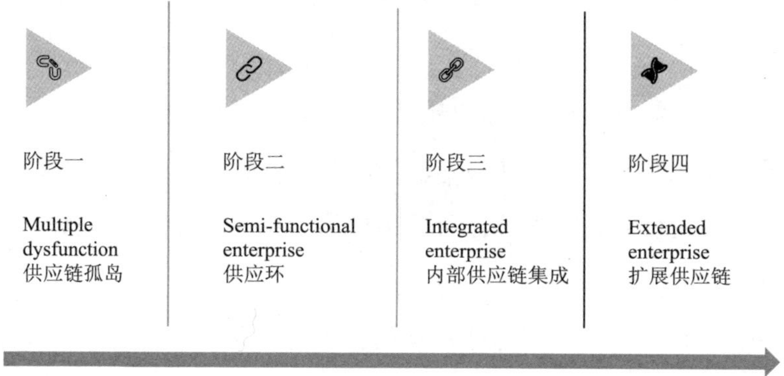

图 2-4　供应链发展的四个阶段

2.4.1　阶段一：供应链孤岛

在供应链管理发展的早期，由于市场上提供的产品种类数量较少，企业在需求和供应方面都在较为稳定的环境中运作。工厂可以长期地制造同一种类型的产品，不需要频繁地换型。这种模式延续了很多年，但随着经济全球化和新科技的发展，上述的稳定性已经越来越差了，市场趋势变得不可预测。如果企业不具备与时俱进的经营理念，就会出现诸多问题。具体反映在内部各职能部门之间缺乏明确的职责定义和信息沟通，企业和外部供应商以及客户只有简单的交易关系。该阶段的企业可能存在以下的情况：

(1)管理层只能提供企业发展大致的方向和目标，缺乏明确的长期规划；

(2)企业内部生产执行随意性强，缺乏计划性；

(3)销售预测信息没有经过严格的评审过程，经常会受到过于乐观的销售人员影响，预测信息被人为放大；

(4)产品设计过程中，研发团队很少与其他部门沟通；

(5)仓库设立在靠近客户或市场的地区，由于没有销售预测管理流程，不能根据客户需求进行安排生产，经常会导致仓库积压库存，仓库员工缺乏基本的培训，仓库卡车装卸缺乏计划性，效率低下；

(6)只有简单的 MRP 物料需求系统，生产计划仅制订到月度计划这一层面，只有物料清单(Bill of Material，简称 BOM)和订单完成情况的数据。

目前，我国一些中小规模的民营企业正处于这个水平上。这一类的企业还处在拼产品和销售的阶段，对于供应链的重视程度很低，仅把它视为一个成本中心。为了扩大销售规模，拿到更多的订单，对交付成本控制采用粗放式管理。企业使用功能简单的 MRP 系统，甚至没有使用任何系统，仅依靠 Excel 电子表格来完成物料需求的计算。对于原材料供应，采购员通常是依靠个人经验下订单，没有整体的库存控制概念。最终结果往往会出现库存高、订单响应速度慢、交货的及时性和稳定性差等问题。

2.4.2　阶段二：供应环

这个阶段的供应链管理依然是被动地接受指令，但已经有意识要为企业降低运营成本。此阶段出现了信息流，各个职能部门也已经有了明确的职责目标，不过，部门之间依然缺乏紧密合作。每个部门都是一个独立的环，还没有形成整体的链条，因此只能称为供应环。企业与客户和供应商之间，没有形成紧密合作伙伴的关系。该阶段的企业可能存在以下的情况：

(1)仓库中的人工操作被半自动或全自动搬运设备替代，仓库运营效率有所提升；

(2)企业开始在内部有效控制库存,通过建立订购政策,在系统内设立合理的参数,控制采购数量,从而预防过量采购和呆滞物料;

(3)采购部门能实施采购策略以获取更低价格的产品或服务,采购懂得使用恰当的策略,比如卡拉杰克供应矩阵(Kraljic's supply matrix)等工具来管理供应商;

(4)物流部门能通过选用有价格优势的运输供应商来降低运输费用;

(5)销售部门会主动获取需求预测信息,并进行分析,找出最符合企业产品特征的预测模型;

(6)Manufacturing Resourcing Planning(MRP Ⅱ)开始得到应用,可以实现一些基本物料需求、采购需求和仓库管理功能,但是和其他系统软件的数据兼容性比较差,也无法提供中长期预测和产能管理的工具。

在这个阶段,部门内部的流程已经打通,但是跨部门的沟通依然不够顺畅,难以实现高效协作。比如,市场部掌握了未来需求预测的信息,却不能和其他部门有效地分享。在新产品的研发阶段没有让供应链各部门介入,等到新品量产以后,会出现可循环包装箱数量不足的问题,从而导致物流运输费用超预算。部门之间存在着相互冲突的目标,各部门为了达成各自的绩效,往往不考虑其他部门的业绩,甚至会损害到公司的整体效益。

处于这阶段的企业,可能还未部署最先进的ERP系统,他们使用一些MRP Ⅱ或是ERP软件,但是最核心的生产计划模块还是依靠手工计算后导入系统,然后计算出需要订购的原材料数量。为了管理庞大复杂的订单,企业引进了订单管理系统(Order Management System,简称OMS),但是OMS的数据不能直接和ERP系统相互传输,数据库之间没有打通。当一笔销售订单完成生产以后,需要通过手工操作的方式,从ERP系统里把数据传输到OMS,不能通过系统自动完成过账交易。这种信息孤岛的现象随处可见,最主要的原因就是企业没有很好地规划信息系统建设,都是等到要实现某项信息化功能的时候,才来考虑如何与现有ERP系统对接。

2.4.3　阶段三:内部供应链集成

在这个阶段中,企业供应链终于从被动转向主动。供应链能够创造性地参与企业新品开发项目中,通过设立供应链项目管理的岗位,在大规模量产之前就能完成以下的工作。

(1)学习新客户的物流标准。

例如,大众汽车要求供应商必须通过 MMOG/LE 物流管理与评审标准。Materials Management Operations Guideline/Logistics Evaluation(简称 MMOG/LE),是一套广泛在物流管理/物流评审中所使用的最佳实践和程序,是一项对供应商运营和物流进行规范管理的认证体系。在本书的后续章节里还会详细介绍。

(2)了解新客户的信息系统。

要学习客户的供应商门户网站(Supplier Portal),电子数据交换(Electronic Data Interchange,简称 EDI)等系统如何对接。这些系统都和订单、预测管理有关,必须在项目前期掌握使用方法,并完成相关业务人员的培训工作。

(3)新产品的运输线路和包装方案设计。

要把零部件从制造工厂运到客户的工厂,除了正常的运输路线以外,还要考虑紧急的运输方案(空运或快递),以备不时之需。产品的外箱包装和内部的衬垫设计,既要考虑到产品在运输途中不会受损,也要尽可能多地增加包装数量,这样才能降低单件产品的运费。

(4)新客户和新产品的主数据创建和维护。

客户的主数据包括一般信息、公司代码、销售区域、银行信息和联系人等。产品的主数据包括价格、费用/折扣、运费、包装数量等。这些信息都需要尽早输入系统,并且定期检查数据准确性。

除了上述的活动,在这一阶段,供应链开始关注业务流程集成和销售与运营规划流程(S&OP)。该阶段的企业可能存在以下的情况:

(1)ERP 软件应用扩展到各个部门,采购、生产、物流、研发、销售等都在同一套系统上共享数据;

(2)随着信息系统技术的发展,跨部门之间的沟通合作变得更加高效和容易;

(3)产品设计引入更多部门参与,包括市场销售和采购部门等。根据客户需求的设计,多部门早期参与,可以减少设计变更的成本;

(4)库存得到更好的控制,需求预测变得更加准确,能够更好地完成客户订单;

(5)物流费用继续优化,更好地平衡物流费用和客户满意度;

(6)仓库管理的自动化程度进一步提高,仓库管理系统(Warehouse Management System,简称 WMS)能够与 ERP 系统对接,再通过控制系统,可以使用先进的仓库引导车辆和搬运机器人。

在这个阶段,企业开始打破内部各个部门之间的壁垒,使得内部流程整体化。同时逐步联合外部供应商,如物流第三方供应商来优化物流费用。

2.4.4 阶段四:扩展供应链

在这个阶段中,作为全价值链中的核心企业,打破了企业之间的边界,实现了与上游供应商和下游客户的协同计划、设计、补货和配送的整合。供应链在企业中的作用愈发凸显,可以引导公司制定决策。首席供应链管理官(Chief Supply Chain Officer)的职位出现在了这类企业里,这也说明供应链管理获得与其他关键部门同等的重视。

该阶段的企业可能存在以下的情况:

(1)核心企业及其上下游的客户和供应商,针对某些产品开展了协同合作。例如,苹果公司和富士康的关系,由苹果公司设计 iPhone,由富士康来完成代工制造。

(2)大量新的信息技术和软件被应用。比如,POS 机销售信息可以在第一时间发送到共享数据库,用于安排供应商补货和安排后续的生产。

(3)核心企业与供应商的关系已经不再是"一锤子买卖",而是向着战略合作伙伴的目标携手共进。认同这种理念的供应商将会在核心企业的扶持之下获得更多的订单和发展机会。

(4)企业之间的竞争也从单个公司之间的竞争,升级为供应链之间的竞争。

在这个阶段，企业已经完成了内部各个部门的整合，并和一些战略合作伙伴一起协同合作，增强整个供应链的效率，提升产品服务的质量。

这类的企业在整个行业里都是处于绝对领先的地位，比如前文提到的苹果公司，它的成功，不仅仅是产品的成功，也是供应链的成功。

2.5　供应链运营参考模型（SCOR）

如图 2-5 所示，就是著名的供应链运营参考模型（Supply Chain Operations Reference model，简称 SCOR）。学习这个模型，可以帮助供应链管理者建立起整体的供应链架构概念，获取系统性改善供应链管理的方法，了解全球供应链管理的最佳实践。

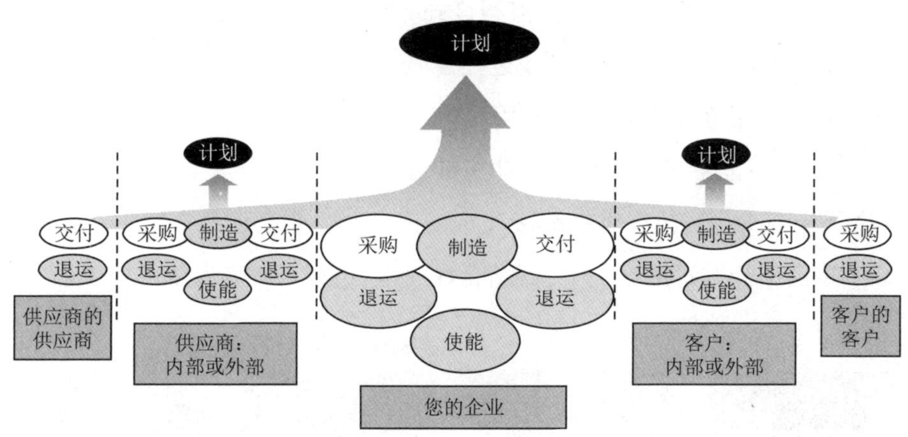

资料来源：Adapted from APICS Supply Chain Council

图 2-5　供应链运营参考模型 SCOR

2.5.1　SCOR 模型的起源和现状

1996 年，有两家美国的咨询公司——柏亚天咨询（PRTM）和 AMR 研究（AMR Research）发现，很多的大公司都在讨论着一个新的名词——供应链管理。这在当时是很新潮的概念。但是这两家公司都觉察到一个问题，那就是，这些公司对供应链概念的认知却不尽相同，甚至有的公司认为采购（Sourcing & Procurement）就是供应链。这导致不同企业的供应链负责人之间缺乏共同交流的语言。为了改变这种局面，这两家咨询公司商议以后，成立了一个供应链组织 Supply Chain Council（以下简称 SCC）。之后，他们推出了 SCOR 模型。经过了 20 多年的演化，SCOR 模型最新的版本已经是 12.0 版，据悉，第 13 版已经在筹划之中，相信在不久的将来就会面世。

2014 年，全球最大的供应链组织 APICS（The Association for Operations Management）与 SCC 合并，SCOR 模型也就成为 APICS 知识体系中的一部分。

2.5.2 SCOR 的结构

SCOR 最为人熟知的是如图 2-6 所示的模型，但真正的核心内容是 4 个“P”，也就是 Performance 绩效、Process 流程、Practice 实践和 People 人员。

（1）Performance（metrics）：描述过程性能和定义战略目标的标准度量。

（2）Process：管理流程和流程关系的标准描述。

（3）Practice：能够显著提高过程性能的管理实践。

（4）People（skill）：执行供应链流程所需技能的标准定义。

SCOR 模型开发者把这 4 个“P”结合在一起，组成了一套完整的体系。

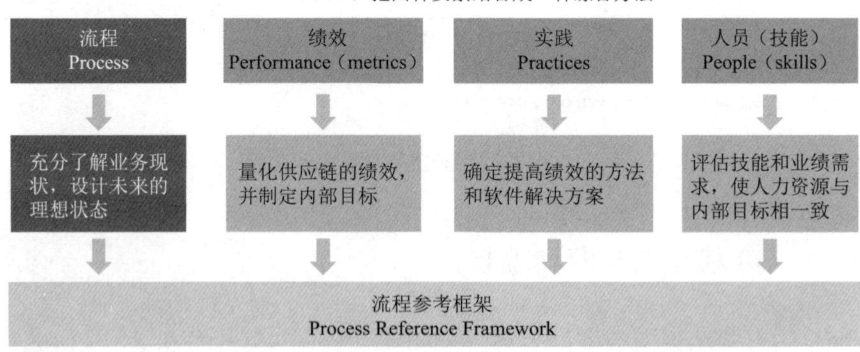

图 2-6 SCOR 流程参考框架和 4 个“P”的关系

1. 绩效 Performance(指标 metrics)

SCOR 的绩效侧重于对供应链过程执行结果的测量和评估。我们需要用可量化的指标来判断流程是否合理,因此设定一系列的绩效考核指标,对供应链运营的结果进行打分,客观地检测企业的情况,并进行相应的改善。

SCOR 中的绩效指标是由表 2-1 所示这五块内容组成的。

表 2-1　SCOR 绩效指标

<table>
<tr><th></th><th>SCOR Level 1
指标 Attributes</th><th>定义
Definition</th><th>测量方法
Measure</th></tr>
<tr><td rowspan="5">外部客户
Customer</td><td>可靠性
Reliability</td><td>按预期执行任务的能力,侧重于过程结果的可预测性</td><td>RL. 1. 1 完美订单履行率
RL. 1. 1 Perfect order fulfillment</td></tr>
<tr><td>响应性
Responsiveness</td><td>执行任务的速度。供应链向客户提供产品的速度</td><td>RS. 1. 1 订单履行周期
RS. 1. 1 Order fulfillment cycle time</td></tr>
<tr><td rowspan="3">敏捷性
Agility</td><td rowspan="3">应对外部影响的能力,以及在市场变化中获得或保持竞争优势的能力</td><td>AG. 1. 1 上调供应链适应性
AG. 1. 1 Upside SC adaptability</td></tr>
<tr><td>AG. 1. 2 下调供应链适应性
AG. 1. 2 Downside SC adaptability</td></tr>
<tr><td>AG. 1. 3 整体风险值
AG. 1. 3 Overall value at risk (VAR)</td></tr>
<tr><td rowspan="5">内部
Internal</td><td rowspan="2">成本
Cost</td><td rowspan="2">供应链流程的运作成本,包括劳动力成本、材料成本、管理和运输成本</td><td>CO. 1. 1 供应链管理成本
CO. 1. 1 Supply chain management cost (SCMC)</td></tr>
<tr><td>CO. 1. 2 销货成本
CO. 1. 2 Cost of goods sold (COGS)</td></tr>
<tr><td rowspan="3">供应链资产管理
Asset Management</td><td rowspan="3">高效利用资产的能力。供应链中的资产管理战略包括减少库存、决定采用自制还是外包</td><td>AM. 1. 1 现金循环周期
AM. 1. 1 Cash-to-cash cycle time</td></tr>
<tr><td>AM. 1. 2 供应链固定资产收益
AM. 1. 2 Return on SC fixed assets</td></tr>
<tr><td>AM. 1. 3 营运资金回报率
AM. 1. 3 Return on working capital</td></tr>
</table>

(1)可靠性 Reliability

衡量可靠性的指标是完美订单履行率。完美订单意思就是交货的产品、数量、质量、时间、地点、相关文件资料和客户等都是正确的。通俗一点来说,就是把订单上的货物丝毫不差地送到客户指定的地方。供应商需要同时满足交货期、数量和其他所有条件，这里是“和”的关系，而不是“或”的关系。只要有一个条件没有满足，就不是完美的交付。在实际工作中，可能会遇到的情况是，供应商出货数量可以全部完成，但是要晚于交货期；或者可以在规定的时间节点出货，但数量又无法全部满足，这些都是经常发生的现象。

完美订单履行率的计算公式：

$$完美订单履行率=\frac{完美订单总数}{订单总数}\times 100\%$$

表 2-1 中“完美订单履行率”前面有一个编号 RL. 1. 1，它是由两部分内容组成的，“RL”是可靠性的英文 Reliability 的缩写，“1. 1”代表了这个指标是第一层级的第一个指标。在 RL. 1. 1 的完美订单履行率之外，还有四个第二级别的指标，进一步细化了衡量的内容。这四个指标分别是：

①RL. 2. 1 足量交付订单的百分比(% of Orders Delivered in Full)。其中的“2”代表这是第二级别的指标，后面的“1”表示了它的序号，也就是第一个的意思。

②RL. 2. 2 按时交付订单的百分比(Delivery Performance to Customer Commit Date)。

③RL. 2. 3 交付文件准确率(Documentation Accuracy)。

④RL. 2. 4 交付状态符合客户要求的百分比(Perfect Condition)。

通过细化指标，可以更全面地了解交付的状况。在这些二级指标之下，还有第三级别的指标，比如在“RL. 2. 1 足量交付订单的百分比”下面，还有两个次级指标，分别是：

①RL. 3. 33 交付物品的准确率(Delivery Item Accuracy)，其中的“3”代表这是第三级别的指标，后面的“33”是它的序号。

②RL. 3. 35 交付数量的准确率(Delivery Quantity Accuracy)。

SCOR 使用三级的绩效指标，尽可能完整地描绘出企业在供应链运营方方面面的表现，这些指标既可以单独使用，也可以合并起来看整体结果。碍于篇幅，本章不能把所有的二、三级指标都做详尽介绍，只重点解释第一级指标的概念。

(2)响应性 Responsiveness

响应性就是快的意思。在激烈的竞争中,企业都需要具备快速响应客户需求的能力,提高灵活性。不管是哪个行业的客户,都喜欢能够快速响应订单的供应商。市场需求波动是一种常态,特别是在新冠肺炎疫情期间,许多行业的销售经历了像过山车一样的高峰低谷。以健身运动平台 Peloton 公司为例,美国消费者在疫情期间对健身自行车和跑步机的需求猛增,虽然这家健身公司在 2020 年底已经把产能提高了一倍,但依然无法满足大量的订单。Peloton 的主要供应商都在亚洲,为了减少交货时间,公司在 2021 年预计花费 1 亿美元来加快运输速度,包括使用空运、加急海运等方式,将产品运至美国的仓库。

除了商品交付客户的时间,在响应性指标中还包括采购和制造的时间,因为整个的订单履行周期是从接收到客户订单开始,直至完成订单交付。

订单履行周期的计算公式:

$$订单履行周期=\frac{所有订单交付的实际周期时间总和}{交付的订单总数}$$

在 RS. 1. 1 的一级指标之下还有四个二级指标,分别是:

①RS. 2. 1 采购周期时间(Source Cycle Time);

②RS. 2. 2 制造周期时间(Make Cycle Time);

③RS. 2. 3 交付周期时间(Deliver Cycle Time);

④RS. 2. 4 零售交付周期时间(Delivery Retail Cycle Time)。

(3)敏捷性 Agility

企业在运营生产的时候,经常会因为客户的需求波动,需要对生产计划进行调整。如果仓库里没有足够的原材料,就需要紧急采购一批物料满足生产。这个时候就要考验原料供应商的敏捷性 Agility。

①上调供应链适应性。

它是指在 30 天内可实现的交付量的最大可持续增长百分比,也就是在 30 天内,产能可以达到的最大值是多少。与响应性的“快”不同的是,上调适应性强调的是在规定的天数之内,在运营费用不会大量增加的前提下,产量可以向上提升的数量。30天并不是一个绝对的天数，可以根据不同的行业进行调整，比如电子消费品行业的产品生命周期较短，会采用少于30天的设定；而工程设备制造行业的交付周期较长，一定是会超过30天。

在疫情期间，面对不可预知的需求波动，以及大量的供应不确定性，如工人缺乏、运输延误等，客户都希望供应商具备极强的弹性，也就是上调适应性，以便克服各种困难，在较短的时间内，大幅提升产能。

②下调供应链适应性。

它指在30天内，从供应商处订购的数量减少(百分比)，不会增加额外的费用或是罚款，即削减已经下单的订单数量，而不会遭到供应商的处罚。正式的订单具有法律效力，是买方对卖方的承诺。如果双方签订的合同是在发货后的90天后付款，这意味着供应商在发货之前，尚未收到过任何的货款。如果客户突然通知供应商要求取消订单，那么供应商就会面临财产损失，因为订单已经开始生产，部分已经完成所有加工工序，这些产品或许不能销售给其他的客户，只能报废处理，供应商会遭受所有的损失，继而向客户索赔货款。

③整体风险值。

传统上，考虑到企业风险管理对财务结果的影响颇大，风险管理的职能一般归属于财务部。大多数企业并没有考虑过单独评估供应链风险。但近年来，供应链风险管理已成为企业风险管理的重点关注领域。

供应链风险管理是系统地识别、评估和量化潜在的供应链管理中断，以控制风险或减少其对供应链绩效的负面影响。SCOR模型认为，供应链风险应该涵盖端到端的整个链条，任何一个环节出现风险事故，都会对整体运营造成影响。为了把供应链风险货币化，使用了以下的风险价值简易计算公式：

风险价值＝风险事件的概率(P)×风险事件的货币化影响(I)

举个例子，超市货物失窃的情况很常见，损失却不大，这属于概率高，损失程度低的类型；而台风、地震、海啸等自然灾害属于概率低，损失程度高的类型。

在进阶的风险价值计算公式中，是把SCOR中的五个流程(计划、采购、制造、交付和退运)的风险价值进行汇总来计算的。

(4)成本 Cost

成本是内部的绩效指标,它描述了运营供应链过程的成本。典型的成本包括劳动力、材料、系统和运输成本。SCOR 成本的关键绩效指标是供应链管理总成本和销货成本。

①供应链管理总成本。

供应链管理总成本包括计划、采购、制造、交付、退运,以及缓解供应链风险的成本。前面五个成本较容易理解,它们的成本就是相关流程产生的费用,比如退运成本就是由于回收和退货引起的成本总和。

而缓解供应链风险的成本针对的是特殊原因造成的、非系统性的、不可预测的风险而产生的成本。如,2011 年 3 月 11 日,日本东北海岸发生了 9.0 级地震,很快就引发了致命的海啸和福岛核电站泄漏事故,这场灾难是过去 10 年中最严重的全球供应链破坏事件。面对这一灾难,思科公司早有准备,这家企业拥有着复杂的供应链管理模式,主要表现在产品线繁多,生产高度定制化,客户渠道广泛和持续收购整合等方面。为了更好地管理思科的供应链,思科内部成立了一个供应链风险管理团队(Supply Chain Risk Management,简称 SCRM)。它的任务是,在任何情况下,确保思科全球供应链的业务连续性,并建立业内最具弹性的供应链。思科通过四个关键流程,建立起了端到端弹性企业,这些流程分别是产品弹性、供应链弹性、应急管理和业务持续计划。面对突发的日本大地震,在震后 40 分钟内,思科 SCRM 团队就获知了事件,并在 57 分钟内升级通报给公司高层,然后在 9 小时内激活供应链事件管理团队,并在 12 小时内初步评估思科受影响的供应商,关键零部件和营收风险。经过调查,思科发现,有 65 个日本供应商的 1 100 多个单点供应零件受到影响;接下来,思科加速认证了这些替代零件的制造资格。思科使用零件对照和业务持续计划中的可视化能力,快速识别了多个关键半导体和光学品类的次级供应商,并减轻了风险。经过这些努力,思科发现,此次大地震几乎不会对客户造成影响,也不会因危机而造成收入损失。最终,思科成功缓解了超过 1 亿美元的潜在收入损失,同时还避免了超过 2 000 万美元的零件应急处理成本。

思科公司为了预防供应链风险，采取了未雨绸缪的方式，提前做好了业务持续计划，并且每年进行演习，确保公司和关键的 IT 服务供应商、原材料供应商和第三方物流都能够迅速从各种危机事件中恢复，保障生产运营和客户销售，降低风险事件对公司运营的影响。思科采取的一系列行动措施而产生的费用，都属于缓解供应链风险的成本。

②销货成本。

销货成本指购买原材料和生产成品的相关成本。该成本包括直接成本（人工、材料）和间接成本（管理费用）。

销货成本的计算方法如下：

销货成本＝直接材料成本＋直接人工成本＋与制造产品有关的间接成本

(5)供应链资产管理 Asset Management

这个指标衡量企业利用资产的能力。供应链中的资产管理包括减少库存、自制还是外包的取舍等。

①现金循环周期。

它指一项投资在用于购买原材料后，最终资金流回公司所需的时间。对于服务类产品而言，它指从公司购买为提供服务所消耗的资源，直至公司收到客户对这些服务的付款时间。这个指标用于衡量一个公司管理其营运资金的效率，是许多公司普遍接受的供应链指标。现金循环周期越长，所需的流动资金越多，因为它需要更多的时间，才能把应收转款和库存转化为现金。换句话说，周期越长，企业所需要的净营运资本也就越多。

现金循环周期的计算公式：

现金循环周期＝应收账款天数＋库存天数－应付账款天数

应收账款天数的计算公式：

$$\text{应收账款天数}=\frac{\text{应收账款总额}}{\text{年销售总额}}\times 365\text{ 天}$$

库存天数的计算公式：

$$\text{库存天数}=\frac{\text{按标准成本计算的存货总值}}{\text{年销货成本总额}}\times 365\text{ 天}$$

应付账款天数的计算公式：

$$\text{应付账款天数}=\frac{\text{应付账款总额}}{\text{年度材料采购总额}}\times 365\text{ 天}$$

②供应链固定资产收益率。

供应链固定资产收益率衡量的是企业在供应链固定资产投资上获得的收益。它包括计划、采购、制造、交付和退运中使用的固定资产。

其计算公式如下：

$$\text{供应链固定资产收益率}=\frac{\text{供应链管理收入}-\text{供应链管理总成本}}{\text{供应链固定资产}}\times 100\%$$

③营运资金回报率。

营运资金回报率评估的是，相对于公司营运资本状况与供应链管理产生的收入而言的投资规模，其组成部分包括应收账款、应付账款、存货、供应链收入和供应链管理成本。

其计算公式如下：

$$\text{运营资金回报率}=\frac{\text{供应链收入}-\text{供应链管理总成本}}{\text{存货}+\text{应收账款}-\text{应付账款}}\times 100\%$$

2. 流程 Process

SCOR 既然叫做流程参考模型，这就意味着它是一个以流程为导向的框架。模型的设计者认为，只有先设计出合理的供应链流程，才有可能把事情做对。如果没有正确的流程，那么运营结果可能达不到预期目标。

(1)流程的结构

在图 2-5 中展示了 SCOR 的六个流程，分别是计划 Plan、采购 Source、制造 Make、交付 Deliver、退运 Return 和使能 Enable。这六个流程是第一级别的流程，在 SCOR 中总共定义了五个级别的流程，第二级别的流程叫过程目录(Process categories)，进一步细分了上级目录中的过程活动。以交付 Deliver 流程为例，它有 4 个二级流程，编号是从 sD1 开始，分别是：

- sD1 交付库存产品(Deliver Stocked Product)。
- sD2 交付按订单生产的产品(Deliver Make-to-Order Product)。

- sD3 交付按工程设计生产的产品(Deliver Engineer-to-Order Product)。
- sD4 交付零售产品(Deliver Retail Product)。

sD1 交付库存产品描述的是根据库存生产的产品,是如何交付给顾客的流程。为了详细解释 sD1 流程,就会使用到第三层级的流程、流程元素(Process element)。sD1 次级的流程元素一共有 15 个,编号是从 sD1.1 开始。

- sD1.1 查询和报价(Process Inquiry and Quote)。
- sD1.2 接收、输入和验证订单(Receive, Enter, and Validate Order)。
- sD1.3 储备库存和确定交货日期(Reserve Inventory and Determine Delivery Date)。
- sD1.4 合并订单(Consolidate Orders)。
- sD1.5 运输路线选择和装载计划制定(Build Loads)。
- sD1.6 运输路线和装载计划确定(Route Shipments)。
- sD1.7 选择承运人和费率(Select Carriers and Rate Shipments)。
- sD1.8 从外包供应商或是自制工厂收到产品(Receive Product from Source or Make)。
- sD1.9 拣货(Pick Product)。
- sD1.10 包装(Pack Product)。
- sD1.11 装载车辆并生成装运单据(Load Vehicle and Generate Shipping Documents)。
- sD1.12 运送产品(Ship Product)。
- sD1.13 客户接收并验证产品(Receive and Verify Product by Customer)。
- sD1.14 安装产品(Install Product)。
- sD1.15 开票(Invoice)。

这 15 个流程完整地描述了从客户订单查询,直到最后给客户开票的全部过程。企业在进行业务操作的时候,可能只会使用到其中的部分流程。SCOR 的流程元素把所有可能涉及的环节都考虑在内,但这并不意味着企业会经历所有的过程。

在 SCOR 中还有第四层的流程,但是没有提供具体的定义,而是建议使用者自己来制定,一般是根据各个行业和区域具体的活动而定的。例如,大多数公司需要执行一项 sD1.2 接收、输入和验证客户订单的流程,这是一个第三层的过程。

在第四级流程中，需要描述公司具体如何接收订单的步骤，比如是通过 EDI、传真、电话或是在实体店铺里完成的。每一个活动都可能需要一个单独的四级流程描述。另一个步骤是要描述订单是如何输入系统的。EDI 可能会自动加载数据信息，传真和电话订单是由订货平台输入，实体店是通过收银员结账处理等。在 SCOR 中没有明确定义第四层的流程，而是把这项工作交给企业自己来完成。

(2)流程与绩效、实践和人员技能的关系

SCOR 是一个流程的框架，绩效指标是用来衡量流程是否有效，在各级绩效和流程之间，都存在逻辑紧密的关系。

以如图 2-7 所示为例，这是上文描述过的交付一级流程，它的下级流程是 sD1、sD2、sD3 和 sD4。用来衡量交付一级流程的是所有的 10 个第一级的绩效指标。

sD Deliver
客户的订单管理和订单履行活动相关的流程

结构		
sD1	交付库存产品（Deliver Stocked Product）	第二层级流程
sD2	提供按订单生产的产品（Deliver Make-to-Order Product）	
sD3	提供按工程设计生产的产品（Deliver Engineer-to-Order Product）	
sD4	交付零售产品（Deliver Retail Product）	
绩效指标		
AG.1.1	上调供应链适应性（Upside Supply Chain Adaptability）	sD对应的绩效指标都是第一级的指标
AG.1.2	下调供应链适应性（Downside Supply Chain Adaptability）	
AG.1.3	整体风险值（Overall Value at Risk）	
AM.1.1	现金循环周期（Cash-to-Cash Cycle Time）	
AM.1.2	供应链固定资产收益（Return on Supply Chain Fixed Assets）	
AM.1.3	营运资本回报率（Return on Working Capital）	
CO.1.1	供应链管理总成本（Total Supply Chain Management Costs）	
CO.1.2	销货成本（Costs of Goods Sold）	
RL.1.1	完美订单履行率（Perfect Order Fulfillment）	
RS.1.1	订单履行周期（Order Fulfillment Cycle Time）	

图 2-7　交付流程和对应的绩效指标

如果我们把镜头放大，来关注二级流程 sD1 交付库存产品的流程元素(三级流程)sD1. 1，也能够发现对应的绩效指标，以及与流程有关的实践和人员需要具备的技能。

在图 2-8 的流程图中，首先依然是与流程相关的绩效指标。RS. 3. 100 和 CO. 3. 14 都是第三层级的指标。RS. 3. 100 查询和报价流程周期是指处理查询和报价的平均时间。CO. 3. 14 订单管理成本是指订单管理活动产生的成本汇总。使用这两个指标来评估流程是合理恰当的。

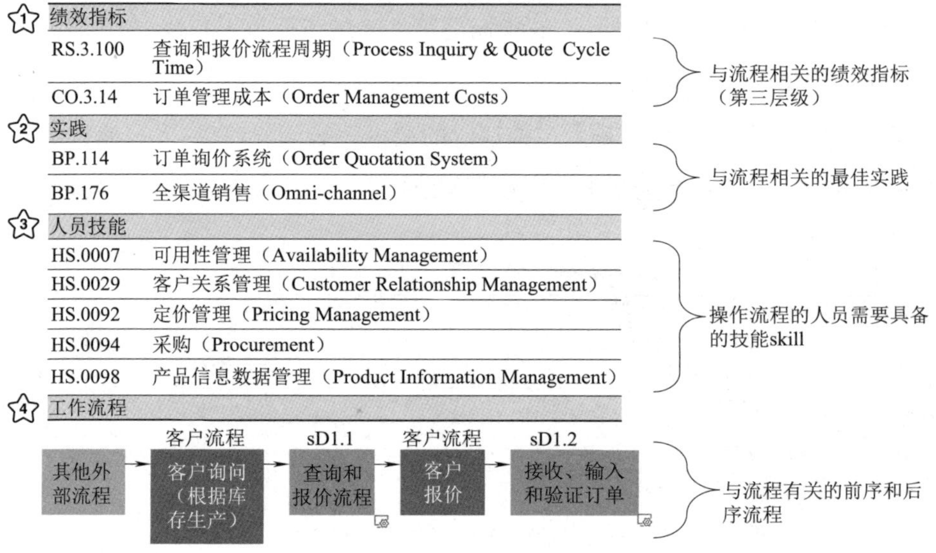

图 2-8　sD1. 1 查询和报价流程

其次，SCOR 建议的实践是 BP. 114 订单询价系统和 BP. 176 全渠道销售。关于实践的具体定义，请详见下一节的介绍。

再次，SCOR 给出了执行 sD1. 1 流程的业务人员应该具备的技能，包括 HS. 0007 可用性管理等五项技能。人员技能的具体介绍也会在后续小节具体展开，这里暂且略过。

最后是 sD1. 1 流程的前后相关流程，介绍了这个流程在一般情况下的输入和输出流程是什么，有了前后关系的介绍，使用者能够更好地理解流程应用的环境。

3. 实践 Practices

根据 SCOR 中的绩效指标结果，管理者可以得知企业的运营情况，以及与标杆企业之间的差距。那如何进行改善这一差距？我们需要一些“引路明灯”，也就是同行企业里成功的案例。在 SCOR 中这些做法叫实践，它可以是一种流程自动化，或是运用在流程中的科技和特殊技能，也可以是企业之间衔接流程的独特方法。

在 SCOR 中的实践分为三种，分别是新兴实践、最佳实践和标准实践。SCOR 中的实践不区分具体行业，目的是提供一种具有通用性的方法。

（1）新兴实践（Emerging Practice）的特点是，高风险、高收益。一般都是最新、最前沿的技术，比如数字化供应链（SCOR 编号 BP. 181，BP 是 Best Practice 的缩写，181 是这项实践的序号）、区块链技术（BP. 178）、物联网（BP. 182）等。由于此类实践技术门槛高，暂时还没有大范围地推广，或者说并不适合大多数的企业。投资新技术的成本高、风险大，如果成功能够带来巨大的收益；但如果失败，其损失也不是中小型企业可以承担得起的，所以企业需要谨慎考虑是否要投资新兴实践。

（2）最佳实践（Best Practice）是已经在很多企业里成功地得到了验证的，是可以复制的，有成功经验可循的实践。相对新兴实践而言，最佳实践投入的成本和风险都属于中等水平，实施以后能够获得不错的收益，是许多公司考虑采用的方法措施。值得注意的是，最佳实践在不同的行业中取得的成果可能有所差别，这是由行业的特征或是企业的规模决定的。比如，丰田企业推行的是 Just In Time（JIT）准时制生产模式（BP. 157）。由于日本车企和零部件配套公司关系非常密切，很多企业之间都有相互参股的关系，供应商配合整车厂的意识很强，供应链的协同度很高，所以较为容易推行 JIT。但是其他行业想要复制这套模式，除非也拥有如日本车企这样紧密的合作伙伴关系，否则很难取得如同丰田汽车一样的成果。

（3）标准实践（Standard Practice），就是最标准的做事方法，这种实践已经在很多的行业和企业里验证了它的有效性，实施的风险很低，当然收益也是有限的。

4. 人员 People（技能 skills）

最后一个，但同样重要的核心内容是人员（技能）。在 SCOR 中，人员指执行管理供应链流程的人，并且与绩效、流程和实践形成一个不可分割的整体。人员被准确地描述为人所需要的技能，根据获取技能的方式，又分为了经验（Experience）

和培训(Training)。经验指可以通过观察别人怎么做,或是通过自己动手操作获得的经验。培训是在专业人士的指导之下,如参加 SCOR 课程,获得供应链参考模型的知识。

如何来定义人员的技能水平?SCOR 把能力分为了五个等级,按照水平由低到高,它们分别是:

①新手(Novice)。未经训练的初学者,没有经验,需要遵循详细的操作文档。

②初学者(Beginner)。在特定场景下,凭借有限的经验可以完成工作。

③可胜任(Competent)。理解工作的重点,能够确定达成目标的工作优先级。

④熟练(Proficient)。可以监督各方面的工作,并能根据情况确定优先次序。

⑤专家(Expert)。对供应链管理有直观的理解。可以举一反三,将经验模式应用到新的场景中。

人员所需要具备的相应技能,都可以在 SCOR 的参考手册里找到。

2.5.3 SCOR 小结

以上内容对 SCOR 中的四个核心内容——绩效、流程、实践和人员的简单介绍,可以用如图 2-9 所示来总结这些要素之间的关系。

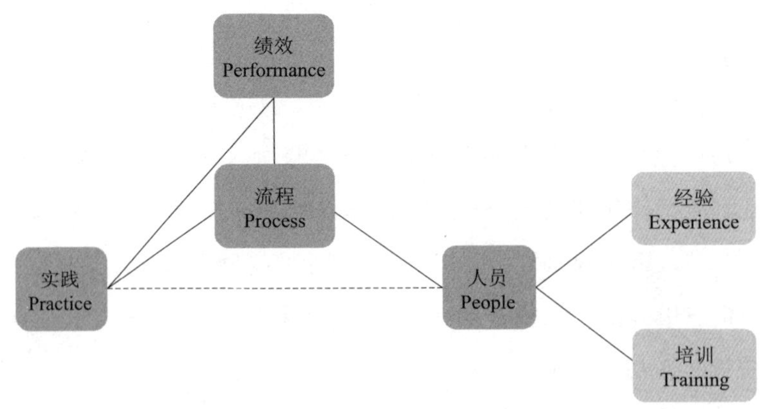

图 2-9 SCOR 中的 4P 关系图

毫无疑问,流程是所有要素的核心,都连接着其他的内容。绩效在 SCOR 中的作用也非常显著，它负责对流程进行考核。通过模型架构者的巧妙构思，把四个要素联系在了一起，成为一个整体，并且呈现出一种"静态"的关系。这里有几个要点值得重点介绍。

(1)流程、绩效和实践三者之间是用实线相连的。

(2)流程与人员是实线连接，而人员只对应第三层级的流程，也就是从流程元素开始，才有人员的参与，因为这是涉及具体业务流程操作的层级。

(3)实践与人员之间是虚线，这是因为有些实践与人有关，比如 BP. 114 中的订单询价需要人的参与；但还有一些实践是指科技，比如区块链和物联网，在技术应用里没有涉及人，所以就用虚线连接实践与人员。

(4)绩效和人员之间没有连线，这表明人员与衡量流程的绩效没有直接关系。SCOR 的绩效是用来评估流程，而不是人员。

最新的 SCOR 12.0 版本为学习者提供了两本厚重的参考书，详细地记录了所有的绩效、流程、实践和人员的内容。使用者只需要根据目录寻找到对应的内容，就可以跟随着 SCOR 架构者的思路，站在巨人的肩膀上，迅速地找到自己企业在运营上的问题症结。

根据 SCOR 建议的实践，选用合适的人员来进行流程改进。这四个要素之间构思精巧，凝聚着 SCOR 模型开发者集体智慧的精华，历经 20 余年不断与时俱进、更新迭代，才有了今天 SCOR 在供应链运营模型上独步江湖的地位。美中不足的是，正是由于设计过于巧妙，在要素之间建立了的复杂关联，如果想要改动某些内容，就会涉及很多其他内容的修改，在这个过程中，难免会有一些疏漏的地方，比如一些实践出现了重复，或是在书上找不到的情况。

知识总结

本章从生活中的供应链，向读者们提供了更直观的供应链概念。供应链管理源于日常的工作和生活。

供应链有很多种类型，如有的强调高效率低成本，有的强调快速响应，每一家企业都有独特的供应链模式。根据销售区域和产品线的不同，在同一家企业里还可能存在多种模式。

从整合的角度来看，供应链经历了从垂直型到水平型，再到垂直型 2.0 的演化过程，这不是简单重复，而是一种螺旋式的上升，代表了企业在市场发展的不同阶段所采取的针对性战略。

供应链发展从简单、原始的孤岛阶段，逐渐开始在内部进行融合，继而向上下游的合作伙伴的扩展，形成了集成式供应链。供应链的发展是持续进行的，并且不断进化的，相信随着新的商业生态出现和应用科技发展，供应链会迈入崭新的阶段。

本章最后一节介绍了 SCOR 模型的精华和重点。SCOR 庞大的体系，深邃的思想，改善的工具，不是短短数千字能够描述清楚的。希望通过本节内容，能为读者们打开一扇窗户，来了解 SCOR 模型博大精深的内容。

03

第 3 章 订单的完成（从一张订单的交付之旅来理解供应链）

本章将会从一个订单开始，探索供应链管理的业务流程。

订单是客户需求的源头，也是所有后续生产经营、供应链活动的起源。从订单的计划和创建开始，直至订单交付和售后服务，所经历的一系列过程，就是整个供应链管理的流程。如果我们追踪订单的全部旅程，就有机会发现很多被隐藏的问题点，这有助于更好地理解流程中存在的缺陷，并指引管理者去采取针对性的改善措施，提高供应链的绩效。

3.1 什么是订单

相信每一位读者都接触过订单，它存在于我们的日常生活之中。例如，每天中午，在办公室里忙碌了半天的白领不想外出就餐，于是就在手机App上定外卖。在浏览了系统推荐的店铺，比较了价格和送餐时间后，选定了商品，完成付款以后就可以耐心等待外卖小哥的电话了。在不知不觉中，我们从外卖App上学会了关于订单的三件事。

3.1.1 订单分析

我们在叫外卖的时候，比较了不同的午餐组合和优惠券，选了最有性价比的套餐。午餐的最小起订量（Minimum Order Quantity，简称MOQ）是一份，买得多还有店家的减免优惠。订单有最小的起订金额，比如金额20元以上，店家才会接受订单。

1. MOQ

如果订单量小于MOQ，供应商可能会拒绝接单，因为订单量太小，投入的原材料、生产时间和人工成本已经超过了销售金额，根本就赚不到钱。对于滞销品，还需要注意MOQ可供消耗的时间。如果MOQ需要一年才能用完的，那就要谨慎处理了，因为一旦遇到产品升级换代，极有可能变成呆滞库存。

2. 订单金额

有些供应商的合同中有最小订单金额规定，如果没有达到最小金额，采购方需要支付一些额外的费用。如果买卖双方是做工厂交货（Ex-works）条款的，货物一旦离开供应商工厂以后，库存的所有权就归属于买方。卖方就可以根据实际出货数量，开具货物发票给买方。这笔采购订单的费用，就成了买方的应付账款，需要在合同约定的时限内完成付款。采购方需要时刻留意在途库存和应付账款金额。

3.1.2 供应商的交货周期分析

从下订单到收到外卖货物为止的时间就是交货周期。我们都知道，外卖点餐时,交货期超过一个小时的店铺一般是不会被考虑的。外卖对于时效性的要求很高,如果超时,顾客可能会取消订单。

供应商交货的周期叫订单履行周期。它是 SCOR 的五个绩效之一,也就是响应性 Responsiveness。它是订单交付的实际周期时间总和,包括采购原料、生产制造和交付客户的时间。

分析交货周期很重要,因为这是优化供应流程、控制库存、降低供应链管理成本等活动的基础之一。找出问题症结所在,才能有效地采取相应的措施进行改善。

3.1.3　供应商的交货表现评分

顾客给店铺或外卖小哥点评,就是完成了对供应商的交货表现打分,这些既有对产品的(餐食)评价,又有对服务的(配送)评价。外卖店铺的星级,影响着它们在排行上的优先顺序,配送人员的评分,决定着他们的收入。

采购方对供应方的交货表现也会定期评分,交期准时、质量达标就能得到较高的评价,在后期的商务合作中,此类供应商是优先考虑的合作对象;相反地,得分不合格的供应商,不会出现在长期合作清单之中,现有业务也可能被转移掉。

上述的订购外卖案例属于采购订单,除此之外,供应链管理中还有其他类型的订单,例如 SCOR 中的三个主流程细化了订单的概念。

(1)交付订单(Deliver):从客户端收到的正式订单,或是要求补货的信号。它提供了客户所需产品的详细数量和要求到货日期。

(2)制造订单(Make):也叫生产订单,是制造具体某个产品,或是完成某个加工过程。根据不同的产品特征,还可以细分出三种制造模式,即根据库存生产(Make to Stock)、根据订单生产(Make to Order)和根据工程设计生产(Engineer to Order)。详细内容将在后续的小节里介绍。

(3)采购订单(Source):客户向供应商购买产品或服务的合同。它包括采购数量、商品规格、质量要求、采购价格、交货日期和地点等信息。

订单是需求和供应双方的事情,需要从供应链上下游的视角来看待问题,这样才能全面地理解订单。订单的源头是客户,即先有了客户的需求,才会生成交付订单，然后驱动生产制造，最后是创建采购订单。本章也会沿着这个顺序，来逐个介绍这三种订单流程。

3.2 客户订单管理

3.2.1 订单管理流程介绍

先从一个订单管理流程的案例开始，如图 3-1 所示。

假设 A 公司在每周固定的一天（星期二）都会接收到来自一家客户的订单，负责对接客户订单的是销售跟单人员，也叫销售客服。他们不是直接跑业务、"抢"订单的销售人员，他们的主要职责是负责接收客户预测和订单，把订单信息传递给生产部门，跟踪生产进度，在指定的交货时间窗口内完成订单出货，最后跟踪回款的情况。所以销售客服对外要联络客户，对内需要和多个部门进行沟通协调，是非常重要的供应链管理岗位。

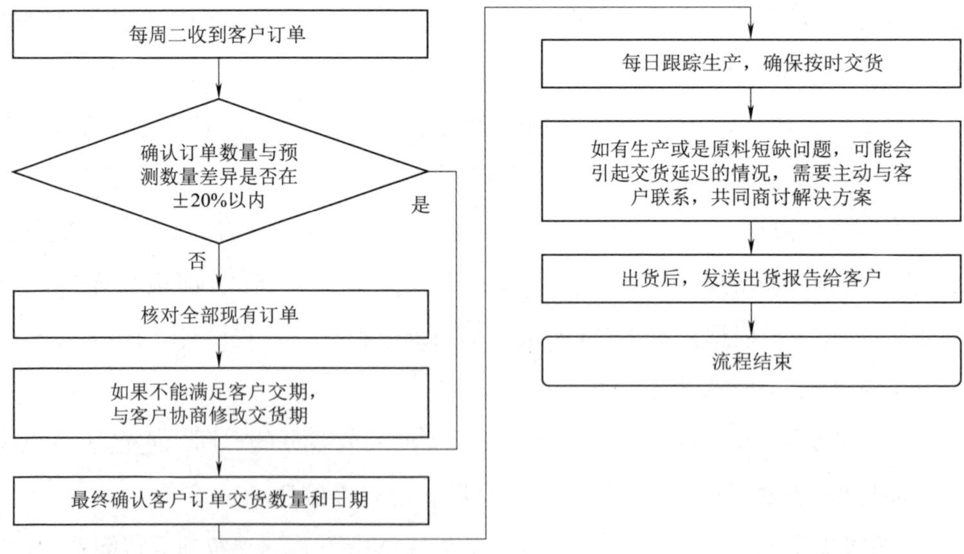

图 3-1 客户订单管理流程

1. 预测与订单数量的偏差

当销售客服收到客户发送的订单后,首先要确认订单数量和预测数量的差异,是否在20%以内。订单和预测有差异是很正常的现象,因为预测只是对未来需求数量的估计,是一种假设,预测的特点之一就是它几乎都是错误的。为什么这么说呢?因为无论是多么有经验的专家,或是多么复杂的统计工具,对于预测的判断只是对未来的估计。即使销售人员对他的每个客户都了若指掌,消费者在实际购买活动中也是会有偏差的。从终端的消费环节,向上到批发商、制造商,直到最上游的供应商,偏差被逐级放大,预测结果距离现实情况也就越来越远。

预测与实际订单的偏差值多少算是合理的?各个企业有自己的标准,这里使用20%作为一个参考范围,仅用于案例说明。如果订单与预测的差异在20%以内,A公司是有足够的适应性来满足订单的需求。根据内部流程规定,销售客服认定这是可接受的偏差范围,可以直接向客户确认订单交货数量和日期。

2. 是否有足够的产能应对增加的订单

如果订单比预测多了20%,销售客服就需要汇总所有客户的订单,经过数据分析后进行判断,企业是否有足够的产能可以满足全部需求。另外,还需要检查其他资源配置情况,包括劳动力(工人数量)、原材料和物流运输等。如果现有产能资源不能满足订单数量上涨20%后的按时交付,销售客服就要和客户协商延后交货期或是减少订单数量。如果这家客户是公司的重点客户,不能推迟任何交货期,那只能“牺牲”其他较小的客户利益,与后者商量能否延缓交货。经过几番的沟通和确认,最终在交货期和数量方面,销售客服与各个客户达成一致。作为供应方,一旦承诺了交期和数量,就应该竭尽所能地遵守承诺,这是一种契约的精神。

3. 生产跟踪,出货保证

接下来,销售客服需要每天跟踪生产完成的实际数量,这个数量指已完成了所有加工过程,通过最终检验,完成包装入库的产品数量。如果完成数量小于既定目标,销售客服就要去找到生产部相关人员,询问了解未能达标的根本原因,并考虑如何来弥补之前数量缺口,并在隔天继续考核产出数量。如果产量还是不能达到预定的目标，销售客服就要调整交货期，并报备客户情况。

在上述过程中，如果企业遇到任何影响交货的异常情况，销售客服都应该立即和客户沟通交货计划的变动，寻求客户的批准来更改交期。销售客服不能只盯着自己的客户订单，也需要经常了解供应链其他环节的情况，特别是生产制造。

如何来有效地监控生产和订单进度？最简单的方法就是去生产现场。产品是通过工厂加工装配，能为客户带来价值的物品。销售客服需要知道一些最基本的产品知识，比如产品大概长什么样子，其中主要的原材料有哪些，它的功能作用是什么等。生产线是将各种原材料，通过一系列的制造过程，最终实现产成品的机器设备组合。一些复杂的生产线可能包含多道加工流程。为了让员工加深对制造工艺的理解，有些公司会让新入职的销售客服，在正式上岗之前，先到生产线上去实习一段时间，以便他们能够更好地了解公司产品的制造过程。通过在生产现场的实际操作，员工一般都可以了解到哪个产品是在哪条生产线上做出来的。

4. 出货完成，通知客户

最后的环节就是货物出运。如果是工厂负责运输，为了保障订单抵达客户仓库的及时性，要尽量使用可靠的物流公司，上门提货和运输到目的地的时效性都有了保证。如果是由采购方安排上门提货，物流运输过程更有保障，供应方只需要在规定的时间内把货物准备好即可。出货完成以后，销售客服要发送一份报告给客户，通知对方此次出货的详细清单和数量。一般的做法是发送出货单、发票和箱单，但是电子表格的信息输入过程可能存在人为错误，最佳的实践是，使用信息化的预先发货通知（Advanced Shipping Notice，简称 ASN）。随着供应商出货完成，在系统中自动传输这票货物的所有信息和预计到货时间，一方面可以加快信息流速度，另一方面也保证数据的准确性。至此，整个订单的管理流程就结束了。

3.2.2 承诺与契约精神

在上文提到了承诺与契约精神，它也是一种合同精神。契约精神中最重要的一点就是，一旦交易的双方签订了合同，缔约方必须遵守契约，履行其责任义务，兑现契约内容。

为什么要重申契约精神？因为在交期和数量确认以后，客户会把所有预计到货信息输入他们的 ERP 系统中，并以此为依据，来运行他们的生产、采购和交付给客户的计划。如果供应商没有办法按照承诺的数量来交付，就会对客户后续的生产和交货产生影响，而这是客户非常反感的事情。当然，计划没有变化快，总是会发生一些突发事件。供应商在完成了承诺以后，依然会因为这样那样的原因，导致没有办法按时足量交货。如果这种事情发生了，销售客服应该在第一时间主动和客户进行沟通，告诉对方在交货上遇到的实际问题。此时最忌讳的就是，供应商不主动沟通，而是等到客户在查看出货单据的时候，或者是货物抵达仓库以后再发现有少交或是延迟的情况。此时，客户是非常被动的，因为他们已经没有足够的时间来进行调整。所以，即使是有交货上的问题，也要立即通知客户，千万不要把问题拖到最后的时刻爆发。

契约精神不仅存在于订单管理中，在生产和整个供应链中也同样适用，两者的契约是通过主生产计划(Master Production Schedule，简称 MPS 或主计划)来实现的。供应链管理保证提供生产所需的原材料，而生产承诺每周的产出量。具体的形式是由整个供应链来主导主计划会议，并和生产一起确认每周的生产计划。通过反复多次的确认，最后达成的一致意见，就是供应链和生产部门的契约。生产严格根据主计划的结果执行，就可以避免过量生产。供应链管理根据主计划的结果，来计算出物料需求计划 MRP，再将它转化为采购订单计划。通过物料采购员下达采购订单，跟踪货物到仓库，以此来保障生产有足够的原材料可以执行既定的任务。

需要注意的是，只要有一方没有履行契约，主生产计划就无法按照计划达成。如果原材料没有到货，生产就会面临缺料而停止生产；同样，生产如果随意改变计划，也会对原材料供应造成极大的干扰。

3.2.3　订单沟通

能不能主动与客户沟通订单的交期和数量呢？答案是肯定的。因为客户的需求是持续波动的，特别是当客户增加订单量的时候。在这种情况下，供应商原本的生产供货计划就会被打乱，需要重新考虑订单交付顺序、数量和日期，客户和供应商之间要及时地进行协商，来确保供应的可靠性。

那需要沟通哪些信息呢？首先是订单完成的优先顺序，也就是所谓的优先级。假设客户的一张订单上有 10 项原材料，要求同一天到货。但从实际操作上来看，客户对这些原材料的使用有先后顺序，可能不会在同一时间内消耗所有的物料。另外，可能客户仓库内还有一些原材料有库存的情况，这些原材料是用来维持安全库存数量的，并不会立即投入生产。最后，客户安排在同一时间内到货，或许只是为了凑满一辆卡车以节省运输成本。总之，订单上的商品很有可能存在优先级，当供应商不能把所有的订单商品，在同一个时间内交付时，可以请客户提供优先交付的顺序。客户还可以根据供应商的库存和交货能力，来适当地提前或是延后订单的交期。这项工作需要客户和供应商紧密沟通，不要产生任何信息传递上的疏漏，以防客户的生产和交货计划受到影响。

3.2.4 精准传递信息

订单沟通要非常地准确，不能造成任何歧义。如果合作双方是用同一种语言来交流的，产生歧义的可能性很小。如果是和海外客户用外语沟通，尤其要注意语言和文化的差异，写邮件用词要精准，尽量不要用复杂的单词或者很长的句子，重点要把关键信息表达清楚完整，其中最主要的是交货数量和日期，尤其是交付日期；要明确交付日期是从供应商工厂发货的日期，还是抵达客户工厂的日期。客户拥有对术语的最终解释权，所以要根据客户的标准。如果客户认为交付日期是货物到达他们工厂的日期，那么供应商就要扣除相应的运输时间，倒推得出需要从仓库发货的日期。否则，供应商将会无法保证在客户要求交付日期之前，把货物送到指定地点。

3.2.5 从订单出发，提升用户体验

所有的公司都会把“顾客至上”作为核心经营理念，客户是衣食父母，企业都是

靠着一张张的订单才能维持运转，并逐渐发展壮大的。道理大家都懂，但是在运营过程中就不是这么回事了。订单管理的流程涉及面很广，需要很多部门的参与，而且周期漫长。在处理订单交付的过程中，稍有不慎，订单就可能会落入流程衔接处的缝隙里，最终导致交付延迟、客户投诉。

1. 为什么订单流程会有脱节

(1)流程管理知识的缺失

对于大多数高层管理人员而言，他们并不清楚公司内部订单管理流程的细节，由于脱离一线工作岗位，管理人员对流程只有大致的了解，缺乏对每个步骤的操作经验。而很多负责订单管理的一线人员对流程只能提供一种简易的、掐头去尾的或不准确的描述。造成这种情况的原因，有可能是过高的人员流动率，如销售客服频繁地换人，没有做好工作交接，导致“口口相传”的流程出现了漏洞，而无人对此负责等。

(2)跨部门信息传递

订单从销售到生产，从生产到交付，从计划到采购，都是在各个独立部门之间传递信息。企业与客户之间要精准传递信息，在公司内部亦是如此。当客户订单量上涨，销售客服要把需求上涨的信息告诉生产和采购；当生产遇到缺料、异常高的报废率、模具设备故障等问题，生产部门应该立即通知销售部门；当原材料需求量增加，计划部门要让采购注意原料库存，以免出现缺料……在订单履约过程中，情况瞬息变化，信息在部门之间不断传递，如果没有衔接好，很有可能就会陷落在流程之间的缝隙里，导致整个订单管理的脱节。由于大多数公司都是按照垂直的汇报线来管理组织的，每当一个订单从一个部门横向移动到另一个部门时，它就有可能“一脚踏空”。

(3)订单选择和优先级排序

公司高层对于客户不会“一视同仁”，而是根据战略要求进行细分，如根据利润率或是销售额把客户分为战略伙伴、VIP 或普通客户等。符合公司长期发展目标的，并能够获取丰厚利润的订单，必定会得到重点关照。但是有很多时候，公司的战略意图不会传达到基层。负责订单确认、处理、生产和交付的操作人员，在公司内部没有较高的话语权和影响力，对企业的战略几乎一无所知，仅是根据先来后到的原则来管理订单。公司处理订单优先顺序的决策，通常不是由制定战略的高管做出的，而是由不清楚企业战略的销售客服决定的。在很多公司里，订单选择和优先排序没有被很好地被管理。

2. 如何填补流程的缝隙

(1)对于基层操作人员

如何实现流程的无缝连接？首先，我们要认清一个事实，没有一个完美的流程可以适用所有的业务场景。对于某个流程，可以有对应的工作指导书，会说明操作过程中的详细步骤。但是总有意外情况会出现，这时候就要针对异常情况再制定一份流程，以防出现漏洞。这样做的结果可能会导致流程越来越复杂，因为要把所有的可能性都考虑在内。当流程的复杂性提高了，对操作人员的处理问题能力要求也随之提升，而一线操作人员不喜欢复杂的流程。越是简单明了的流程，越是能够保证执行的正确到位。例如，在亚马逊公司有一套独特的按灯流程来识别、跟踪和解决订单缺陷。简单来说，就是一线员工在生产、制造、销售过程中，一旦发现缺陷和异常，就可以立刻按灯，中止后续作业。员工做出这项决策，不用向任何人请示。按对了有奖，按错了不受处罚，激发出了员工的主动积极性。按灯的大获成功，首先是打消了员工对被处罚的顾虑，其次就是操作流程简单。

(2)对于管理人员

管理人员日常办公基本都在办公室，远离一线现场，为了更好地理解订单流程，管理人员应该实地走访订单经过的所有环节，亲身实践而不是靠自己的想象，在大脑里模拟订单“应该”走过的路程。很多公司，为了加强管理人员对客户体验的重视度，每位新入职的管理人员都必须去客服中心，参加客户连接的培训，主要包括接听客户电话，与客服人员沟通了解客户的声音，认领提升用户体验项目的任务等。作为管理人员，应从订单计划出发，亲身经历订单管理周期的全部过程，发现流程的缝隙，采取改善行动，提高用户体验。

3.3　订单交付的需求计划

管理好客户订单,成功的关键在于良好的需求计划流程。订单是短期内的实际需求数量,比如订单要求下一个月到货,那么它反映出的就是 1～2 个月的实际需求。为了捕捉中长期的需求信息,企业就要采用系统性的需求计划流程。

需求计划指使用预测和经验来评估产品的需求。在需求计划的过程中可以使用多种预测技术,如根据产品族、地理区域和生命周期等条件进行汇总。通过比较预测与实际订单差异,提高预测精确度。

3.3.1　预测需求

预测的特征之一,就是预测几乎都是错误的。既然是错误的,为什么还要去做预测?

1. 什么是预测

在制造业供应链管理的范畴里,预测的定义指在企业的经营过程中,对未来需求的估计。预测可以是应用数学方法对历史数据进行的客观分析,也可以是主观的判断。同时,预测应该是以上两种方法和技术的结合。没有历史销售数据,就不太可能做出准确的预测。同样地,也没有一种数学模型,可以准确地预测未来。

2. 为什么需要做预测

首先,无论预测和现实相差得多远,还是要做预测。预测就像是在黑夜航行中的灯塔,指引着需求的方向,同时还起到预警作用,告诉我们躲避礁石。没有预测的供应链是无法想象的。当企业发展到一定的规模,就必须要做预测了。预测一定是不准确的,但是通过每次对预测结果的分析,企业可以修正错误,使得预测变得更为准确。但是如果不做,那就永远失去指引,也失去了改进的机会。

其次,预测可以提升客户交货水平和响应速度。通过预测分析,可以更好地管理物料采购和生产,提前预知可能存在的供应和交付瓶颈。提前做好准备,可以采取加班或是预先做好库存的方法来应对交货，还可以迅速地对订单的交货时间做出确认，提高快速响应订单的能力。

最后，预测可以更好地管理库存和产能，增加企业竞争力。做好预测管理，可以了解未来的一段时间内所需要的库存水平，帮助企业以最小的成本，来实现最大的客户满意度。需要根据不同客户的情况，建立一些成品安全库存。根据实时更新的需求量备安全库存，避免过度的库存，使其保持在一个合理的范围里；同时还可以减少因为工程变更，或是产品生命周期终结而产生的废品。根据统计，长期坚持预测活动，可以有效降低5％～10％的库存。

3. 预测的四大定律

（1）预测几乎都是错误的

关于这点前文已经有了描述。在预测需求的方法中，不管是定性的，还是定量的，都是从过去和现在的数据中寻找出一些规律，来对将来发生的需求做出假设和判断。使用定量方法需要建立数学模型，从最简单的方法对历史数据取平均值，到复杂的指数平滑预测法，再到最近流行的大数据分析法。当经历了一些和实际需求有偏差的情况后，总是能够找到一些线索和教训，然后分析偏差，找出原因，这样就能够纠正之前判断上的错误，最终提出修正后的新模型。偏差的原因可能仅仅是一个错误的输入，没有及时更新的物料清单，产品升级换代，客户或者市场的变动等。如果不去分析、研究和修正，错误就会重复发生，久而久之正确的预测也会受到影响，使得公司内部不相信任何的预测，否定它的必要性。

（2）预测应包含错误区间

由于需求存在波动性，预测是需求平均值的上下浮动，应该包含一定的错误区间。当实际需求和预测数量偏差达到一定百分比，比如20％以上，就属于异常的情况，这个区间需要根据企业具体情况和以往经验来判定。一旦偏差超过了正常的范围，就需要改善预测流程，或者是重新设置偏差可接受的区间。

（3）整体的预测比个体更加准确

预测的错误在其内部有相互抵消的作用，对个体的预测随机性太大，因此整体的预测比个体的更加准确。做销售预测通常是在产品族的基础上做预测，准确率会比单个产品预测高很多。同样的道理,年度预测也要比月度预测更准确。例如,服装店里卖牛仔裤,如果只预测某一款裤子销量的准确性,一定要比预测全部牛仔裤的准确性要低。

(4)近期的预测比远期更加准确

大家都知道,如果预测明天的天气,一般都是非常准的,但是要预测一个月后的天气,准确性就很低了。反映到需求计划里,一般三个月内的预测准确率较高,之后的准确率可能会越来越低。

4. 预测的方法

预测方法有定性预测和定量预测两种。

(1)定性预测方法

所谓定性的方法,就是靠直觉或是经验来判断。

定性预测方法适用的对象:新产品或是缺乏足够数据进行分析的产品。定性的预测方法主要有以下几种方式。

第一,用销售和市场人员的判断和核准校对。销售部门和市场部门是最靠近客户的群体,他们所掌握的信息是最及时和准确的。准确的预测是定量的数据分析和销售人员校准后得出的一致结果。

第二,管理层的判断。管理层高屋建瓴,从战略高度和全局视角来进行判断。

第三,市场调研(也称营销调研)是系统地收集、记录和分析商品和服务营销的数据,一般交由专业的服务商来进行。

第四,德尔菲法,也称专家调查法。采用匿名的调查方式,把所需解决的问题单独发送到各个专家手中,征询意见,然后回收汇总全部专家的意见,并整理出综合意见。在去除掉一些明显不合适的意见后,再把该综合意见和预测问题分别反馈给专家,再次征询意见,各专家依据综合意见修改自己原有的想法,然后再汇总。这样多次反复,逐步取得比较一致的预测结果。德尔菲法采用匿名发表意见的方式,即专家之间不得互相讨论,只能与调查人员联系。通过多轮次调查,专家的看法经过反复征询、归纳、修改,最后汇总成专家们基本一致的看法,作为预测的结果。这种方法具有广泛的代表性,较为可靠。

(2)定量预测方法

它是基于历史数据,依靠数学公式进行分析。其中,所用到的数据分为内部数据和外部数据。

内部数据预测:根据企业内部的过往销售数据、产品生命周期、市场营销和促销、资源约束条件等,使用时间序列模型来进行的预测分析。它比较适用于短期的预测行为。

外部数据预测:根据企业外部的信息来进行的预测分析。比如,全球经济趋势、证券市场指数、制造商新增消费品和原材料订单、新工厂或设备的订单等。它比较适用于企业整体经营情况的预测行为。

预测需求的最佳实践应该同时使用内部数据和外部数据,结合定性预测的方式,来做出综合的预测分析。

3.3.2 需求管理

1. 需求管理的三个层面

需求管理是为了实现企业长期的、可持续发展目标,而对未来愿景的一个规划。简单来说,就是要知道在未来的 5 年到 10 年,企业能获得多少的业务来维持发展。为了要实现可持续发展的目标,企业在拿业务、接订单的同时,也要审视自身的能力,是否可以满足所有的业务量,需要来平衡需求和供应。如图 3-2 所示,为需求管理的目标和结构。需求管理分为三个层面执行。

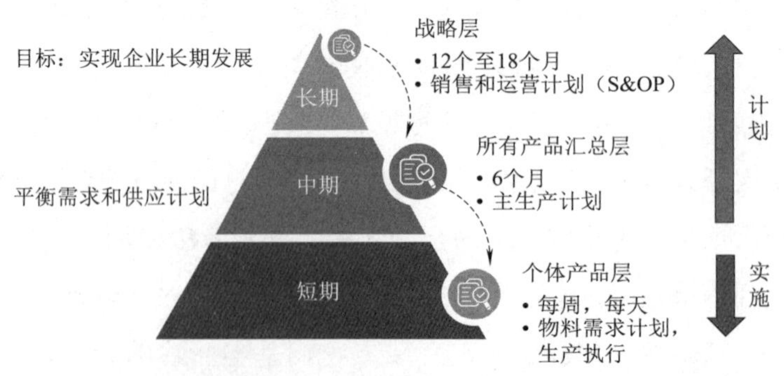

图 3-2 需求管理的目标和结构

(1)长期:战略层。覆盖 12 个至 18 个月,通过销售和运营计划(Sales and Operations Plan,简称 S&OP)来控制。

(2)中期:所有产品汇总层。通过每周的主生产计划来管理。

(3)短期:个体产品层。每日的物料需求计划和生产执行。

需求计划的输入包括预测、产品管理、市场营销、销售和商业计划。它的输出结果是数量和金额,主要的使用方包括以下几个部门。

(1)生产运营:需要需求信息来匹配产能资源,所以需要具体数量的信息。

(2)财务:需要预测销售额、利润和现金流,因此财务更偏重金额。

(3)管理层:数量和金额都需要,因为管理层既要抓市场占有率,也要对财务指标负责。

2. 需求管理正确的沟通方式

(1)进行及时沟通

及时沟通是为了减少可能的损失,换句话说,就是避免一些不受欢迎的"惊喜"。不管是好消息、坏消息,都需要及时通报。但是,人总是习惯报喜不报忧,怕和领导汇报了坏消息后受到批评,所以想把问题压一压,等到事情都解决以后再向领导汇报。有些问题与汇报工作的员工完全没关系,不是由于他们的疏忽失职造成的,而是害怕受牵连的心理导致了沟通的延迟。

(2)建立沟通机制

为了确保有效沟通的执行,不仅要及时沟通,还要建立一套行之有效的机制。在后面的小节会详细介绍。

(3)正确传递信息

要把正确的需求信息传递给正确的受众。比如,采购计划员需要具体的原材料采购信息,如果提供给他一份零售客户的促销计划,计划员是无法把促销产品转换为采购物料的,对他们而言这是无用的信息。

3. 销售和运营计划(S&OP)

系统性的需求计划流程和沟通机制就是销售和运营计划,它几乎被收录在所有的供应链管理书籍之中,也是生产运营的经典工具。

(1)实施的背景

在我国经济的新常态下,GDP增速放缓,企业生意越来越难做,以往粗放式经营的问题逐渐地浮出水面,主要体现在以下方面:

①需求和销售信息缺乏。由于缺少相关需求信息,导致企业“不知彼”,错失发展良机。

②供应和产能信息缺乏。没有非常精确的供应和产能信息,使得企业也“不知己”,不知道还能接下多少业务。一些企业盲目地拿项目,却忽略了自身的供应能力,导致大规模量产后不能按时足量地交货,没挣到钱,反而做着赔本的买卖。

③新品开发缺少生产支持。当生产的任务很重,产能趋于饱和,新品试制很难被安排上生产线时,就会导致项目进度延后,遭到客户投诉。

④年度财务目标难以预测。企业的目标就是盈利,为了确保年末可以实现经营目标,需要有一套机制:每月定期回顾财务目标的达成情况,并及时调整策略,采取改善行动。

⑤库存占用大量资金。销售形势一片大好之时,企业感觉不到库存高企的问题。一旦销量放缓,库存的负面影响便开始显现。库存占用大量的流动资金,使得企业无力进行更大的投资。库存周转率低,也会影响企业的盈利水平。

⑥管理层缺少做决策的依据。企业该在什么时候增加投资,什么时候缩减开支,需要有一定的决策提前期,来进行战略调整。

⑦跨部门之间缺少有效的沟通。企业发展到一定规模,各个部门之间的责任都会比较明确,会有自己的考核指标。每个部门的考核指标,存在符合彼此利益的共同目标,也会有相互冲突的指标。比如,采购的指标是为企业降低采购成本,供应链的指标是以最小的成本,来实现最大的客户满意度,生产的指标是在规定时间内完成生产任务,降低报废率……当部门之间出现争议,沟通就会变得很困难,大家都只想把自己的那部分工作做好,至于别的部门会有什么困难,就不在他们的考虑范畴之内。

为了解决上述问题,企业必须建立一套机制,把所有的计划整合在一起,包括销售、市场、新品开发、生产、采购、供应链、财务,从而形成一个整体的计划,达到需求和供应平衡的目标。

(2)销售和运营计划的含义

①销售和运营计划(以下用简称 S&OP)是帮助企业保持需求和供应动态平衡的管理流程。

它为企业内部各个部门之间搭建了一个平台,把所有的计划放在一起,形成一个完整的计划,并保持需求和供应二侧的平衡。

②衔接企业商业计划和日常运营活动的重要工具。

商业计划是企业长期发展的战略性计划,一般时间跨度在 5 年至 10 年。如何把企业的商业计划落地,与每天的经营活动连接起来,就需要一套在战略层和执行层之间的计划。

③S&OP 紧密结合企业管理中最重要的运营与财务。

企业是依靠出售商品或者服务来盈利的,如果是制造企业,生产运营是直接创造价值的部门,其他的部门如采购、质量、供应链等,都是间接创造价值的配套部门,是为生产服务的部门。财务的重要性无需赘言,是企业最重要的核心部门。S&OP 把生产和财务部门有效地联系在一起。

④S&OP 以产品和货币为单位提供信息。

生产、供应链需要的是以产品为单位的信息,也就是需要制造和供应的数量。财务需要的是以货币为单位的信息,而销售、市场需要以产品和货币单位的信息。

⑤根据产品系列做整合统计,而不是统计个别产品。

S&OP 统计的是产品家族层面的数据,比如产品都是橙汁汽水,就可以统计为一个家族,而不用细分为 250 毫升的或是 1 升装的容量的。统计产能、原材料信息需要对相同工艺的产品进行统计。

S&OP 会议是高级别的管理层会议,无需回顾每种产品的情况,所以要看以产品系列或家族为单位的统计数据。针对个体产品的分析是在主生产计划(MPS)或者物料需求计划(MRP)级别的流程来执行。

⑥跨职能的流程，需要生产、财务、销售及企业高层的参与。

S&OP 会议的参会者都是各个相关部门负责人和企业总经理，也是供应链部门组织的最高层级的会议。由于部门领导工作都很繁忙，所以在会议开始之前，需要做好前期准备工作。在会议上不能讨论过多的细节，而是要提供充足的信息和备选的方案，让管理层进行决策。整个会议的时间要尽量控制在 1～2 小时之内，讨论时间太久，可能会让会议变得效率低下。会议的输出结果是主生产计划和为了实现财务目标而制订的行动计划，比如在短期内增加产能、安排加班、招聘员工、控制库存等。

⑦每月回顾，对比分析上个月的得失。

一般而言，S&OP 会议召开的频率每月一次，在会议上首先要做的是分析回顾上个月的运营情况。比如，上个月预计本月销售达到 500 万元，而实际上只完成 400 万元，那就需要分析 100 万元销售额未达标的原因是什么。此外，还要回顾上次会议制订的行动计划完成情况。如果完成了就可以关闭任务；如果没完成，就要询问负责人延迟的原因和新的完成日期。每次会议结束以后都需要做会议纪要，交由与会人员签字确认并且留档，以防在会上做出的承诺没有被执行。

⑧讨论各种约束、资源、风险和机会条件。

在 S&OP 会议上，管理层讨论企业未来发展的战略性决策，企业的资源是有限的，在有限的条件下实现利益的最大化，同时还要注意规避风险，充分利用一切可用的机会和资源。

（3）S&OP 的作用

如图 3-3 所示，可以清楚地看到 S&OP 会议所起到的作用，它衔接企业的商业计划和可执行的具体计划。图中，左侧是需求管理，右侧是资源管理，S&OP 起到了连接需求和供应的桥梁作用。从商业计划到 S&OP 会议，主生产计划和物料需求计划，都要考虑需求和供应的平衡。在这几个层面上，都受到资源计划的约束。这表明，企业拿新业务的能力再强，也要经常评审是否有足够的资源来满足需求，这样才能保证企业的可持续发展。

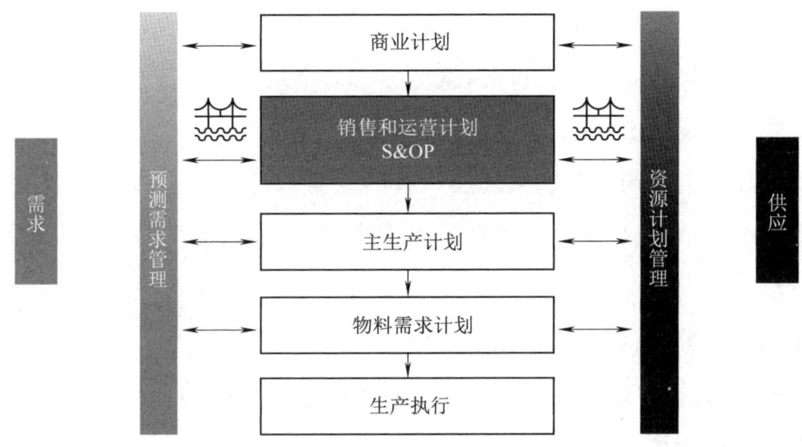

图 3-3　S&OP 的作用

(4)S&OP 的实施步骤

如图 3-4 所示,S&OP 的实施步骤一共分为五步。

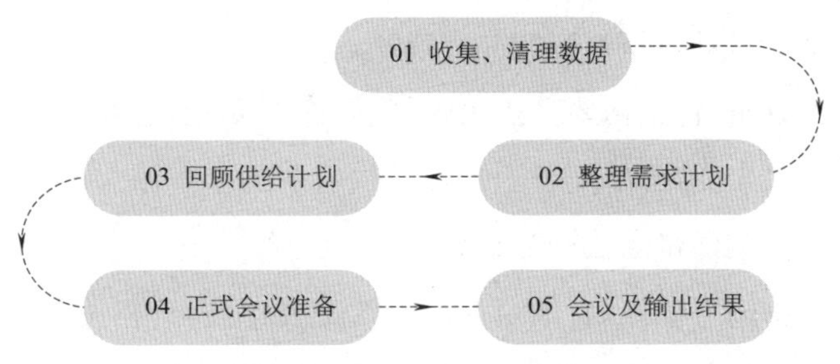

图 3-4　S&OP 的实施步骤

①收集、清理数据。

收集、清理数据(客户订单、产能、人力资源、成品库存、销售数据),运行预测报表。清理数据也是一项非常重要的工作,会影响后续分析判断的准确性。

②整理需求计划。

需求计划即是在需求侧回顾预测和新项目信息,将结果传递给供给侧。

③回顾供给计划。

供应计划即是在供给侧根据资源约束条件审核需求计划。

④会前准备。

由于 S&OP 会议是管理层级别的会议,要确保在会议开始之前,所有的数据都已经核对无误。因此有必要在正式会议之前，开一次预备会议，把所有的数据和问题先讨论一遍。等到正式会议时，就能更有效率地进行。

⑤正式会议及输出结果。

需求侧和供给侧与财务和管理层一起回顾需求计划。在 S&OP 会议后，各方达成一致性的计划，输出主生产计划。由主生产计划输出每日的物料需求计划和生产执行活动。

在正式会议上，主要会讨论以下内容：

①回顾上月的各项绩效指标结果，分析没有达成目标的根本原因；

②回顾上次会议制订的行动计划实施情况；

③本月对销售、库存、生产效率等的最佳估计；

④销售分析和需求预测；

⑤制造绩效，约束条件，关键产能分析；

⑥库存预测，包括原材料、在制品和成品；

⑦直接人工分析，包括需要多少工人，实际在岗人数，还需要招聘多少人员等；

⑧关键物料供应商，分析交货表现最差供应商的根本原因；

⑨客户新项目和即将淘汰产品清单；

⑩制订新一轮的行动计划，最后完成会议纪要，分发给相关人员。

S&OP 已经在北美和欧洲获得了广泛的认可，在我国的影响力也在逐步提高。S&OP 成功的关键是要长期坚持以及管理层的高度重视。企业要把 S&OP 流程固化下来，成为重要的管理工具，持之以恒，就会品尝到成功的果实。

3.4 订单生产模式

我国制造业从早期全手工、作坊式的生产，到后来逐步引入半自动化设备，直至今日自动化、智能化生产线也得到应用。我国制造的发展，就是从简单初级生产加工方式，慢慢成长为复杂高级模式的过程。有的工厂还引进了机器人手臂，来取代重复性的人工操作，一方面提高了工作效率和产品质量稳定性；另一方面也缓解了日趋严重的招工难问题。自动化设备的广泛使用，是我国制造业未来的必然趋势，由此也催生出新型的制造模式，比如我们耳熟能详的工业 4.0、智能制造、数字化制造等。尽管这些新名词都很吸人眼球，但是从供应链的视角来看，制造订单模式的本质并没有变化。根据 SCOR 模型，把订单生产模式总结为三种，分别是：根据库存生产(Make to Stock)，根据订单生产(Make to Order)，根据工程设计生产(Engineer to Order)。

3.4.1　根据库存生产(Make to Stock)

根据库存生产的定义是，通过制造产品或是创造服务为客户提供价值，其产品是预先已在商品目录上定义好的，如图 3-5 所示。在收到客户采购订单之前，商品已经完成生产。为了及时满足客户订单，供货方需要根据客户销售预测信息安排生产计划。客户产品编号、订单明细或商品规格既不会体现在生产或服务订单上，也不会附在产品上或记录在制造或 ERP 系统中。在这种模式下无法为客户提供可配置化的产品或服务。

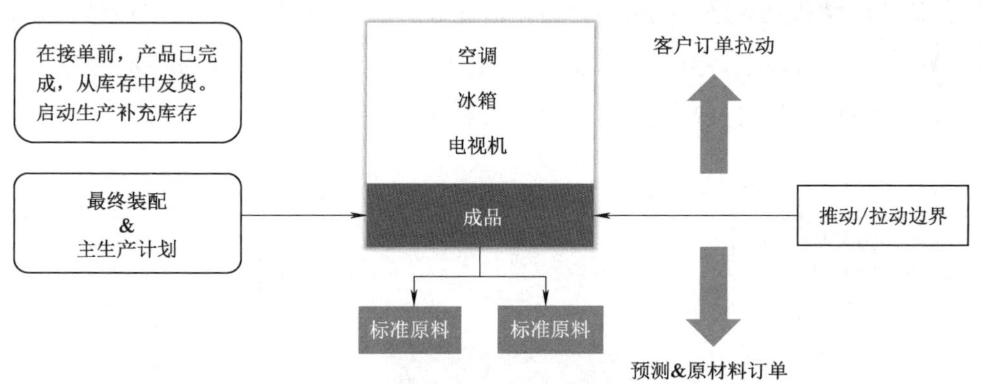

图 3-5　按库存生产 Make to Stock 示意图

根据库存生产的特点是，库存驱动下的标准产品，交货期短，及时交货率要求高。此类模式典型的产品有空调、冰箱、电视和洗衣机等。以空调为例，顾客去商场选购空调，导购员展示的样机或是商品目录都是早就设计好的。壁挂式、柜机、还是家用中央空调，变频还是定速，颜色或能效等级等，这些空调规格都是生产厂家预先定义好的，顾客是在相对有限的范围内进行选购，很难添加一些定制化的配置。生产厂家早就把空调的成品制造出来，存储在各级分销渠道的仓库里。因为消费者对此类产品的购买习惯而言，如果当场没有现货，他们很可能转去别的品牌店铺，因此生产商必须根据预测信息来提前安排生产计划，否则来不及满足订单需求。生产过程和购买行为之间没有直接关联，因此消费者的信息不会留存在生产订单和制造系统中。

Make to Stock 模式的主生产计划关注点在于成品。商品被制造出以后，直接成为库存，用于未来的销售。生产是根据客户预测，不是根据实际订单驱动，而且交货期很短。推动和拉动的分界点是成品，这意味着要在这个层面做主生产计划，然后制订采购计划。成品 SKU 种类较少，但是生产量比较大，所以适用这种订单生产模式的主要是消费品和家电产品。

3.4.2 根据订单生产(Make to Order)

根据订单生产的定义是，通过特定的订单来制造产品或是创造服务，为客户提供价值。产品和服务仅在响应客户订单时完成、构建或配置，客户订单信息会显示在生产或服务订单上，标记在产品上，并在交付产品时引用。作为特定的客户订单，产品在整个增值过程中都是可识别的，如图 3-6 所示。

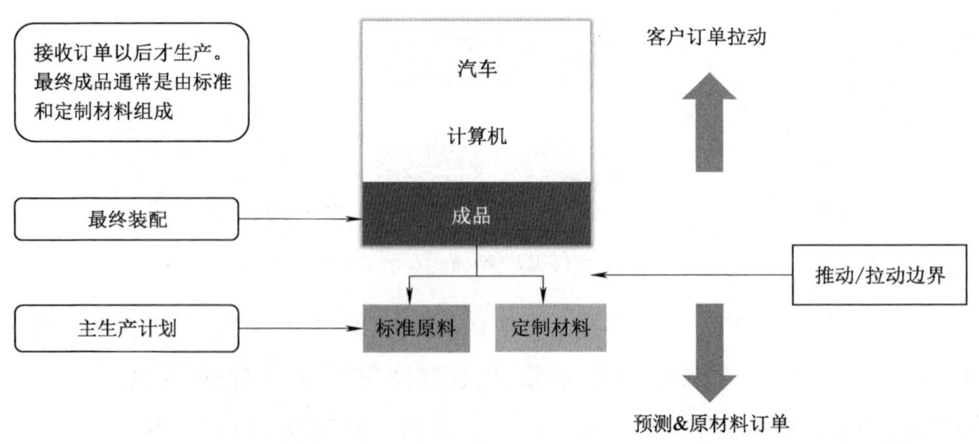

图 3-6　按订单生产 Make to Order 示意图

根据订单生产的特点是,根据订单驱动、可配置的物料清单,中等时间长度的交货期。以家用汽车为例,传统意义上的定制是车身颜色、内饰、发动机、变速箱等。传统汽车制造商依然会根据市场预测,提前生产好库存,存放在仓库或是经销商处;但是近年最新的趋势是汽车的深度定制。由客户在官网或是手机 App 上选择配置方案,包括发动机、驱动形式、座椅布局、车身颜色、轮毂、内饰和其他选装,通过网络或移动端直接下单给汽车制造商。在客户个性化订单锁定以后,制造商就会收到这份定制化的生产订单,所有相关的配置要求都会分解到各个制造装配环节。客户订单信息也被嵌入整个的生产、交付过程中,客户还可以通过制造商的订车系统,在手机上实时查看定制汽车的生产或运输状态,最后指定一个理想的交车地点和时间。相比于传统 4S 店销售模式,高度定制化汽车的交付时间会长达1～3个月,有些进口品牌车甚至会更久。但是对于爱车一族来说,为了拥有一台独一无二的汽车,这点等待时间是可以接受的。在这个过程中,汽车制造商也不完全是接到订单以后才开始生产,一些模块化的组件是提前就完成的。比如,车身在同一款车型上都是通用的,白车身完成冲压成型后,只需要等待客户定制的颜色,然后进行再喷涂环节。

Make to Order 还有另外几种延伸:

(1)按订单组装 Assemble to Order (ATO),电脑就是典型的产品,硬盘、RAM 芯片、主板和其他系统都是可选择的。

(2)按订单配置 Configure to Order (CTO),与 ATO 类似的模式。

(3)生产延迟策略 Postponement,指的是根据客户个性化需求,将产品的生产过程划分为通用化阶段与差异化阶段。汽车制造工厂预先生产通用化的部件,尽可能延迟产品差异化的制造过程。等到客户对产品的外观或一些功能提出要求后,才完成产品的差异化生产。

Make to Order 模式的推动和拉动的分界点是零部件和原材料,Assemble to Order 的分界点是,半成品的模块化组件和成品上都是在接到客户订单后才会安排生产。为了加快订单响应速度,制造商提供预测信息给上游的供应商,要求后者备一些库存。

3.4.3 根据工程设计生产(Engineer to Order)

根据工程设计生产的定义是,通过制造产品或是创造服务为客户提供价值,但在这个过程的最初阶段,最终的交付产品或服务还没有完全定义好。根据客户的特定需求,通过开发、设计、验证和制造等过程,来生产产品或提供服务。一般来说,Engineer to Order 要求重新制定工作指导书,使用的材料和工艺路线需要新增或者修改。Engineer to Order 的另一个名称是 Design to Order (DTO)。如图 3-7 所示为按工程设计生产 Engineer to Order 的示意图。

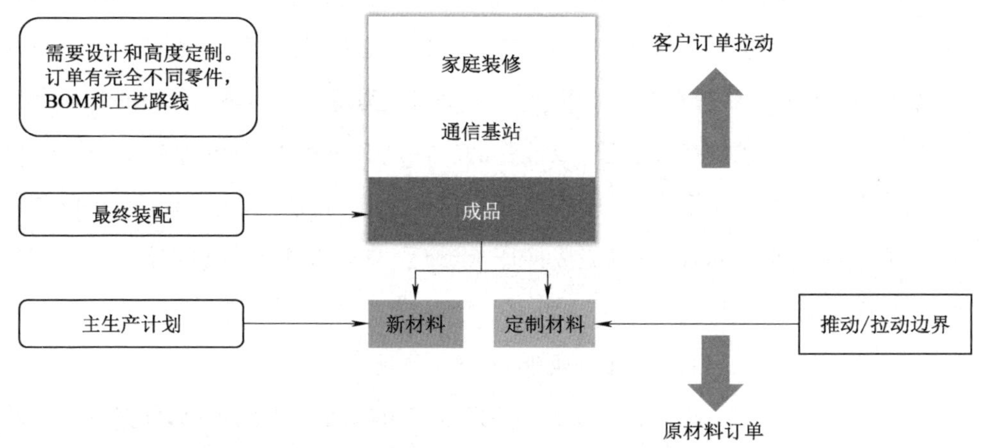

图 3-7　按工程设计生产 Engineer to Order 示意图

在家庭装修中,厨房的设计是重中之重。一个好厨房能让人们重拾对厨艺的热爱,通过健康的饮食来提高生活品质。每家每户的房型都不一样,厨房的布局也不一样,比如一字型、L 型或是 U 型等。设计师要根据这些不同的布局来设计台面、收纳橱柜、冰箱与小家电位置、排烟和隔音设备、灶具与水槽等。对生活品质有要求的人会聘请专业的设计师,来对厨房做整体的规划,一方面是增加整体空间的美感,另一方面是最大化利用有限的空间。设计师会测量墙体的角度、吊顶的高度、水电的位置等细节,直至最终方案确认。客户根据自己的喜好,购买装修材料和各种设备。装修队根据实际情况,调整作业的顺序。根据设计交付,在制造产品或创造服务的过程中存在着很多不确定因素,交货期也较难控制,经常会出现工程延期的情况。

深度定制的 Engineer to Order 模式的推动和拉动的分界点是零部件和原材料。典型的行业是通信行业。在 5G 网络建设的过程中,需要根据具体站点设计来制定物料需求计划。一旦设计发生变更,就会遇到项目施工无法进行的情况,最后只能向供应商紧急要货,空运原料。

以上三种订单生产模式是目前较为主流的模式,随着创新生产方式的出现和信息技术的飞速发展,或许在不远的将来,还会有新的模式诞生。大量的商品都可以进行定制化生产,不同模式之间的边界也会变得越来越模糊,传统的模式也许会被颠覆。

3.5　采购订单管理

3.5.1　缺料了,为什么总是采购"背锅"

在很多人看来,制造业供应链管理的一些相关部门都是没什么技术含量的工作,"做好了是应该;做不好,被批评是活该。"比如物料采购员(物料计划员),平时主要的工作是给供应商下订单,然后跟踪到货的情况。在旁人眼里,这份工作简单轻松而且也没什么压力;但在实际的工作中,却并非如此。如果生产线一旦因为缺少原料而造成停线,生产经理就会兴师动众地找上门来,要求物料必须马上到货,否则完不成订单,不能及时交付,全都是供应链管理部门的责任。如果缺料情况比较严重,还可能汇报到总经理层面去,那么上至部门经理,下到物料采购员都会非常紧张。遇到这种情况,采购部都会纷纷打电话联系供应商和物流公司,跟踪物料到工厂时间,有时候都恨不得自己开车把货给拉回来。好不容易把物料"盼"到,送上生产线了,没过多久,又会有新的缺料情况发生……于是,新一轮的追踪催料活动又开始了。缺料的现象在物料采购计划的工作中如影随形,挥之不去。那么,缺料的问题是否都该责怪物料采购员?

回答当然不应该。只有在排除了全部的客观因素后，才可以判断是否是人为因素造成的。作为管理者，切勿在分析问题的时候，一开始就认定是员工的责任。

这种方法并不能发现流程的隐患漏洞，避免问题的再次发生；而且还会严重影响员工士气和工作积极性。对于缺料的情况，至少应该先从以下三个方面分析原因，然后再对症下药，才能有效地解决问题。

首先，核对近期客户订单是否有增加的情况。如果客户需求在短期内突然增加，仓库里又没有足够的成品库存，就必须在短期内完成大量的生产订单，这势必会对原材料产生超过预期的消耗，很有可能会在下一次订货送抵之前发生缺料的情况。对于这种情况，物料采购是非常被动的，因为客户订单不受他们控制，只是在事后才得知客户增量的消息。

其次，需要核对库存的准确性。这里的库存指可能造成物料短缺的库存点，包括原材料（在库和在途库存）、在制品、成品和报废品。原材料仓库是最重要的一环，库存主要的差异可能会出现在这里。在途的原材料也是一个考虑因素，特别是需要从国外进口的原料，供应商是否按照订单要求数量出货是关键控制点。在制品或成品的倒冲（Backflush）或是入库做得不及时，也会对原材料库存数量造成影响。倒冲是 ERP 系统对产成品收料，并对原材料减料的确认过程。在 ERP 中，每个产成品和在制品都设置了多层物料清单表，系统在产成品收料时，将自动增加产成品库中成品数量和金额，并根据物料清单，减少在制品库即生产车间的原材料的数量和金额。因此原材料移库、生产报工要及时。如果移库延迟，在制品库位可能就没有足够的原材料做倒冲扣减，就可能出现原材料负数的情况。这种情况也可能会对 MRP 的计算产生影响，导致无法计算出正确的物料需求，最终影响到下一个批次订单的数量和物料供应。如图 3-8 所示。

报废品也是一个值得关注的方面，生产部门有时候会故意隐瞒报废品的数量，从而造成原材料数量的差异。在生产过程中，由于设备模具和原材料问题或是工人操作不当，会产生不合格品，而工人的绩效奖金一般与不合格率是挂钩的。为了免予扣除奖金，一些工人会把次品偷偷地处理掉，再去仓库申领原料用于加工。这些原本应该报废的次品就此消失了，但是仓库原料的账却对不上了，库存的差异就这样造成了。

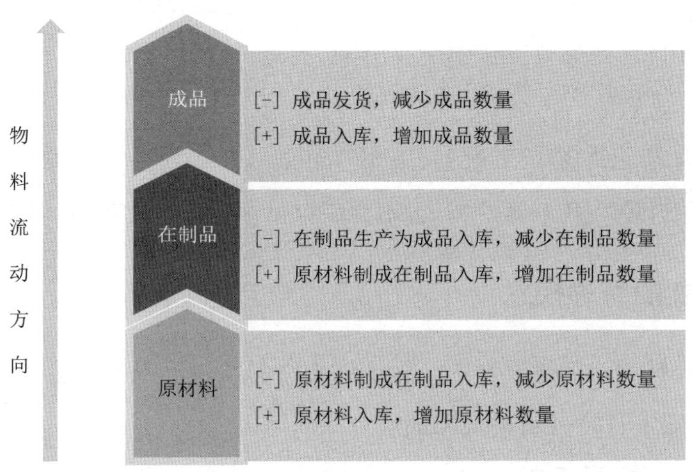

图 3-8　倒冲和物料数量增减关系

最后,要核对订货系统中的参数设置。这方面可能会对库存造成的影响有以下几个方面。

(1)物料清单如果调整了,就会对物料需求产生变动。如果没有在 ERP 系统中更新物料清单信息,生产消耗会大于采购到货量,造成缺料。

(2)供应商的采购周期时间,特别是对进口物料来说很重要。当实际周期延长了,而系统内的参数没有调整,就会引起缺料。

(3)运输时间,包括所有的运输、装卸货和等待的时间。如果是进口原料,还需要加上海关办理手续的时间。如果有必要,还要考虑一定的运输安全时间。有些公司会把来料检验时间也计算在内。

(4)运输频次。运输次数越是频繁,成本就会越高。有些供应商为了节省运费,会减少送货的频次但却不主动通知客户。

(5)包装数量。在有些情况下,物料采购计划是根据系统里设定的包装数量来决定采购数量的。如果包装数量减少了,又没有在系统中更新数量,就会导致采购数量不足,最终缺料。

在实际的物料采购操作中,可能还存在着一些未被提及的因素。物料采购员在发现缺料情况后，应该主动分析缺料原因，汇报上级，并制定改善的行动方案，最终从根源上消灭造成缺料的原因。这样的话，重复性的缺料问题就会得到解决，采购员就可以从日常的催料工作中解放出来，去做一些能够为公司创造更多价值的工作。

从以上内容，我们可以了解到，采购订单是由一系列的系统参数决定的，那么如何下好一张订单？既不会缺料，也不会库存过多呢？下文将有详细讲解。

3.5.2 订货的两种模式

订多少原料？什么时候到货？这是订货中的关键问题，于是人们开发出了两种订货模式：固定订货数量模式和固定订货周期模式。

1. 固定订货数量模式

如图 3-9 所示为固定订货数量模式。这种模式的原理是，事先设定一个固定的订货数量点，当库存的数量低于这个点，就需要给供应商下新的订单。设定的订货数量点，必须是要有足够的库存来满足未来的需求，直到下一批订单的到货。在固定订货数量模式下，每当库存消耗至订货点以下，采购计划员就需要立即做一个新的订单。每次下订单的时间是不固定的，但是订单的数量可以是固定的，一般都用经济订货量（Economics Order Quantity，简称 EOQ）表示，如图 3-10 所示。

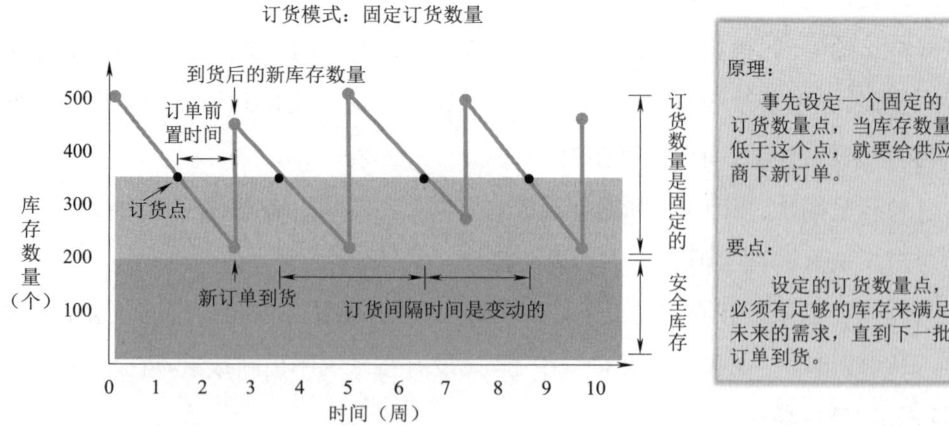

图 3-9 订货模式：固定订货数量

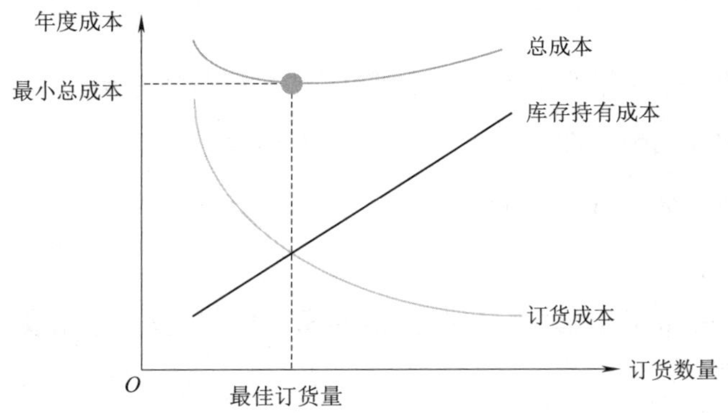

图 3-10　经济订货量 EOQ

(1)什么是 EOQ

EOQ 是最经典的生产计划和库存管理模型之一,是由福特·哈里斯在 1913 年首先提出来的,它可以帮助物料采购回答"我应该订多少货"的问题。EOQ 模型基于这样一种理念:即确定一个订货量,其中的订货成本和持有成本之和最小。当购买的商品数量越多,单位商品的订购成本就会越少,两者是反比关系。购买商品数量越多,持有成本却是越高,是正比关系。因此 EOQ 就是要在订货和持有成本之间找到一个平衡点,也就是两个成本总和最小的那个交叉点。

经济订货量是为满足客户高峰期需求而必须订购的最低库存量,它保证了采购方不会缺货,也不会产生呆滞库存,这就是 EOQ 的理想境界。它的目标是尽可能地减少库存,以保持尽可能低的库存成本。

如果用一句话总结 EOQ,那就是"一个公式,两条线,三个变量"。

①一个公式。

经济订货量 EOQ 的公式为:

$$\text{EOQ}=\sqrt{(2\times\text{需求量}\times\text{订货成本})\div\text{持有成本}}$$

②两条线。

订货成本是随着订货数量的增加而减少的。持有成本是随着订货数量的增加而增加的。两条线的结合点就是经济订货数量。

③三个变量。

EOQ公式中的三个变量是需求量、相关订购成本和相关持有成本。

需求量:在特定时间段内商品的需求量,单位是数量。

相关订购成本:每张订单的订购成本,包括下订单的人工成本、文具纸张费用等。

相关的持有成本:商品售出之前暂时储存的相关成本,包括仓储成本、库存风险、服务成本等。

(2)EOQ的优点和缺点

①优点。

EOQ已经被各类企业成功使用了几十年,它的一些优点如下。

首先,降低库存成本。EOQ的主要目的是尽可能降低库存的持有成本。库存越多,企业需要支付的保险、税收、仓储、安全等费用就越多。准确计算需要的库存量,可以帮助采购控制预算。

其次,让补货变得简单。经济订购量用数学模型计算出补货的数量,确保企业总是有足够的库存来满足客户订单,这比凭空拍脑袋的方法要合理很多。

最后,找到最佳采购量。EOQ模式可以提示采购员合理的要货数量,控制过度采购,以较经济的成本获得原材料。

②缺点。

虽然经济订货量很实用,而且历史悠久,但它也有缺点。它存在最大的问题是,这个理论的提出有100多年了,和如今已经发生翻天覆地变化的商业环境不太匹配。

a.它需要大量的假设。使用者对EOQ最大的质疑是它需要许多假设。

b.订货数量。EOQ假设每次订购相同的数量,而在现实情况中,客户需求会波动,导致了采购量不可能每次都是一样的。

c.稳定的需求和销售。EOQ假设对需求是已知的。同时,订购成本和持有成本也是确定的,但事实上,需求是在一直变动的,使得持有成本随之变动。

d.采购订单提前期。提前期指从下订单到订单交货的时间段。EOQ假设提前期是已知的。在实际情景中,在供应商交付正常的情况下提前期是固定的,但遇到类突发事件时,交货期就会变得不正常。

e. 每单位的采购成本。EOQ 假设每单位的采购成本不随订购量而改变,消除了数量折扣的考虑。但是在大量采购的时候,供应商是会给一些折扣的。

f. 缺货。这是 EOQ 一个很大的漏洞,它不考虑缺货的问题。模型设想了采购订单下达后是立即到货的,下一次补货也是要等到现有库存消耗殆尽的时候才会触发。现实中,除非是供应商仓库建在了工厂旁边,否则不可能下单后马上到货。等库存用完了再下单,就会随时面临着缺料的风险,这是在刀尖上跳舞。

g. 质量成本。EOQ 通常忽略质量成本,认为所有产品都是零缺陷,而这也是不可能的。

h. 单一产品。基本的 EOQ 模型假设只有一个产品,如果有多种产品,就必须分别计算和跟踪每一种产品。在现实情况中,每次都会采购多种商品。

i. EOQ 模型中的这些假设条件过于理想化,有些是明显不合理的。这使得模型的可用性大幅降低。

j. 它不考虑季节性的波动。EOQ 模型中最大的问题是假设需求和销售是稳定的,它不考虑节假日或特定季节的需求波动。要知道在 100 年前,商品的种类很少,渠道只有线下,需求和销售是相对稳定的,EOQ 模型具有一定合理性。但现在的商业环境中,"电商大促三六九,优惠天天有",再加上疫情影响,全年销售量可能都在坐过山车,EOQ 显然是不合时宜了。另外,现在商品种类越来越细分,线上线下全渠道,消费者有很多选择,对品牌的忠诚度降低,进一步放大了需求的波动性。

k. 它的抗风险能力太差。EOQ 订货量如果很大,订货频次就不会很频繁,如果一票订单遇到了运输延误,比如卡车事故、船只沉没、港口拥堵等情况,就可能会破坏整个来料进货计划,导致生产中断,无法按时交货。相反,如果是数量较小,更加频繁的订货,供应的风险就会大大降低。此外,大额的供应商应付账款是采购方沉重的现金流负担,金额较小、频繁的应付发票更具有现金流方面的优势。

EOQ 模型提出的时候,采购活动是相对简单的,因此只需要考虑三个变量即可。在经济全球化的背景下，采购需要考虑很多的因素，订货模型里的参数可能多达数十个，复杂度远超于 EOQ 提出的那个年代。

2. 固定订货周期模式

为了应对需求波动，可以使用固定订货周期模式下单，如图 3-11 所示。这种模式的特点是，订货间隔期的时间是固定的，物料采购员在固定的时间点检查核对未来需求和库存情况，根据前置时间，来创建新的采购订单。订货的间隔期可以是一天、一周，甚至是一个月。每次订货的数量是变动的，除非客户的需求和生产排程非常稳定。

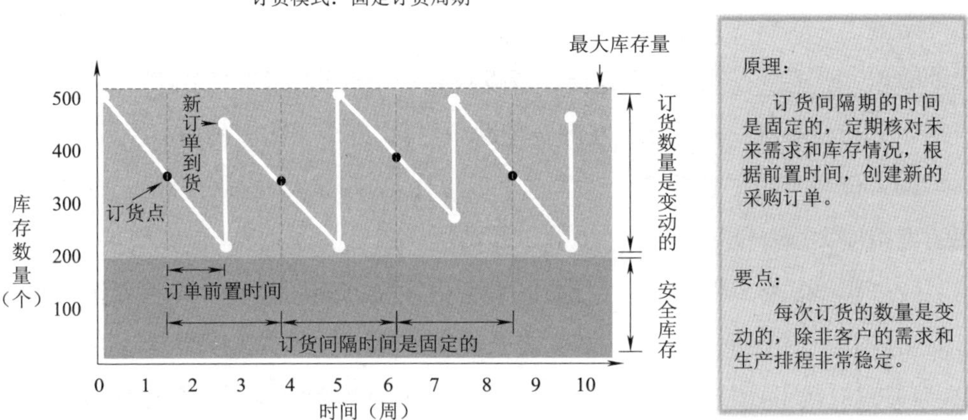

图 3-11　订货模式：固定订货周期

(1)订货量计算

固定周期模式首先要设定一个最大库存量，其计算公式如下：

最大库存量＝(二次订货间隔天数＋前置时间)×平均每天的需求用量＋安全库存

而每次需要订货的数量是在最大库存量的基础上，减去库存和在途数量，其公式如下：

订货数量＝(二次订货间隔天数＋前置时间)×平均每天的需求用量＋安全库存－(库存数量＋在途数量)

例如：二次订货间隔天数是 7 天，前置时间是 28 天，平均每天的需求量是 20，安全库存为 200，当前库存数量是 150，还有 50 的在途数量。那么需要的最大的库存数量就等于：

最大库存量=(7+28)×20+200=900

本次需要下订单的数量=900-(150+50)=700

(2)前置时间

在公式中提到了前置时间(Lead time)的概念，它指从确认订单需求，到收到货物之间的时间，可以包括订单准备时间、排队等候时间、订单处理时间、货物移动或运输时间，以及接收和检查时间。供应商原料检验的时间也属于前置时间，其他比如送货车辆堵在路上的时间、装卸货的时间，这些都应计入在内。

除此之外，前置时间还有另外两种细分概念。

①补货前置时间。

超市使用的是补货模式，当货架上的商品卖出去后，商家就要安排补货。从确定重新订购商品开始，直到商品重新上架所经过的总时间就是补货的前置时间，这段时间也被称为再订货周期。不仅是快消类商品，一些工业产品也使用再订货模式，比如汽车零部件行业，也是普遍采用这种模式，因为零部件进入量产阶段后，不会轻易更改设计或配置，因此整车厂都是按照标准规格产品进行再订货，供应商根据订单数量或是需求预测进行补货。

②安全前置时间。

库存里有安全库存，那么前置时间里就有安全前置时间。这是客户在正常提前期上增加更多的时间，以防止在这段时间内发生需求波动或异常情况，给自己预留了一些缓冲。这种行为源于自我防御的心理机制，与设置安全库存是类似的道理。比如客户给供应商下了张订单，原本的交货前置时间，从下单到送货完成是 2 周，由于客户担心在未来出现销量猛增，原材料跟不上供应而产生缺货，于是又增加了 1 周的安全前置时间，这样新的交货前置期就变成了 3 周。

这时，理论上的最大库存量就被放大了，这是因为它与前置时间有着直接的因果关系。根据前文提到的最大库存量公式，前置时间包含安全前置期，当括号里的乘数增加了，那么最大库存量就相应增加。如果把库存看作是水管中的水，增加前置时间，就等于把水管变粗，在管道中储存的水（库存）就会变得更多。如图 3-12 所示。

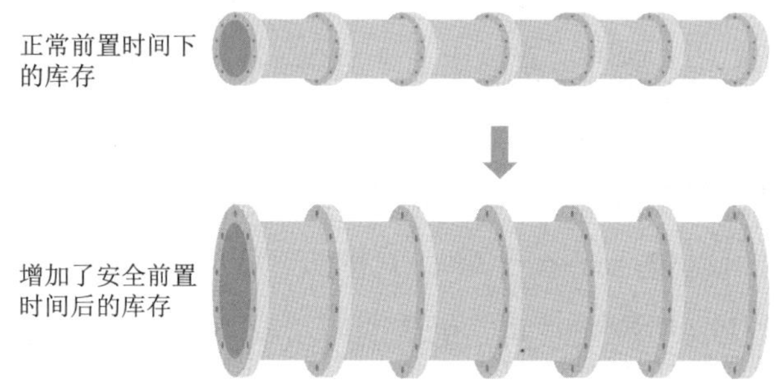

图 3-12　前置时间与库存的关系

供应管道中库存变多，而实际需求没有增加，就会导致采购到货的原料数量大于需求消耗量，多余库存暂时无法被使用掉，客户释放出的采购需求被放大，含有"虚假"的成分。在这种情况下，需求信号在传递的过程中被逐级放大，于是就产生了牛鞭效应。如果设置了过长的安全前置时间，就可能会引发库存的牛鞭效应，给后端的供应链带来波动。

运输也有安全时间。即使是短途的陆路运输，也可能遇到道路拥堵，导致送货延迟。跨洋国际运输存在着更多的不确定性，船舶在航运途中靠港装卸集装箱，受到天气影响，耽搁一两天都是正常现象。预留一些运输安全时间，可以防止异常情况导致的供应中断。运输时间也属于前置时间中的一部分，增加了运输安全时间，会造成在途库存数量的增加。

(3)缩短前置时间的好处

前置时间应该长点儿好，还是短点儿好？答案是越短越好。缩短前置时间有以下几种好处。

①提高预测准确性。

预测的定律之一是近期预测准确性高于远期的。当前置期缩短后，交货时间从一个月缩短到了一周,对应的预测准确性就会变高。相应地,就能有效地控制牛鞭效应,降低后端波动,让需求信息变得更加真实。

②降低库存。

库存降低了,占用的流动资金就少了,企业变得更有活力。当销售疲软的时候,企业比拼的就是家底,看谁能撑过冬天。减少库存还能降低其他的运营成本,包括仓库租金、人工成本、货损风险等。多少曾经"不可一世"的企业倒在了库存上面,轻装前进才能走得更快更远。

③对供应商也有利。

如果供应商有充足的产能,缩短交货期,就意味着可以更早地安排订单交付,也就可以更早地收回货款。与其让做出来的产品在仓库里放着睡大觉,不如尽早发给客户,当然这是在后者允许的前提下。缩短前置时间,客户可以减少库存积压,供应商可以提前回款,这是一个双赢的局面。

缩短前置时间的方法包括优化操作流程,使用自动化物联网技术,改进生产工艺,供应商协同等。

知识总结

订单是触发一系列活动的源头,订单生成以后,生产的计划和优先级排序,产品制造的启动,原材料采购计划的执行,货物运输,订单交付以及售后服务等供应链活动才能依次展开。

订单还涉及对预测和需求的管理。预测的准确性对产能准备和原材料供应都至关重要,尽管预测几乎都是错误的,但企业也不能放弃做预测,应该通过分析预测错误原因,找出改进的机会,把预测做得更准。需求管理帮助企业规划未来中长期发展路径,其中重要的工具是 S&OP,它衔接着战略和日常运营,平衡着供应和产能。

根据不同的产品特征,订单生产模式一般可分为根据库存生产、根据订单生产和根据工程设计生产，它们的推动和拉动点位置略有差异，对应的供应链策略也各不相同。

采购订单工作看似简单，但背后的学问很深，要考虑很多因素，采购需要对整个系统都了若指掌，才可能避免出现缺料的情况。订货模式应该采用更加敏捷的方式，缩短交货前置时间，当然还需要供应商全力配合，才能保障物料的充足供应。

04

第 4 章 物流运输

在专业人员的眼中，物流包括多种的运输方式，卡车、水路运输、空运和铁路等，这些都是物流的主要模式。根据不同的成本和时效要求，选择最具有性价比的运输方式，是公司的一项重要任务。

物流是供应链管理的子集，控制货物在原产地和分销点之间的正向和反向移动、处理和存储。在工业领域中，物流是在适当的地点，用适当的数量，获取、生产和分配原材料和商品的艺术和科学。在业界内部，专家和从业者已经取得了共识，物流就是供应链管理的一部分，而后者将前者提升到更高、更复杂的程度。现代物流被赋予更丰富的内涵，能够深入到客户的业务中，借此来拓展商业合作机会。物流的主要功能包括运输、仓储、包装、物料搬运、进出口等。

4.1 运输的模式以及权衡取舍考虑

运输最主要的功能是在供应链上下游之间运送原材料和商品，它还有临时仓库的功能，用来存放在途货物，本节主要讨论运输的第一个功能。商品搬运移动都需要付出成本，运输需要考虑降低成本、时间，以及环境的影响。

一个成功的运输战略必定是高效率地让物料流动，因为在途的库存既不能用于生产，也不能销售给顾客。但是加快运输速度就需要付出额外的费用。当然，在特殊的情况下，成本可以为时效让路。

4.1.1 卡车公路运输

1. 卡车公路运输模式特点

在传统物流的观点里，卡车公路运输适用于短中途距离运输。卡车受到车厢容积的限制，不适合运载大量货物。但是公路运输的强大便捷性优势，是任何其他运输模式不可比拟的，只要能够通公路，就可以实现门到门的运输。卡车运输模式的特征总结，见表 4-1。

表 4-1 卡车运输模式特征

模式特点	市场情况	权衡取舍
适用于较小货量、中短途的运输	由于准入门槛较低，导致市场竞争激烈	劳动密集型行业，司机从业人数已经呈现下降趋势，工资成本逐年上升
强大的接入性，门到门运输无需更换其他模式	固定成本较低，可变成本较高，主要是燃料、司机工资和车辆维修费用	市场竞争过于激烈，每年有大量中小型卡车公司由于资金断裂而破产
时效性较强，仅次于空运	专线、零担、快运、快递等时效性不同的产品充分竞争	少数头部企业尚未形成垄断，大量业务被层层转包

2. 运输配送的种类

根据卡车运输配送的方式，可将其运输配送大致分为以下两种。

(1)直接运输(也称出租车物流)

直接运输即是从 A 点到 B 点之间的直接运输。为了保证运输时效，运输公司提供专车运输服务，接到客户订单后立即安排上门提货，然后在规定时间之前抵达目的地，因此这种运输方式也称为出租车物流。这种模式的运输效率较低，物流成本占货物价值比率较高。一般情况下，对服务水平要求高的客户会采用直接运输，因为他们的产品价值高，能够承担得起昂贵的运输成本。

(2)循环运输(也称公交车物流、循环取货 Milk Run)

此种运输方式下，运输有固定的线路和到货时间，和公交车运行的原理非常接近。这里涉及一个概念：循环取货，它指由客户统筹安排车队，根据约定的时间，既定的路线，沿途到各家原材料供应商处提货。如果供应商使用的是可循环周转箱，循环运输在提货的同时，还要把空料箱送还给供应商。这种模式就像是收购农场牛奶一样，要把空奶瓶带给牧民，所以也称 Milk Run。

循环运输较多地应用在汽车零配件行业。由于配送线路是固定的，每班车的停靠地点也是固定的，原料供应商可以提前把货物打好托盘，放置在发货区域，卡车一到仓库就能迅速完成装卸作业，因此，客户预计的到货时间比较可靠。由于路线规划合理，运输效率较高，这样就摊薄了货物的运输成本。

3. 循环取货 Milk Run

上文提到的循环取货比较重要，以下做详细介绍。它原指牛奶公司每天清晨挨家挨户到牧民家收购牛奶，后引申为制造企业按照既定的路线和时间，依次到不同的供应商处上门提货的物流模式，如图 4-1 所示。

循环取货Milk Run

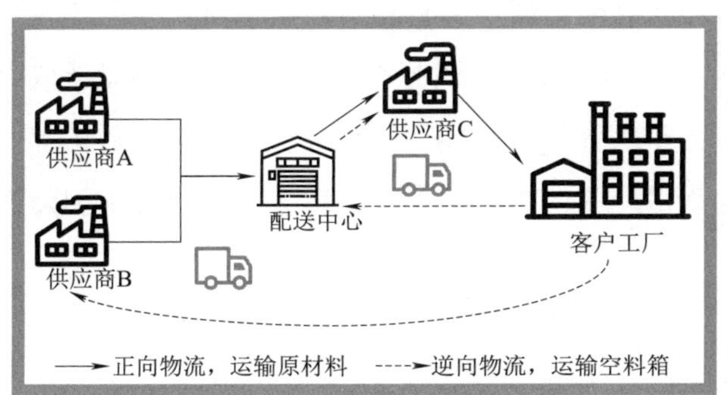

定义：

循环取料指，在指定的窗口时间，将一定数量的零件和料箱送到客户工厂，并将一定数量的空料箱运送到供应商处的闭环运输路径。

图 4-1　循环取货模式

(1)实施的意义

循环取货在汽车行业里广泛使用,不管是美国、日本还是其他成熟汽车产业国家的公司都在用这套模式,实施循环取货的意义主要集中在以下几个方面,如图 4-2 所示。

图 4-2　循环取货的意义

①包装料箱。

汽车制造工厂有个特点:零部件在上生产线之前,先要放在特定尺寸规格的料箱内,然后配送到流水线旁的区域里,这样做是为了保障生产的节拍,让效率最大化。如果客户不规定一个标准,那么供应商使用的料箱一定是千奇百样的。客户在收到零件后,需要再次更换料箱,这样一来一回的操作就可能给零件质量造成影响,而且费时费力。客户在推行循环取货时,会要求供应商配合,把送货料箱都换成统一的,可以直接上生产线的规格尺寸。这样既减少了重复劳动,又能够保障产品质量,可以说是一举两得。

②货车利用率。

对一些送货量较少的供应商来说,如果凑不成整车的货,只能走散货零担运输,这样做对产品质量可能造成风险。如果再有其他的重货压在产品上,发生货损的概率较高。而用整车运输,如果货车装不满,车辆装载率低,就会造成运力的浪费。在客户统筹规划的循环取货模式下,提货量都会经过事先计算,可以保证装载率达到较高的水平,同时还会考虑抛货、重货配载,不会出现重货堆放在抛货上的情况。

③送货时效。

供应商送货,一般主要依靠外包物流公司,可能存在送货时效性的问题,不能在客户规定的时间窗口内到货。客户为了追踪货车的位置,只能一次次地拨打司机手机,不仅效率低下,同时造成司机驾驶的危险性。在循环取货模式中,客户可以通过专业的第三方物流公司来解决上述问题,货车上安装 GPS 定位,还有对接的客服帮助客户实时了解货物所在位置和抵达目的地时间,工作效率和信息准确性都得到了保障。

④运输质量。

市面上的物流公司以高栏、平板卡车为主,遇到雨雪天气,货车一般使用防雨布这种简陋方式来防止货物受淋。这种简易的处理方式不能完全保障货物的安全,客户在入厂检验时发现潮湿生锈的产品,就会当做不合格品处理。只有使用全封闭式的货车运输,才能避免雨淋的影响。供应商自送很少会使用封闭式货车,而客户指定的循环取货车队可以妥善地解决这个难题。

⑤运输成本。

零散的货量难以拿到优惠的运费,只有把所有的货量整合在一起,客户才能够和物流运输公司谈一个折扣价,通过规模效应,降低整体的运输费用。

(2)推行的难点

虽然循环取货好处多,但是在实际推行的时候,还是会受到一些供应商的阻力,而他们主要的顾虑就是成本。

①料箱成本。

实行循环取货,供应商就要购买一批符合客户要求的料箱。如果料箱使用保管得当,理论上可以无限次数地使用。但实际情况是:首先,料箱的投入不是个小数目,除了采购单价,还要考虑每箱可容纳的零件数量、整个使用循环的天数、损耗、被挪用等综合性因素；其次，料箱购买后是固定资产，需要指派专人保管，还要在工厂里划出一块场地来放置空料箱和填充材料；最后，为了不能让料箱受风吹雨淋，还要在仓库里划出一块场地堆放，或是搭建雨棚，这些都是额外的费用。

如果供应商很难承担所有费用，客户可以考虑分摊一部分成本，推行的阻力就会减小。

②运费。

如果是供应商安排送货，运费是包含在零件价格里，就是 DDP（完税后交货）条款。如果改为上门提货，条款就成为 EXW（工厂交货），供应商需要把运费的部分列出来，从零件价格里扣除掉。这就意味着供应商要降价。有些供应商在最初报价的时候，运费的部分没有仔细核算过，都是凭经验报的，而现在客户要供应商把运费抠出来，非专业人士很难算清楚成本，供应商只会本能地感觉到要降价，因此会有抵触情绪。此时，只要客户决心推行循环取货，就要晓之以理，用数据告诉供应商，这样做不是为了砍价或是压榨利润，而是为了实现双方互惠互利，长期合作的目标，打消对方的顾虑，将其加入这个计划中。

关于如何设计循环取货的运输路线，会在本章第三节里继续详细介绍。

4. 中欧公路卡车运输的创新

运输是一个非常古老的行业，自有人类活动开始，运输就存在了。随着科技的发展，运输的方式越来越多，创新模式层出不穷。在中国和欧洲之间，创新运输模式正在帮助企业降本增效。以往，卡车主要应用于境内的中短途运输。公路运输的时效略逊于空运，但强于水运和铁路。凭借着高性价比，公路可以作为国际运输的备选方案。以下介绍中欧公路卡车运输的案例，希望能够为企业提供一些创新的思路。

以前，卡车在中欧之间运输，沿途经过的国家都需要进行安检，比如从中国到斯洛伐克，途中会经过哈萨克斯坦、俄罗斯等国，全程 7 000 多公里。每次入境，当地海关都会要求卡车开箱查验，如果通关文件存在疑问，可能会遭到扣留，这样就会严重影响通关效率。每次开箱检验的过程，都可能对货物质量造成影响，比如有温、湿度控制要求的货物，就存在失效风险；另外货物还有被盗窃和丢失的风险。

海关安检查验会增加货物在口岸通关时间，影响运输的时效，间接地增加成本，这些都是推行公路跨国运输的一个阻碍。

国际道路运输联盟（International Road Transport Union，简称 IRU）是一个全球道路运输行业联合会，旨在促进全球旅客及货物的可持续流通。IRU 为了简化过境流程，降低海关当局和运输与物流公司的管理成本，推出了国际道路运输便捷通关协定（Transport International Router，简称 TIR），目的是简化通关程序，提高通关效率，缩短货物过境等候时间，节省物流费用。TIR 规定，货运车辆在始发地装车以后，由海关加上封印，并发放通关文件（TIR 证），车辆在抵达目的地前，过境时（途经国家需是《TIR 公约》缔约国）可以免开箱检验，直接通关。2016 年 7 月中国正式成为《TIR 公约》第 70 个缔约国。

TIR 可以理解为货运车辆的一本“护照”，有了这个身份证明，车辆在通行沿途各国，就可以免于当地海关检查，从而减少货物在口岸的通关时间，提高货物的通关效率，降低运输成本。

TIR 还具有以下的特点：

（1）安全可靠。TIR 的专用集装箱和货物预先经过海关审核，由出发地海关加上封印并最终运抵目的地边境，确保货物不会丢失。

（2）国际担保。TIR 适用于全球范围，采用单一国际担保，不需要在每个国家过境时提供担保。TIR 担保涵盖了关税和其他税种，每次运输最多可担保 10 万欧元。充足的资金担保，可以让海关放心。

（3）实施便捷。TIR 非常容易实施。所有法律、规程、功能构建和 IT 架构都是现成的，并能方便地应用于新的缔约国，不需要高昂的投资。TIR 与现有海关软件系统无缝连接，可以直接推广到新成员国。

在 2018 年 11 月 26 日，由中国新疆霍尔果斯口岸启运的首票中国至欧洲 TIR 运输——“中欧卡车特快专线”抵达波兰，全程约 7 000 公里，门到门仅需 13 天，成功地启动了中欧 TIR 运营。在此之后，国际物流跨国巨头公司，开始了商业化 TIR 的尝试，为货主寻找降本增效的运输新模式。

公路卡车运输为中欧贸易提供了水运、铁路和空运之外的第四种运输方式，在成本、时效、安全和便捷等方面非常具有竞争力。随着 TIR 的使用,货物全程施加关封,过境国不用开箱查验,使运输安全和效率得到双重保障。TIR 公路运输是中欧国际物流模式的创新,为货主提供了降本增效的解决方案,打通了中欧国际贸易的新通道。

4.1.2 水路运输

水路运输是以船舶为运输工具,以港口为运输基地,以水域(包括海洋、河流和湖泊)为运输活动范围的一种运输方式,其中尤以海洋运输最为重要,这也是本书主要讨论的内容。

1. 水路运输模式的特点

水运可以运输大量的货物,也是成本最低的运输模式。水运模式的主要缺点在于接入性差,如果运输目的地是在内陆地区,还需要从港口安排公路运输,来完成最后的送达服务。速度也是水运的劣势,从中国到欧洲港口的运输时间,一般来说需要 30 天左右;到美国西海岸港口,航行时间大约要 25 天。船公司也倾向于使用慢速航行的模式来减少燃料消耗。一艘巴拿马型集装箱船,在最高时速 20~25 节的时候,每天可消耗 6.3 万加仑的船用燃料;如果速度下降 10%,燃料使用量可以减少近三分之一。自从 2008 年以来,很多船公司通过慢速航行来减少每个航次的燃料消耗量,不仅节省了燃油,还减少了碳排放,可谓是一举两得。水运模式的特点见表 4-2。

表 4-2 水运模式总结

模式特点	市场情况	权衡取舍
适用于大货量、长距离的运输	是许多国家最重要的运输方式之一,其中海洋运输是国际贸易最主要的运输方式	水面运输不能直达目的地,需要通过其他运输工具往返港口码头
适用于较低货值的大宗商品运输,如石油、煤、谷物等	船公司属于重资产运营,全球头部船公司已形成垄断规模	运输速度慢,导致时效性低于其他的运输模式
每公里运费很低	集装箱船规模越来越大,未来可能出现 5 万 TEU 级别	对环境污染严重,船用燃料含硫量高,增加空气中的氧化硫,会造成酸雨现象

2. 集装箱运输

说起海运，总会让人联想到集装箱。标准化的集装箱货柜能够通过规模效应，为货主提供更低的运输成本。在现代物流业发展的历史上，集装箱的应用有着里程碑的意义。

集装箱运输主要有以下几个优点。

(1)提高货物的装卸效率。

在提货仓库，货物以纸箱或托盘为单位装入集装箱内，到了目的地仓库后，再把货物从集装箱内掏出来。在整个运输过程中，货物都无需再次取货或是放入箱内，节省了大量操作的人力和时间，提高了装卸效率。

(2)节省包装费用，简化理货手续。

集装箱具有一定的防盗、防水、防潮和防污损等性能。对于普通货物，无需使用额外的包装物，就能保证安全抵达目的地。

(3)减少营运费用，降低运输成本。

集装箱的装卸便捷，不会受恶劣气候的影响。在集装箱码头装卸货柜，已经大量使用自动化设备，工作效率高。集装箱的最大成功在于其产品的标准化及由此建立的一整套运输体系。

集装箱已经实现了全球范围内的船舶、铁路和公路等多式联运的物流系统，极大地提高了现代物流的运营效率。

3. 国际海运自有拼箱业务创新案例

集装箱海运分为两种模式，整箱(Full Container Load，简称 FCL)和拼箱(Less Container Load，简称 LCL)。前者是由一家托运人租用了整个集装箱，后者是数家的托运人共享一个集装箱。FCL 的操作模式较为简单，集装箱在托运人仓库完成装箱后，直接送至目的地，中途除了海关查验，一般不会打开箱门。而在 LCL 模式中，托运人把货物交给货运代理，然后由专业的拼箱公司负责装箱，到了目的地港口后进行拆箱和卸货，再通过卡车运输给收货人。LCL 的计费方式是根据货物的体积重量，对于货量较少的托运人是很实惠的，但缺点是运输时间较

FCL 更长。LCL 模式的特点也赋予了它更多创新的可能性。以下通过一个案例，来看拼箱业务是如何帮助客户降低物流成本和运输时间的。

(1)案例背景

2019 年 2 月，中共中央、国务院印发了《粤港澳大湾区发展规划纲要》，其中提出将香港、澳门、广州、深圳定位为我国粤港澳大湾区的四大中心城市，要求将其作为“区域发展的核心引擎，继续发挥比较优势做优做强，增强对周边区域发展的辐射带动作用”。发展粤港澳大湾区已经成我国的战略，是世界“湾区经济”中的新生力量。目前世界上已有三大著名的大湾区，分别是美国的纽约湾、旧金山湾和日本的东京湾。以东京湾区为例，面积约为 1.36 万平方公里，占日本国土面积的 3.5%。2016 年名义 GDP 1.7 万亿美元，创造了超过 1/3 的日本 GDP。东京湾区人口3 643 万人，约占日本总人口的 30%，是日本的政治、经济和产业中心。东京湾区聚集了日本最优势的资源，在有限的空间里，创造出了无限的社会价值。三大湾区的成功经验给予我们很多的启示，集中优势、整合资源，共同建设粤港澳大湾区是我国的重大发展战略。粤港澳大湾区面积达 5.6 万平方公里，人口约 7 000 万，经济总量达 10 万亿元，未来发展前景一片光明，但同时也面临着物流、信息流和资金流的挑战。以国际海运进口货物为例，以往从欧洲到华南地区的海运拼箱模式是，集装箱先到香港，在港口拆箱后，然后再装船运往广东一带的其他目的地。这种传统运营模式耗费了货主更多的时间，更高的成本，已经落后于时代发展的需要，急需进行创新。粤港澳大湾区可以为货主降低运输时间，节省物流成本，从而打造出一条敏捷和精益的供应链。

(2)国际海运创新

①中欧海运拼箱现状。

集装箱是目前国际海运的主流形式，主要的规格分成 20 尺和 40 尺两种柜子，如果换算成装载体积和重量，20 尺柜子大约可以装货 26 立方米，重量上限 18 吨；40 尺柜子大约可以装货 54 立方米，重量上限是 26 吨。不同的船公司和港口，可能会对重量有不同的限重要求。从欧洲到我国香港，使用集装箱运输一般使用 FCL 和 LCL 两种方式。当货物体积或是重量达到集装箱装载上限，货主会使用整柜 FCL；如果没有到达上限，就会使用 LCL。就像是餐厅在高峰用餐时，会要求陌生客人拼桌吃饭，可以增加餐厅的收入。货运代理通过拼箱操作，最大化利用集装箱空间，可以赚取更多的利润。

集装箱从欧洲到我国华南地区又是怎样的一个过程呢？为了更好地理解中欧海运操作，我们可以把这段旅程想象成坐高铁。

从欧洲到中国，常规路线是穿过地中海，通过苏伊士运河进入印度洋，再经过马六甲海峡，最终抵达我国香港。集装箱船在海上航行，沿途会停靠各个港口，这些港口就像是高铁站。有些地方之间有直达高铁，乘客上车后就一站到底，中途不用换乘。但在有些情况下需要换乘，或是因为没有直达高铁，或是因为班次太少，耽误旅客的出行时间。集装箱海运也存在类似的情况，最理想的情况是从始发港到目的港，全程不换船直航到底；但也有需要中途换船的，这主要是出于资源整合的原因，或是由于港口限制。对于 FCL 来说，一般只会遇到换乘（船）的情况，相对比较简单一些。但是 LCL 还可能会碰到需要换船和换箱的复杂操作。从理论上来说，LCL 是在起运港把同一目的港的小批量货物，组成整柜进行统一装运，中途靠港可能只需要换船。但是，由于某些起运港的货量实在太少，甚至连一个 20 尺柜运输量都达不到，这样就导致了起运港无法保障稳定的运输班次，可能需要每两周、三周，甚至更长的周期，才能凑成一个整柜运输。为了解决货量少、船期不稳定的难题，这些 LCL 货物就只能在起运港先与不同目的港的货拼箱，然后在香港进行拆柜处理，经过整理组合以后，再次拼装成一个新的货柜，运输到目的港。

如图 4-3 所示，在西班牙某个小港口 A 的 LCL 货物，由于无法凑满去同一个目的港花都的货物，只能和去佛山的货物拼在一个柜子里。葡萄牙小港口 B 也是同样的情况，两票去往不同目的港的货物拼在一起，在中转港香港先拆柜，再组合，最终分别前往目的港花都和佛山。在这种模式下，货物就可能会经历既换船也要换箱的复杂操作。而这种操作必然要比直航船耗费更多时间和更多的操作成本，这对于货主来说也是无奈之举，不但货运时效性没有保障，而且还要付出更多的海运费，因此市场上急需一种创新型解决方案。

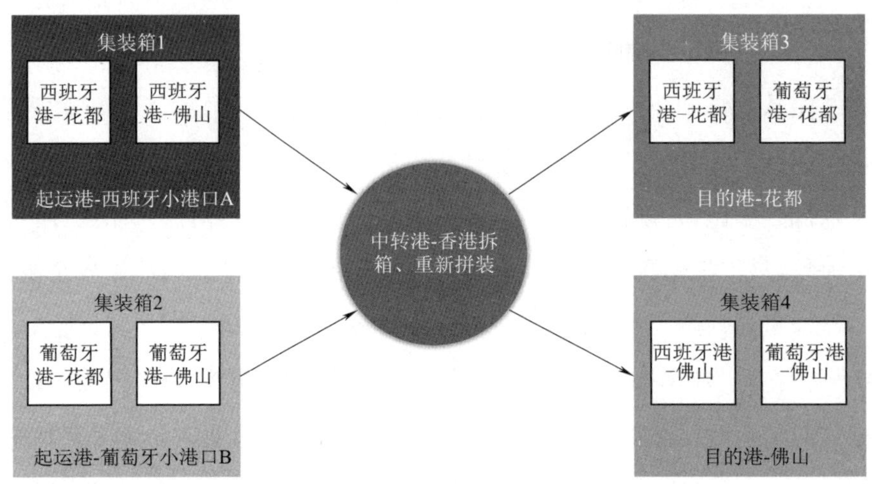

图 4-3　欧洲小港口 LCL 操作模式示意图

②自有拼箱模式。

想要解决起运港货量少、不稳定的难题，就需要有一家体量足够大的货运平台企业来汇聚货源。LCL 就是共享集装箱，许多小货量的托运人共同租用集装箱，而他们都是通过货运代理来订舱，中小型货代公司可能无法揽到足够多的货物装满整柜，就会出现 LCL 在中转港换箱的情况。大型货运代理公司平台足够大，有能力把当地市场上所有货源整合在一起，装满货柜，从而避免了换箱的情况。如，法国的乔达（GEODIS）集团凭借着在欧洲深厚的客户基础和运营经验，在 2019 年第一季度，推出了创新的自有拼箱海运（Own LCL Console）服务，实现了欧洲至我国广州南沙港散货自拼箱的首航。

这项业务的创新之处在于，乔达集团帮助客户做自有拼箱服务，从欧洲直航到我国南沙港，从南沙港卸货后，再由卡车运输到华南的最终目的地。乔达集团深耕欧洲市场多年，可以轻松地整合客户货源，这样就解决了由于货量少导致的船期不稳定的问题。

③创新服务收益。

欧洲到我国南沙港的自有拼箱服务可以为客户带来哪些收益？主要表现在以下三个方面。

首先，直航不换船，有时效保障。

正如前文所述，货运代理平台能够整合货物进行自有拼箱，这样就保障了起运港货物的船期频次，每周都有定期航次前往南沙港。乔达集团选用了直航南沙港的航次，集装箱在中途不换船，不拆箱，直至南沙港进行下一步的卡车运输操作。通常来讲，FCL 的运输时效性比 LCL 要强很多，原因之一就是没有拆箱这个环节。

其次，全程时间短、成本低。

通常从欧洲到中国南部的海运，如果在香港港口拆箱，再装船去广东一带的目的地，一般总运输时间需要 40 天以上。乔达集团自有拼箱在南沙港拆箱，卡车配送华南，时间可以缩短 5～7 天。根据实际测算，总物流成本可以降低 15％左右。

最后，南沙的组合优势。

广州南沙有三个优势，分别是深水港、自贸区、1.5 小时经济圈。南沙港是深水港，航道水深达 15.5 米，可以实现国际远洋船舶的直航停靠，提高了运输效率，降低了物流成本。广州南沙自贸区在 2015 年成立，是广东高水平对外开放的门户枢纽。1.5 小时经济圈，可以实现卡车运输覆盖整个粤港澳大湾区，运输成本和时效性都更具有竞争力。

目前，降低物流成本是所有企业物流供应链部门的首要 KPI 指标之一。在传统模式下已经难觅降本空间，只有使用创新的模式，才能在不损失运输时效性的前提下，帮助企业找到新的降低运费的捷径。

4.1.3　航空运输

1. 航空运输模式特点

航空运输是最快捷的运输方式，最适合用于贵重和易腐烂商品的运输。在国际运输市场中，由于空运费用较高，因此只占有最小的市场份额，是个别细分市场客户的首选，比如生产电子消费品的苹果公司，经常使用包机业务，把在中国制造的最新款手机空运到欧美市场。

空运同样存在接入性的问题，机场一般都建在远离城市的郊区，并且数量稀少。最后一公里的运输，必须依靠公路来完成。空运还受到天气和航路限制的影响，因此可靠性远不及其他几种模式。它的模式特点见表 4-3。

表 4-3　航空运输模式总结

模式特点	市场情况	权衡取舍
适用于价值高、体积小的商品，保鲜难度高的生鲜食品	受到各国政府严格监管	每吨公里运费最贵
时效最快的运输方式，可以替代安全库存	由于运费高昂，整体货运市场占有率很低	机场接入性差，偏远地区无法覆盖，必须依靠卡车完成最后配送
保障供应的连续性，紧急情况下使用	在国际物流市场上与海运和铁路竞争，在国内物流市场上与卡车竞争	受天气影响大，可靠性较弱

2. 使用空运来提升用户满意度

每年 11 月份，南半球的智利就会迎来车厘子的丰收季。近年来，中国市场对车厘子需求旺盛，为了让消费者品尝到最新鲜的水果，进口商会使用包机的方式，把第一批采摘下来的车厘子空运到国内。空运车厘子虽然代价高，却能够提升用户体验，商家希望以此来增加消费者的忠诚度。一系列的商业活动都是为了建立、维护和增强客户忠诚度，从而促成回头客的重复消费。忠诚的消费者能够为商家带来稳定、数量可观的销售额。根据美国西北大学 Kellogg 管理学院的一份研究，15％最忠诚的消费者，可以为企业带来了 55％～70％的销售额。

4.1.4　铁路运输

1. 铁路运输模式特点

铁路运输有着与海运类似的特点，如可以运输大量的重货、运费较低。铁路的缺点是会受到接入性的限制，如果目的地没有铁路连接，依然需要使用公路运输来完成最后的接力。铁路运输模式的主要特点情况见表 4-4。

表 4-4　铁路模式总结

模式特点	市场情况	权衡取舍
适用于运输重货、低价值商品，具有燃油经济性	基础设施投资巨大，受到政府监管	与其他运输方式相比，在钢轨上行驶的震荡冲击会对货物造成较大的损害
适用于长距离运输	我国跨国铁路业务发展迅速，特别是中欧国际铁路业务	需要通过卡车来完成最后的配送
受恶劣天气影响较小，时效性得到保障	运输的可变成本较低	运输速度较慢，中欧班列可能需要换轨

2. 对铁路运输成本与时效的思考

在物流运输方式方面有一个普遍的共识，即运输的成本与时效成反比关系。物流运输的时效越短，成本就越高。例如，空运的成本就数倍于海运，而运输所用时间可能仅是后者的 1/5。中欧国际铁路运输的门到门时效平均比海运的门到门要缩短 3 周多。对于我国中西部地区，如武汉、重庆，时效更是比全水路的方式缩短 6 周左右。按照成本与时效关系来分析，对于同一批次货物，采取中欧国际铁路的物流运输成本会上升，直接影响到企业的运输成本。可是，由于时效缩短了，对于企业的库存管理、生产排产、现金流、市场响应等方面的间接成本却可以带来节约，提高企业的可靠性、响应性和敏捷性，以及在成本和资产管理方面的绩效。

为了更直观地理解海运、空运和铁路运输模式的成本与时效对比，以下通过一个案例来进行分析。

位于浙江温岭的一家公司，从德国斯图加特的供应商购买原材料，最初采用的是海运，从德国到温岭的海运运输时间是 59 天。德国供应商还要求有 60 天的交货提前期，也就是说从下订单到货物抵达温岭，总共需要 4 个月的时间。如果温岭这家公司的客户需求出现波动，特别是需求在这 4 个月之内大幅增加，就会对客户及时交货产生很大影响。当海运无法满足原材料供应的时效要求，温岭公司就采用空运的方式，来弥补物料短缺数量的缺口。但是空运费用非常高，是海运的 3 倍多，这样一来企业的利润几乎都被空运费给“吃掉了”。在这种情况下，公司采用铁路运输的方式，运输时间和海运相比几乎节省了一半，而费用只增加了 50%，这是一个折中的方案，既让企业减少了运输时间，也不会造成过多的费用负担。见表 4-5 为欧亚铁路拼箱方案比较。

表 4-5　欧亚铁路拼箱，德国斯图加特至中国温岭

方案	海运	空运	铁路
路线图	斯图加特→汉堡→上海→温岭	斯图加特→法兰克福→上海→温岭	斯图加特→杜伊斯堡→重庆→温岭
费用比率	1	3.36	1.48
运输时间(天)	59	13	33

4.2　合同物流

合同物流(Contract Logistics)指物流服务提供商与客户企业签订一定期限的物流服务合同。合同物流企业更加侧重于信息网络的建设，与各种仓储和运输企业签订合同来为客户提供物流服务。

4.2.1　合同物流的起源

1980 年 7 月 1 日，时任美国总统吉米·卡特签署了 Motor Carrier Act of 1980 法案，这是一项联邦法律，旨在解除对卡车运输行业的管制。法案的目标是增加市场竞争，并修改了合同(Contract)和普通(Common)承运人之间的区别，核心内容就是降低运输市场准入的门槛，可以让更多的社会资源来分享物流行业这个大蛋糕。

4.2.2　合同物流的优势

有别于物流园区里常见的普通运输，合同物流与客户签订明确的合同条款，在履约的过程中也完全按照合同约定来进行操作。在合同中规定了费率、服务的范围和双方的责任。所以合同物流也常被称为第三方物流或是无车承运人。此类承运人并不拥有运输车辆或者仓库，但可以为客户提供相应的物流服务，并对所有物流活动提供外包合同管理。在我国物流市场上，最早出现的合同物流是由外资物流公司引入的，所服务的对象主要是外资制造业公司。合同物流供应商也率先在这些客户中慢慢地占据更多的业务量，逐渐把一些现有的、规模较小的运输公司赶出局。这些小公司虽然和客户做了很多年的生意，对客户的业务模式和供应链上下游非常熟悉，但还是在三个方面存在着明显的缺陷，导致业务量渐渐萎缩。

(1)管理不规范。

运输公司除了少量的自有车辆，其余的运力一般是在物流市场上找来的，然后层层转包，最后由一些运输个体户司机完成实际的运输。运输公司对个体户司机都是粗放式管理，因此存在着很多的漏洞和安全隐患，时常发生超载等违法行为。出于利益最大化的考虑，在运输过程中存在着大量的灰色操作，从而又使得运输公司的合规没法保障。

(2)运费不透明。

运输公司与个体户之间是现金交易，一般没有票据。如果客户要求小运输公司提供成本分析，后者既给不出来，又不想给，因此其中存在着大量的灰色操作。在运费方面，有些运输公司只能给客户报一个包干价，把从 A 点到 B 点的全程费用打包在一起，这样做名义上可以简化管理流程，便于成本结算，其实是有意隐瞒真实的运输成本，实现自身收益最大化。而如果客户要做运输费用优化项目，是需要一份更加详细的费用明细表，运输公司无法提供这样的数据，使得他们在运营或是竞标过程中陷入被动的局面，受到越来越多的质疑，哪怕是在运费报价上略有优势。

(3)缺乏契约精神。

在客户与运输公司订立合同以后，一些较小规模的乙方对于合同履行的意识依然停留在纸面上，一旦遇到比较难以处理的情况，往往就无法按照客户的要求执行。契约精神是现代商业中最基本的文化，而在某些运输公司老板眼里，自己的责任和业务边界与合同上的规定并不相干，任你如何约束，依然我行我素。由于规模和资金量有限，小运输公司往往只能做客户的几条线路，这样客户就得要多找一些运输公司来分担总体运输业务，如此又增加了客户管理运输车队的人力成本。

由于以上的问题，客户开始趋向于寻找一些合同物流服务商来改善现状。相比小物流公司的混乱管理，大型的3PL（第三方物流）和合同物流企业有着以下三个方面的优势。

1. 操作规范

此类企业在与客户正式开始业务之前，会先交付一份标准操作流程（Standard Operating Procedures，简称SOP）。在这份文件中，主要明确了这样几件事：要做什么，具体怎么做，怎么收费。有了书面化的SOP，甲方和乙方就在合作初始明确了双方的责任和业务的操作流程，所需要的文件和对应的联系人也都清楚明了，在正式操作开始之后就会比较顺畅，不会出现遇到具体问题还要去询问到底该怎么做的情况。

2. 计费透明

规范的流程不仅体现在操作上，而是从合同报价的阶段就已经开始了。大型3PL公司在报价文件中会明确每一个操作的收费标准和计费方式。有些是按照每票业务收费的，也有的是根据计费重量收的，其中如果有浮动的费率也会注明。如果客户提供了报价的模板，3PL公司就会根据客户的标准格式来进行报价，以便于后续的比价。在费用结算之时，3PL公司开出的发票明细上也一定是一一对应的，而不会把一些不存在的收费项目添加在内，或是虚报数字。

3. 服务有保障

3PL公司提供的产品就是服务，给客户有保障的服务是企业持续发展的基础。服务是做出来的，不是吹出来的。如果乙方在业务推广时说得天花乱坠，但是实际操作过程中错误百出，服务的实际使用方是很快就能甄别出的。如何看出3PL公司是否靠谱？可以观察一些关键时间节点的操作情况，比如农历春节之前的几周，是否能在缺少卡车司机的情况下，妥善处理好客户的运输任务；或者是在国际航运市场高峰时期，船公司会把超载的集装箱甩出去，3PL公司是否能帮助客户确保舱位等。服务有保障总结起来就是一句话，“关键时刻不掉链子。”

4.2.3 合同物流和第三方物流的关系

合同物流是第三方物流业务的一个分支。第三方物流是合同物流的基础，具备了以下三个条件之后，才可以称为合同物流。换句话说，合同物流一定是属于第三方物流的范畴，但不是所有的第三方物流都可以称为合同物流，如图 4-4 所示。

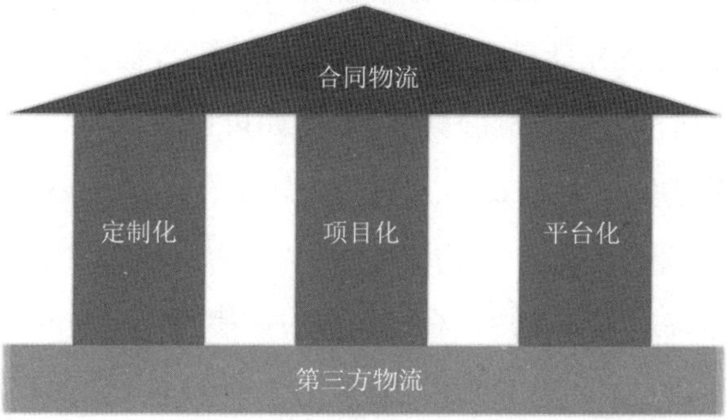

图 4-4　合同物流和第三方物流的关系

1. 定制化

有别于传统的第三方物流，合同物流的业务模式呈现出明显的定制化特点，完全是根据客户具体业务而量身定制的。比如，通信网络建设项目，物流合同中所涉及的业务框架与范围是为了某个特定的通信项目定制的，其中包含的仓库布局和运输路线规划都是独一无二的。

2. 项目化

很多的合同物流是跟着客户的项目走的，合同物流的项目化体现在开发阶段的项目化，以及实施过程的项目化。在合同物流招投标的阶段，乙方需要充分理解甲方客户的业务模式和具体要求，然后提供一份报价方案，如果最终被客户采纳，还要经过一个竞标的过程，最终胜出后才能签订服务合同，这整个开发过程就是一个项目管理，需要经历数个阶段。由于一些的合同物流服务的对象就是一个具体的项目，比如，上文提到的通信网络项目，合同物流服务商随着甲方客户的项目实施而经历了项目管理的各个阶段，也如同是参与了整个项目过程。

3. 平台化

如同第三方物流一样，合同物流服务商可能只对物流业务的某些环节拥有丰富的经验和优良的资源，但凭借着高度成熟的管理体系和信息系统，合同物流商依然可以整合其他的资源，为客户提供所需要的服务，甚至是一些增值服务。如一些合同物流商没有仓库，但是可以根据客户的要求，在具体业务所在地帮助客户寻找到合适的仓库，配以信息管理系统和标准操作流程，在客户的授权之下进行管理。只要客户有需求，合同服务商就能够提供对应的服务，而且并不局限于传统的运输、仓储，可以放大到整个供应链服务领域，比如再包装和非核心业务外包等。

在现阶段，一些物流业务较难界定其是否属于合同物流，对于合同物流概念的理解也是见仁见智。不管是第三方物流，还是合同物流，他们的起源都来自市场的需求，最终的目的是更好地服务客户。合同物流应该摆脱低层次的价格竞争，而是转向价值竞争，为客户提供更具有性价比的服务，这才是合同物流未来的发展方向。

4.3 物流线路设计

上文介绍了循环取货 Milk Run 的概念、实施意义和推行难点，在本节里，将会以循环取货为例，探讨如何设计物流线路，如图 4-5 所示。

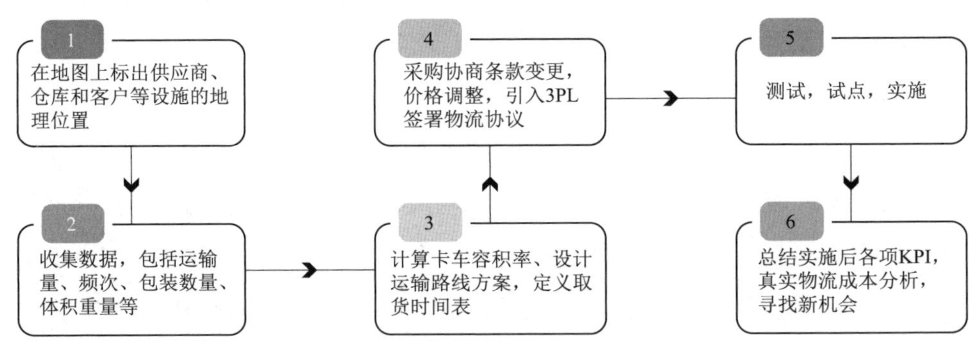

图 4-5　循环取货路线设计步骤

4.3.1 标出位置

首先要了解供应商、仓库和客户工厂的地理地点，并且用可视化的方式展现出来。供应链运营参考模型 SCOR 中介绍到一个有用的工具，就是供应链地理地图，如图 4-6 所示。

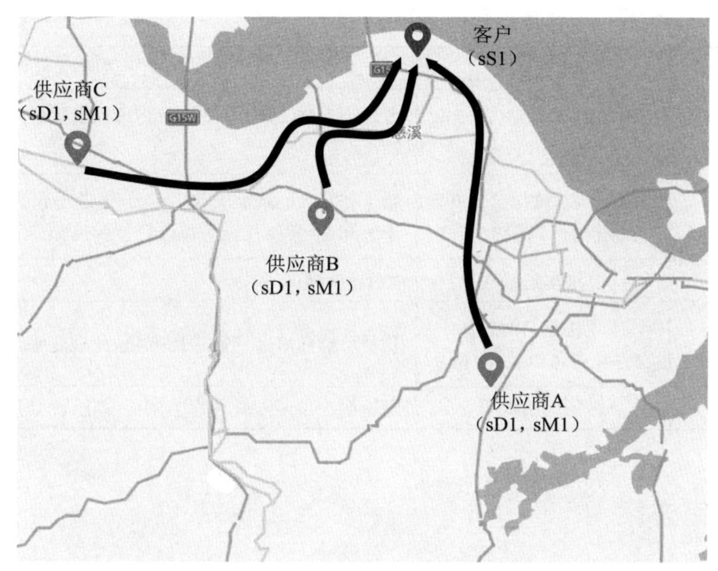

图 4-6　供应链地理地图

先收集供应商、仓库、客户的地理位置信息，再用搜索引擎地图的功能，根据业务模式标注，然后把点连成线。根据制造的模式，是按订单生产或按库存生产，在地图上做好标识，比如，在图例中分别使用 sS1，sD1，sM1 等代表采购、交付和生产模式等。使用供应链地理地图，路线设计者可以迅速读懂从供应商到客户之间货物流动的全过程。

4.3.2　收集数据

收集运输基础数据，包括运输量、频次、包装数量、体积重量等，见表 4-6。

表 4-6　汽车雨刷器零部件运输数据

产品描述	汽车雨刷器	备　注
运输线路和距离	从浙江台州至上海嘉定 400 km	从供应商到客户工厂路线名称和距离
托盘尺寸(cm) 重量(kg)	100 cm×100 cm×108 cm 340 kg	托盘需要备注是否可以堆叠，最高可以堆几层

续表

产品描述	汽车雨刷器	备　注
每箱货物尺寸(cm) 每箱重量(kg)	60 cm×40 cm×25 cm 20 kg	考虑到人体工程学，每箱货物可以设置最大装箱重量，如 20 kg
包装数量	每箱 10 套/每托盘 160 套 (每托盘可以装 16 箱)	箱子和托盘的包装方案。箱子是最小包装单位，为了便于装卸，经常以托盘为单位订货和运输
运输类型	拼车运输	类型包括整车和拼车
每次运输货量	3 托盘/48 箱 (每托盘可以装 16 箱)	货量可能随着客户需求而变化，此处是平均参考值
运输频次	每周一次	运输频次可能随着客户需求而变化，此处是平均参考值

4.3.3　制定方案

在收集完所有的数据之后，下一步是进行计算，制定方案，包括计算卡车容积率、设计运输路线方案、定义取货时间表。基础数据，如包装和托盘的体积重量是固定的，但是客户的需求是波动的，因此需要定期回顾需求数量，以便调整方案。

1. 包装数据计算

客户的需求量是重要的输入信息，例如，A 零件每周平均消耗 500 件。制定运输方案设计，需要的数据是货物的体积和重量，而零件的使用量信息不能直接用于计算运输量，需要做数据的转换。需要把每个 SKU(库存量单位)的周平均使用量，通过计算转换为每周运输的货量。

具体的计算方法，可以借鉴以下的方式。

以汽车雨刷器为例，通过数据收集，可以获取在每个标准容器内放置的数量，如每箱内放 10 套雨刷。一旦包装方案确认后，会记录在包装作业指导书里，轻易不会修改，它属于静态的数据。有了包装数据，就能够知道在一个标准托盘上可以运输雨刷的数量，因为托盘上可以放置的容器数量也是固定的，如上例中每托盘可以装载 16 箱货物。

每个容器内的产品零部件数量，每个托盘上可放置容器的数量，都是构成主数据的基本参数，也是计算的依据。根据客户每周的需求量，来除以单位包装数量，就能够得出需要提货的箱数或托盘数。比如，客户每周需求的雨刷器产品数量是 1 000 套，提货/运输频次是每周一次，每箱内有 10 套产品，就可以计算出：

每周需要提货的雨刷产品容器数量＝1 000÷10＝100(箱)

根据前文提到的包装数据，每托盘装载 16 个容器，可以计算出：

每周需要提货的雨刷产品托盘数量＝1 000÷(16×10)＝6.25(托)

在这里，由于提货产品数量不能被托盘数整除，有两种解决方案。第一种是运输 6 托盘另加 4 箱货物；第二种是只运输 6 托盘，而在下一次提货 7 托盘。因为客户仓库里应该还有一定数量的安全库存，不会因为少提 4 箱货而发生缺料的情况。由于是整托盘提货，可以增加运输车辆的容积率，提高装卸货的效率。

在做物流运输、仓库优化项目的时候，需要收集大量的基础包装数据，这非常耗时耗力。一个较好的实践方法是，在产品设计的阶段就把相关数据全部确认好，并输入数据库中，这样能避免后期再进行收集整理的繁重工作量。有了每箱和每托盘上装载产品的数量，就可以根据卡车的类型，灵活地匹配运输资源，计算出单件产品的运输成本。

2. 运输路线规划

循环取货是从供应商工厂提取原材料，沿途经过数家供应商，最终把货物送至客户工厂的运输模式。为了便于理解线路规划，此处只介绍最简单的操作模式，即卡车从距离客户工厂最远处的供应商位置提货，以这个点开始设计路线。理想的状况是一辆卡车可以装载沿途所有站点的货物，这样车辆的行车距离最短，耗时最少。满载的车辆容积率最高，单件产品的平均运费最低。当然，现实情况中很难出现如此凑巧的情况。一般而言，会设计出多条线路来覆盖所有参与循环取货供应商的货量。在多条线路的场景下，取货车辆的行车路线要围绕相互距离较为靠近的供应商仓库进行安排。在某个区域完成了全部装载后，直接前往目的地仓库，缩短行车距离。此外，还需要避免交叉路线而引起的往返重复行程，这会增加运输成本和配送时间。

在选择循环取货的供应商时，首先应该考虑愿意配合优化项目的合作伙伴，出货量较大而且稳定。从地理位置上考虑，一些较为偏远、出货量较少，或是周边没有其他站点的供应商，可能就不适合参与到项目中。如果把这些特殊站点放入计划，就需要单独安排运输，从运送时间和费用角度来看，不具有优化空间。相反地，在这种情况下，由供应商自行安排物流运送或许是更好的解决方案。

3. 定义取货时间表

由于供应商所处的地理位置有当地的卡车限行政策，制定取货时间要充分考虑这个约束条件。遇到工厂周围有居民区或是学校，只能安排在某些特定时间段，如半夜或是凌晨才能进入工厂提货，这会给操作带来很大的挑战，还需要提前和工厂确认仓库有值班工人可以帮助装卸货。表 4-7 给出了循环取货安排时间的示例。

表 4-7　循环取货安排时间表示例

路线名称：001						
承运商	ABC 物流公司					
运输频率	每天一次					
取货安排	时间	星期一	星期二	星期三	星期四	星期五
1—供应商 A	11:00	×	×	×	×	×
2—供应商 B	13:30	×	×	×	×	×
3—供应商 C	15:00	×	×	×	×	×
4—客户 D	19:30	×	×	×	×	×

4.3.4　条款协议

公司想要推行循环取货，需要有高层领导的支持，因为这是跨部门协同的项目，主要涉及的部门有供应链计划、物流和采购等部门。在公司外部，必须得到供应商的配合，其中涉及贸易条款和产品价格的更改。

1. 内部支持

成功的循环取货项目每年可以为公司节省下一笔运费，还可以优化库存成本，这些都是供应链部门的重要绩效指标。作为发起者，供应链部门需要主导整个项目进程，协调内部各个职能，说服他们配合行动，其中最主要的利益相关方是采购部。循环取货可能会涉及贸易条款的变更，如果供应商是做 DDP 送货至指定地点条款，就需要改为 EXW 上门提货的条款，而商务谈判需要通过采购部执行。此外，由于运输责任方变化，产品的运输费用需要从报价中去除掉，这就涉及采购价格的调整，因此必须获得采购部的全力支持。

2. 外部协同

内部支持相对较容易，因为都是为了实现公司的利益。相比之下，外部协同的难度更大。关于推行的难点，在本章第一节里已经叙述过了，在这里不再赘述。使用透明、合理、可信的数据和计算分析说明，可以打消供应商的顾虑。一般来说，与客户合作时间越久，采购金额越大的供应商越容易配合；而新引入的供应商可能还存在一些疑虑，这也是可以理解的，毕竟合作双方需要一段时间的磨合，需要熟悉彼此的订单交货和物流管理模式。采购方可以趁着切换运输方式的机会，把其他的优化项目一起引入进来，比如更换包装材料，使用塑料可回收箱来替代一次性纸箱等方案。在循环取货中，客户是有机会把空箱返回给供应商的，而传统的送货上门模式中，供应商由于成本的原因，往往无法回收包装容器，只能使用一次性纸箱，造成了大量的资源浪费和金钱损失。

客户还需要与负责运输的第三方物流签订物流协议，制定标准的操作流程，并对供应商进行培训。如果涉及信息系统软件的使用，也要确保供应商有专人负责账号管理和系统操作等。

4.3.5　测试实施

充足的准备是项目成功的关键，再好的系统也要通过实际运行以后才能验证效果。在实施前，需要确认的内容包括并不限于：线路、装货卸货点、供应商培训、运输车辆、SKU 装载容器、时间窗口和相关人员信息等。在完成确认工作以后，需要派出一趟空车，根据提货计划和线路做一次实验。通过真实情况的模拟，来检查理论设计中的疏漏。为了稳妥起见，可能需要做一至三次的测试，根据模拟过程中发现的问题，如路线设计或供应商提货窗口设计得不合理等，主动进行调整，确保公司内部确立信心、供应商全力配合。在完成路线测试以后，即可以开始实施项目。

4.3.6 复盘总结

在实施循环取货项目后的复盘是非常重要的，这也符合 PDCA 循环的管理理念，如图 4-7 所示。复盘就是 Check，在取货操作开始执行以后，客户需要根据运输承运商开具的发票，与预算进行比对分析，核对是否获得了预期中的费用节省。如果没有达标，就要检查在实施过程中超出预算的原因，并进行运输路线的调整。另外，还需要留意供应商的配合态度。采购价格调整或是提货时间窗口带来的不便，某些供应商可能存在着抵触心理，这时候需要考验客户的谈判智慧，使用换位思考的方法，来达成双方一致的意见。在大多情况下，客户是拥有强势地位的一方，对于客户势在必行的计划，供应商基本上都会配合。

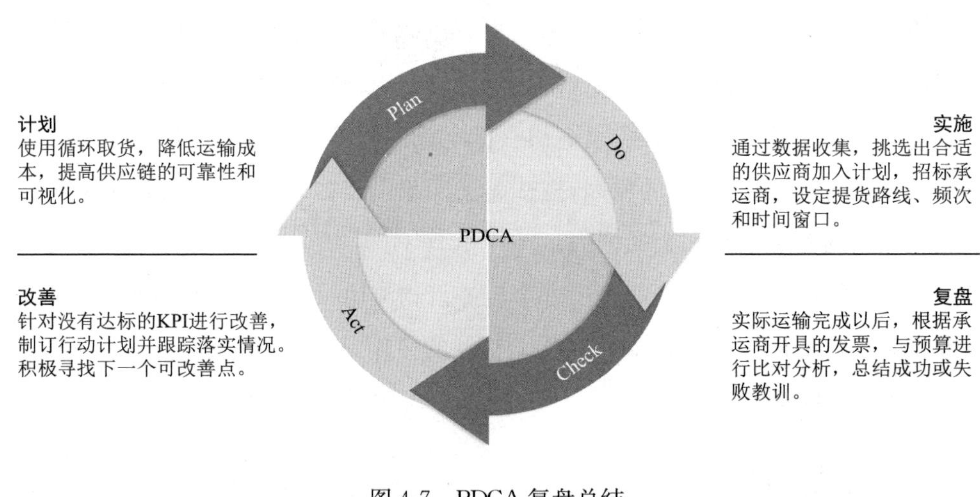

图 4-7 PDCA 复盘总结

循环取货模式是供应链的一个最佳实践，不管是在汽车整车厂，还是在零部件制造商都有很多成功的案例。通过循环取货可以有效地加强供应链的可靠性，并降低运输总成本。这种模式也可适用于其他制造业，甚至是快销、食品或医药行业中。

4.4　世界 500 强企业国际海运招投标案例

企业为了保持竞争力，每年都会有控制成本的目标，但是原材料和人工成本不断上涨，可降价的空间并不多；而有一种说法叫“物流是第三利润源”，运输费用，特别是国际海运是物流费用的很大一块支出。跨国大企业通常会选择从海运入手，通过年度招标来降低费用。

4.4.1　跨国公司怎样做国际物流招标

国际海运是每个跨国公司都重点关注的一块，原因是它占总物流费用比例高，金额大。以某家电集团为例，中国区 14 家工厂的每年海运费用就高达三百多万美元。如果通过整合资源，集约采购，必然可以降低支出，帮助公司实现节省的目标。

跨国公司每年都要进行一次大规模的海运招标，从竞标的货运代理中，筛选出最具竞争力的 1～3 家，来负责全球海运业务操作，这是很多 500 强企业通行的做法。跨国公司总部通常把所有己方付费的运输线路汇总，打包做成一整套方案包，交给货运代理去报价，通过规模效应来获取最优惠的价格。集约采购的逻辑是，如果一个 20 尺集装箱可以放 20 个托盘的货物，把整柜的海运费分摊到每个托盘上，运费一定比拼箱散货的要低，某些线路可以节省 20%左右的费用。假使公司一年的订舱量在 1 000 个标准箱（TEU），那么节约下来的费用是相当可观的。

把所有的货量汇集在一起，通过严谨细致的成本核算，可以得出一个整体最优的方案。如在 A 线路上选 X 货代，B 线路用 Y 货代，充分利用这些代理的优势资源，得到报价最低的服务，从而实现公司总体海运费用的降本目标。公司总部可以根据既定的策略，要求下属的各个工厂，使用各自分配到的货运代理操作国际海运业务。在整个的方案包中，也许会有一些工厂分配到的代理报价略高，会支付比以前更多的运费，引起使用者的不满。但是从公司总体的视角来看，为了实现整体最优的目标，难免会牺牲一些局部利益。妥协与让步，协同与合作，都无时无刻不在考验着总公司和工厂，彼此在不断博弈过程中最终达成一致的目标。

4.4.2 国际物流的比较与选择

1. 比较对象

国际物流的选择、比价，比的自然就是价格。这里有两个关键点，那就是比较的对象和范围。如果是水果，苹果和梨没有办法进行比较，但苹果和苹果就可以比较了，大小、含糖量、口感等，都是很好的评判标准。怎样确保货运代理们能做到同等事物的对比？方法就是在 RFQ(Request For Quotation，报价请求)里预先提供一份标准的模板，让各家货运代理都根据统一的格式进行报价，见表 4-8。

表 4-8 海运报价模板，表格内数据已经过处理，仅供参考

海运费报价(从上海港到法国勒阿弗尔港)		
海运费 Freight	300 美元	每个标准集装箱 TEU
燃油附加费(Bunker adjustment factor，简称 BAF)	已包含在报价中	每个标准集装箱 TEU
货币附加费(Currency Adjustment Factor，简称 CAF)	已包含在报价中	运费的百分比
港口拥挤附加费(Peak Season Surcharge，简称 PSS)	100 美元	每个标准集装箱 TEU
苏伊士运河附加费(Suez Canal Surcharge，简称 SCS)	已包含在报价中	每个标准集装箱 TEU

上表中的"上海至勒阿弗尔"线路的海运费，客户提供标准模板，货运代理只需要填写价格部分即可。即使客户给了货运代理一个标准化报价格式，但各家货运代理公司仍然可能给出一些"个性化"的输出结果，原因在于这些货运代理有各自的代理商，给出的报价名目是各式各样的，这需要客户在最后计算阶段进行数据处理。

2. 比较的范围

在明确了比较的对象以后，接下来就是确认比较的范围。如果买方是用 EXW 条款，比价的范围就是门到门全程运输的总费用。很多跨国公司都倾向于用 EXW 条款和供货商签订合同，一方面货主可以掌握供应链的可视性，随时了解货物的所在位置，以防止断货的风险；另一方面，整合门到门全程运输，可以获得运费的规模效应。虽然 EXW 条款会让货主承担货物的风险和库存的压力，但仍有很多企业在权衡利弊之后，选择使用 EXW 来和卖方交易，这是公司高层在深思熟虑后做出的决策。

以海运拼箱 LCL 为例，在 EXW 条款之下，具体涉及的费用包括以下五个方面：

(1)提货费，根据体积立方计算；

(2)出口地费用，包括出口报关、港口操作费用等；

(3)海运费，根据体积立方计算；

(4)进口地费用，包括进口清关，港口操作费用等；

(5)送货费，根据体积立方计算。

乙方在报价的时候，根据这些内容，提供每一段操作的收费明细，最后得出该条线路的总成本。用每年预估或是实际产生的货运量，乘以每条线路的成本，就能计算出总的报价。把参与竞标的货运代理根据报价结果的高低排序，就能知道哪家的价格是最有竞争力的。虽然在报价中要综合考虑价格、服务和时效，但是在实际竞标过程中，价格还是起到决定性因素。

不过即便如此，运输时间依然值得关注，因为它关系到在途库存水平的高低。

3. 运输时间

在上一章提到在固定订货周期模式下，订货量的计算方法：

最大库存量＝(二次订货间隔天数＋前置时间)×平均每天的需求用量＋安全库存

这里的"全部的前置时间"包括下订单的时间和所有运输的时间，比如提货、海运和送货等。而每次需要订货的数量是在最大库存量的基础上，减去库存和在途数量，公式如下：

订货数量＝(二次订货间隔天数＋前置时间)×平均每天的需求用量＋
安全库存－(库存数量＋在途数量)

举一个例子：

二次订货间隔天数是 7 天，全部前置时间是 30 天，假设其中的海运时间为 20 天，另外 10 天是订单准备和内陆运输时间。平均每天的需求量是 20，安全库存设定为 200，当前库存数量是 550，还有 150 的在途数量。那么需要的最大库存数量就等于：

最大库存量＝(7＋30)×20＋200＝940

本次需要下订单的数量＝940－(550＋150)＝240

当海运时间延长，由20天变成25天，全部的前置时间也由30天变成了35天，那么最大库存量就变成：

最大库存量＝(7＋35)×20＋200＝1 040

对应需要下订单的数量也变成了：

下订单的数量＝1 040－(550＋150)＝340

延长5天海运时间，对应的下订单数量从240升至了340，需要额外新增100，这也恰好就是5×20(每天平均需求)。在出货以后，增加的部分就会转换为在途库存，到货以后成为库存。由此得知，运输时间的增加，与库存水平的上升有强相关性，具有一定的线性关系。当运输时间延长，总体的库存就会上升；运输时间缩短，总体库存就会下降。

总库存增加会对企业有什么影响？首先是占用了更多的现金流，增加的库存都在途中或是在仓库里，不能用于生产或是销售，流动资金被库存“套牢”了。其次，会增加库存的持有成本，比如仓库租金、搬运、设备投资、人工和库存损失等。最后，会增加运输成本，因为企业需要订购更多的库存，也就意味着要运输更多货物，相应的运输成本也会上升。因此，报价中的海运运输时间需要仔细分析，根据企业的战略，综合考虑后作出最适合的决策。

4. 国际海运竞标的流程步骤

招标活动就是一个项目管理的过程，大致需要以下八个步骤，如图4-8所示。

(1)确定RFQ范围。

在RFQ里涉及多少家工厂或供应商的线路，每年的海运费用支出大概是多少等，如果有现成的历史数据，很快就可以获取到，否则还要花费时间做人工统计。

(2)细分费用支出。

根据事业部的工厂和区域把所有线路做成一个矩阵，然后把相关的支出填到每个单元格里，这样就把费用细分出来了，有利于报价后期分配货运代理资源，见表4-9。

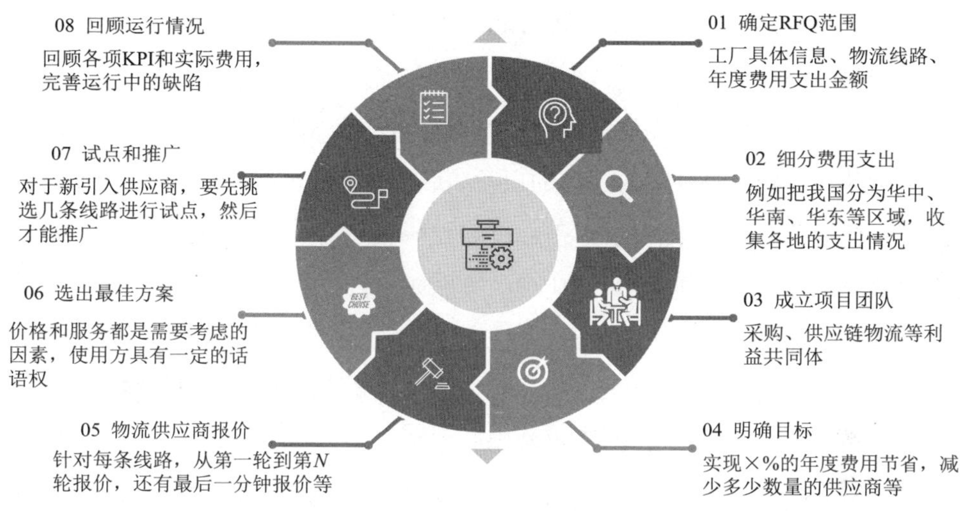

图 4-8　国际海运竞标流程

表 4-9　线路矩阵

工厂	出口地区		
	北美(美元)	欧洲(美元)	亚洲(美元)
空调厂	500	600	400
冰箱厂	300	700	200
洗衣机厂	100	400	0
汇总	900	1 700	600

注:表内数字代表运费金额。

从事业部工厂来看,支出最多的是空调厂;从出口目的地来看,发往欧洲地区的运费占比最高。此次竞标的重点一目了然。

(3)成立项目团队。

竞标项目团队一般由公司内部负责运输采购的团队牵头,加上供应链团队中负责运输操作业务的负责人,组成核心小组,另外,还需要得到各个工厂的采购和物流相应的支持。最重要的是,要获得工厂总经理们和总部高层领导的鼎力支持,因为项目很可能会更换物流供应商,从而对一些部门的利益造成影响。如果没有高层的支持，项目推行的过程中必定会遇到很多阻力。

(4)明确目标。

想要获得工厂总经理支持，必须明确告诉他，项目成功实施能给工厂每年节省多少金额的海运费。总经理对工厂的损益表(Profit & Lose，简称 P&L)负责，能帮助工厂降低运营费用，自然是能够引起高层足够的关注。如果不能给工厂看到实实在在的降本好处，想要切换货运代理的难度颇高。

(5)物流供应商报价。

此阶段，第一轮是所有收到邀请的货运代理都可参加报价，也是初选阶段。第二轮可能只有少数的成功入围者，继续参与报价。

在经过数轮的比价后，项目团队达成一致意见，选定各个线路赢得竞标的货运代理，见表 4-10。

表 4-10　海运竞标最终结果

出口海运战略的最终结果	工厂	出口地区		
		北美	欧洲	亚洲
推荐货代	空调厂	X 公司	Y 公司	Z 公司
	冰箱厂	X 公司	X 公司	Z 公司
	洗衣机厂	Z 公司	Y 公司	无业务，不适用

(6)选出最佳方案。

方案做好后，货运代理需要和客户集团总部签署框架协议，并和工厂签订物流服务合同，制作操作指导书。

(7)试点和推广。

方案做好后先找几条线路试运营，向工厂询问操作过程中是否存在任何问题。如果一切顺利，再进行大范围推广，实现海运费用节省的目标。

(8)回顾运行情况。

总部的物流采购和工厂物流负责人定期回顾各项 KPI，核对实际发生的成本，完善操作上的细节。

4.5　如何高效管理和选择物流供应商

在一家企业里，外包的情况随处可见，从门口的保安，内部的保洁，到工厂的食堂，这些几乎都是外包给专业的服务公司。原因很简单，很少有公司会把保安保洁和食堂作为核心竞争力。对于物流也是一样，自 20 世纪 80 年代以来，利用外部公司来处理仓储、运输和其他物流工作已经成为一种趋势。在大型企业，这种将部分或全部物流业务外包的做法尤为普遍，而且市场规模越来越大。除了传统的 3PL 模式，现在第四方物流（Fourth Party Logistics，简称 4PL）也已经发展得很成熟。根据 Gartner 咨询公司的同一份调查结果显示，35％的受访公司已经在使用 4PL 服务，还有 42％的公司正在考虑使用。

4.5.1　3PL 和 4PL

根据美国 ASCM 协会的《APICS 词典》第 15 版，3PL 是采购方和供应方之外的第三方，提供产品交付服务，还可以提供额外的供应链专业知识。

与 3PL 相比，4PL 的主要特点是：

（1）4PL 通常是客户与一个或多个合作伙伴之间的合资企业或长期合同形成的独立实体。相比于 3PL，4PL 和客户之间的关系更加牢固且长久。

（2）4PL 是客户与多个物流服务商之间的接口。4PL 就是客户的全权代理人，帮助客户处理协调所有 3PL 业务，可以让客户更加专注于核心产品销售和运营。

（3）最好是由 4PL 管理客户供应链的所有环节。4PL 就是客户的物流总承包商。

（4）一个主要的 3PL 有可能在其现有的结构中形成一个 4PL。3PL 在服务客户的过程中，凭借着优异的表现，可以升级成为 4PL。

企业一般都习惯用 3PL 来泛指所有的物流外包，但是在 3PL 和 4PL 方面还是略有不同，主要体现在以下方面：

(1)3PL 负责客户部分或全部物流功能。3PL 可以是一个专业领域的供应商,例如专注于航空货运、公路运输或仓储;它也可以是一个综合型的物流供应商,能够接管整个物流功能。

(2)4PL 整体接管客户的所有物流业务,并将部分或全部职能再次分包出去。它扮演总承包商的角色,将各种物流操作外包,并代表客户协调分包商的工作。通常情况下,4PL 收取的是服务费,而不是“中间商的差价”。

4.5.2 物流外包的优缺点

1. 优点

甲方把所有物流操作都进行外包,对于 3PL 服务,其优点至少有以下这些。

(1)客户可以专注于核心业务。

除了少数货运体量很大的公司以外,大多数公司都不会把物流作为核心竞争力。外包出去后,公司可以专注于最擅长的业务。

(2)使用最先进的物流科技。

现在物流中的科技应用发展得很快,立体仓库、机器人拣货、无人叉车等都处于风口之上。科学技术日新月异,确实能提高企业的物流效率,但其成本也非常高,投资最前沿技术花费不菲,如果企业自己投的话,万一没有达到预期效果就会损失惨重。物流外包就可以帮助企业规避这块风险,而且具有极大的灵活性。

(3)物流效率提升。

专业的人做专业的事,3PL 的效率会比一般客户都高很多。3PL 的客户群体广泛,也能很快地匹配到行业最佳实践经验,业务快速部署上线,还可以通过规模效应,帮助客户降低成本。

(4)更加灵活的资源配置。

如果企业想要自营一个新的配送中心,需要租仓库、建团队,前后免不了一番折腾。一旦配送中心业务被砍掉,还有一堆善后的事情要处理。把配送服务外包出去,可以快速进入或退出某个市场,帮助企业省去很多事情。

4PL 除了以上这些优势,还可以帮助客户找到最好的 3PL 分包商,并设计优化供应链流程。

2. 缺点

但外包并不是万能药，使用 3PL/4PL 可能有以下这些隐患。

(1)失去对物流的控制。

把物流操作外包出去，客户难免就会失去对物流的控制。货在别人手上，如果遇到不靠谱的承运人，有可能投诉无门，有苦说不出。

(2)潜在物流效率损失。

有时候 3PL 为了实现利润最大化，会自行安排运输计划，而无视客户提出的合理到货时间。

(3)泄露商业机密。

一些 3PL/4PL 保护客户商业信息的意识薄弱，有人买就有人卖，特别是竞争对手，会利用物流外包商来获取商业机密。

4.5.3　如何高效管理物流外包

如今，物流外包的问题已经不是要不要外包，而是要外包什么业务，外包多少。外包已经是企业不可阻挡的趋势，但我们也要思考如何有效管理它。对于甲方客户来说，必须掌握好三个关键点。

1. 做好监控

监控物流绩效的 KPI 是很有效的管理手段。供应链操作越来越复杂，甲方必须要做好监督工作。就如同家里房子装修，很少有人会自己动手，都是找外面的施工队，半包装修就是 3PL，全包就是 4PL。但房主也要隔三岔五到现场去看看装修进度，就算是什么也不懂，也要给施工队一些威慑力。物流外包也是如此，设定多个维度的 KPI，如库存准确率、及时到货率、包装质量、客户投诉、完美订单交付率等，定期考核，持续改善，优胜劣汰，才能真正控制住 3PL 公司。

2. 管理风险

3PL/4PL 是代表客户的，如果出了事情，客户要替他们承担部分的责任。如，很多汽车召回都是某个零部件出了问题，整车厂并不生产这些零件，但是在汽车召回的时候，消费者记住的并不是这些零部件提供商，而是车厂。客户要为外包业务合作伙伴的作为和不作为负责。

3. 保留专业人才

外包最大的风险之一是失去专业知识。如工厂把一些生产工序外包出去，过了若干年，厂里就没人懂这些工艺了。公司把物流外包出去，时间久了，内部员工也没人知道怎么操作了。在一切顺畅时不会发现问题，而一旦出了紧急情况，内部就不知道该怎么处理。只有在公司里保留专业人才，凭借着他们的专业知识，才能支撑起关键业务决策，把它转换为可以指导 3PL/4PL 工作的方向。

物流外包是不可逆的趋势，只有和 3PL/4PL 协调合作，才能真正地改善流程，提高效率，同时不能放弃监管。

4.5.4 如何正确选择物流供应商

在竞争激烈的市场中，外包物流服务可以为公司提供竞争优势。合适的供应商可以降低成本，改善客户服务，让客户专注于核心竞争力，并通过管理物流服务来帮助客户保持领先地位。但是市场上的物流公司多如牛毛，如何才能寻找到合适的服务商？在做业务推广的时候，物流公司的市场和销售总想竭力展示他们的实力有多强、网点有多密集、线路有多丰富。企业怎样才能从同质化的服务介绍中，了解到各个物流公司的真实情况和强项？在选择合作伙伴之前，这里有 18 个关键的问题需要询问。

(1)物流公司有服务保证吗？

近年来，服务保证已成为行业标准。服务协议应包括订单将以多快的时效运输到目的地。如果发生到货延迟，物流公司又会采取什么样的补救措施。面对各种可能发生的情况，物流公司需要用书面形式明确服务的内容，并对服务质量进行保证。

(2)及时交货准确率是多少，如何计算它？

许多物流公司报出来的准确率可能是含有水分的。例如，一家公司声称他们的准确率为 95%，但是他们可能会计算出货箱数量。如果他们根据发货订单行的数量进行计算，该比率可能会降至 90%。根据订单行数量计算是比较合适的方法。

(3)给客户造成损失时该怎么办？

物流供应商应该立即行动保护客户的利益，主动采取措施纠正错误。在签署服务协议之前，请确保物流公司不会因其错误向客户收取运输费用，他们还应该自掏腰包来完成这票运输。

(4)信息系统是否能够对接？

合格的物流供应商应该为客户提供一种将配送订单无缝连接到其订单管理系统的方法。如果无法实现信息系统自动对接的方案，供应商至少还应该提供批量上传的方法，避免客户使用耗时、容易出错的人工输入的方式。

(5)是否可以查询订单配送情况或库存报表？

物流公司应该提供实时查询货物运输或储存状态的信息，能够生成各种报表，随时供客户查询使用。客户需要在途货物和库存数量的信息，这是实现物流可视化最基础的条件。

(6)是否有专职的客户经理或服务团队？

一般物流公司都会给客户配备客户经理(Key Account Manager，简称 KAM)，但是这里面学问也不少。首先，KAM 是专职的还是服务多个客户的。如果是专职的，客户的利益就是他/她需要全力维护的目标，如果这个客户的生意丢了，那么这个 KAM 就可能失去了存在的价值。如果是服务多个客户的，如何来平衡他/她负责客户之间的关系，特别是在出货旺季的时候，运输资源紧张的情况下，难免不会出现顾此失彼的局面。其次，KAM 在物流公司里的地位如何，是否能够让海运、空运和卡车部门配合他/她的工作。在矩阵式管理的物流公司里，横向和纵向职能之间长期进行着博弈。强势的 KAM 能够为客户争取到更多资源，反之则只能为客户带来有限的帮助。除了 KAM 以外，物流公司是否还有一个团队来为客户服务。团队包括各种物流模式的操作人员，如海运、空运、卡车或是仓库现场人员。团队的成员直接与客户的物流部对接，把客户的相关需求准确无误地传递下去并跟踪执行的情况。

(7)使用哪些船公司?

理想的货运代理会提供多种选择。货运代理应该提供至少两家船公司,在现意外的时候有一个备选方案。

(8)如何管理外包运输车辆?

营运车辆是重资产,很少有公司是100%用自有车辆来做运输业务,势必要依赖外包的运输资源。运输公司在旺季时,公司自营的车辆可能不够用,这时候会选用一些合同车或者承包车,来弥补自身运力的不足。但外协车辆的管理是运输公司的重大难题。在运输的旺季和农历新年前后的这段时期,在市场上很难找到运输的资源,一些急于出货的客户,只能任由运输公司开价。如何管理外包车辆,是否有一些成功的经验,这是体现物流公司管理水平的地方。

(9)是否提供运费折扣?

作为船公司或航空公司的代理,物流货运代理公司通常会拿到运费的折扣,他们是否愿意把这部分费用节省分享一部分给客户。

(10)仓库面积有多大?

物流公司需要有足够大的仓库来处理客户业务增长的需求。理想的情况是,物流公司可以提供目前业务量两倍以上的空间,并随时能够满足客户扩大业务所需的仓库资源。

(11)是否已经买了保险?

物流公司应当对仓储和运输都购买了保险,如果客户资产在其仓库设施中遇到了洪水,火灾,盗窃或意外损坏等,或者是在运输过程中遭受了损失,物流公司应该立即配合客户进行相关保险索赔。

(12)是否有最低订单量要求?

在报价或实际操作过程中,物流公司对货量是否有一个最低运量的要求。客户可能会有很少的货需要运输,在这种情况下,物流公司是否会要求客户支付额外的费用。

(13)合同多久续签一次?

一般情况下,双方每隔一年重新回顾合同,不建议签署长期的合同,除非物流供应商是公司业务发展的战略合作伙伴。

(14)物流公司的信息系统和数据安全性如何?

物流公司的系统是否可以保障客户信息不会泄露。物流公司应该有健全的信息管理流程,设定访问权限,保护客户的隐私不会泄露给竞争对手。

(15)是否有标准服务协议?

查看物流服务提供者的合同或标准服务协议,如果客户对任何问题有疑问,物流公司需要进一步做出解释,避免双方产生误解。

(16)是否有服务同行业企业的经验?

物流供应商如果有相同行业或类似公司的经验,则可以使其能快速准确地为客户提供相似的服务。

(17)可以接受的付款周期是多少天?

对于客户来说,付款周期越长越好,但这要取决于双方合作的业务量和客户受重视程度。

(18)是否可以了解物流供应商财政状况?

最后也是最重要的问题。供应商健全的财政状况能够保证服务的连续性以及持续改进能力。中小型物流企业抗击风险能力较弱,一旦遭遇破产,客户的货物配送就会中断,从而引起供应链风险事故。

以上内容是在选择物流外包供应商时经常会遇到的问题。使用物流外包是为了让客户更加专注于其核心业务,把产品或服务更好地销售出去。而物流供应商应当充分发挥他们的特长,管理起客户的整体物流活动,仓储、运输、配送、签收等。术业专攻、各施所长,在其核心领域为客户创造更多的价值。

知识总结

本章介绍了供应链管理中极其重要的部分:物流运输。先从四种不同的运输模式开始介绍,并通过一些案例帮助读者加深对模式应用场景的理解。

合同物流是近几年国内发展很快的物流业务,在欧美发达国家已经成为市场的主流，随着我国物流市场趋于成熟，合同物流的比重将会越来越大，具有广阔的发展前景。

物流线路设计是运输中的重要课题，第三节通过循环取货的案例，以项目实施流程为背景，详细介绍了规划设计的全部步骤。同样地，海运招标也属于项目管理，可以采用类似的步骤实施推行。

最后着重讨论了物流供应商的概念，外包的权衡，如何管理外包供应商，以及鉴别优秀 3PL/4PL 的一些方法。

05

第 5 章 入库收货

供应商完成了订单生产，把商品运输到客户的仓库，就会触发一系列的仓库收货活动。入库收货是仓库管理中的一部分，但是考虑到这部分内容是供应商交付和客户仓库来料收货流程的衔接之处，如果处理得不好，就会发生脱节，因此特意把入库收货的内容单独详细地介绍。

5.1 为什么要重视收货

收货看起来很简单,很多人都有这方面的经验,如网购的包裹、外卖的食品,接收的过程就是收货。简单地说,它就是清点商品,确认收货。如果有问题,就联系客服进行售后处理。但是,企业供应链中的收货管理并不简单,并且还很重要。企业如果不重视收货,必然会受到库存差异的惩罚。

在很多中小型家族企业里,一般都是老板娘管财务。在创业初期,老板在外打拼生意,老板娘主内,一手包揽人事、采购、财务等大小事;等到企业规模慢慢壮大,会适时放手一些权力,比如,让"小姨子"管人事,"大舅子"管采购,"三叔"管食堂,但是财务大权多数是留在老板娘手上。只要老板娘业务能力过关,这种模式也无可厚非,毕竟她手上管的是公司的命脉,也就是钱。

在这些企业里,管财务的都属于核心领导圈子,是老板最亲信的人,而且有决策权。财务人员管理公司的现金流、投资、账款等,都是和钱打交道。许多世界500强公司的CEO都是从首席财务官提拔上来的。财务管着钱,工作很重要,在公司里的地位很高。不过,还有一个职能部门也管着公司的钱,虽然不是直接管理,但同样不可忽视,那就是仓库。

仓库收到货物,要付给供应商相应的货款。仓库的实物库存,就是财务账面上的存货,因此,企业需要像重视财务一样来关注仓库收货的工作。但是目前实际情况,仓库是企业最容易忽视的一个部门。比如,从人力资源上看,一些仓库员工是从其他部门调剂过来的,说得不好听一点,就是别的部门淘汰下来的人。

重视仓库管理,需要做到哪些方面呢?

工厂必须非常严格地控制住入库和出库环节,只要把这两个关键点控制住了,货物在内部加工和流动,即使存货账目有盘点盈亏,但是原料成品都在厂内,没有发生少入库、多发货或是被盗窃的情况,工厂就不会有真正的损失;把入库和出库两个口子扎紧了,就不用担心公司财产会有损失;假如库存有差异,也可以内部调账解决。但如果口子没扎紧,就可能有少收货、多发货的现象,造成的损失无法弥补。

为了进一步理解收货工作的重要性，以下我们从多个角度来审视入库收货活动。

5.2　多个角度看收货

5.2.1　从库存控制角度

库存控制是建立在传统的物料需求计划（MRP）基础上的。MRP 是一个决策支持系统，它通过处理主生产计划中报告的数据，帮助使用者解决三个问题：

（1）要生产什么（生产成品需要哪些零部件和原料）；

（2）要生产多少个；

（3）何时采购/生产。

如图 5-1 所示，可以看到 MRP 的主要输入之一是原料库存水平（虚线框内），它应该包含以下的库存，见表 5-1。

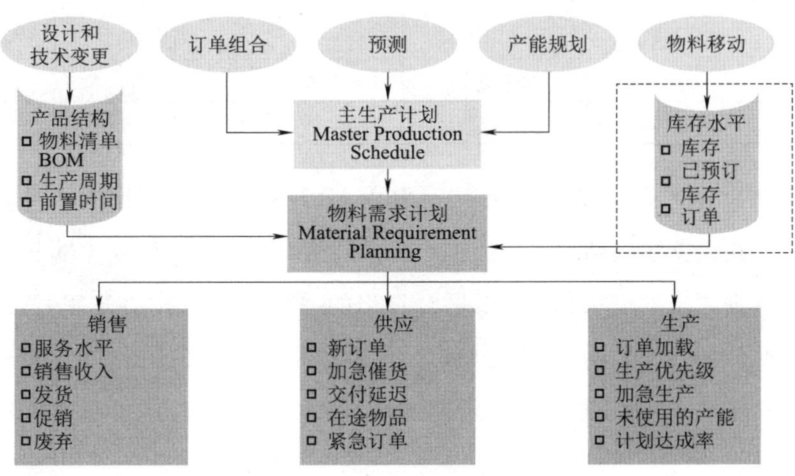

图 5-1　物料需求计划结构

表 5-1　MRP 输入之原料库存

库存种类	细　分	备　注
原材料	厂内库存	存储在工厂的内部仓库
	委外加工(如有)	由于厂内无法加工部分工艺(如电镀),委托给外部供应商,完成以后再运回厂内继续生产
	外部仓库(如有)	由于厂内仓库存储空间不足,租用的外部库位
在途库存	供应商已承诺的订单	采购已下单,供应商已经承诺了交货期和数量,计划到货库存。已预定在系统中
	已在途	供应商已经发货,原料正在运输过程中
在制品	车间库存	在车间现场可能留存的少量原料库存

根据产品结构、主生产计划和库存水平的输入信息,MRP 计算并输出需要采购的物料订单,即采购订单,来保障原料的持续供应。如果库存数据有差异,将会对采购计划、库存控制和生产保障造成影响。表 5-2 是简易的原料到货供应、库存和需求关系表。

表 5-2　原料 A 的到货供应情况　　单位:件

原料 A	日　期				
	2021/3/8	2021/3/15	2021/3/22	2021/3/29	2021/4/5
期初库存	15 782	5 566	11 738	4 218	14 198
预计到货	9 720	11 040	—	14 880	—
原料需求	19 936	4 868	7 520	4 900	5 080
期末库存	5 566	11 738	4 218	14 198	9 118

以星期为时间单位,第一期是 2021 年 3 月 8 日,直至第五期的 4 月 5 日。期末库存只有在大于零的情况下,才能确保原料 A 的供应,不会发生缺料。预计到货数量是根据未来的需求和其他参数计算出的采购到货计划,在这里,假设所有到货都会按照计划日期到达,不会有延迟。原料需求是从现在开始,直至期末每周需要消耗原料 A 的数量。虽然需求会有波动,为了便于理解,这里假设需求量是固定的。

期末库存的计算公式是:

期末库存=期初库存+预计到货数量-原料需求

3月8日这周的期末库存＝15 782＋9 720－19 936＝5 566(件)

第一期的期末库存是5 566件,同时它也是第二期的期初库存,以此类推。期初库存信息来源于MRP,也就是系统信息。由于系统中存在的原料SKU成千上万,物料采购不可能对所有订单都进行盘点后再下单,必须依赖系统库存数据。如果第一期的期初库存与实际仓库内的库存有差异,就可能导致物料供应中断,见表5-3。

表5-3　库存调整后的原料A到货供应情况　　单位:件

原料A	日　期				
	2021/3/8	2021/3/15	2021/3/22	2021/3/29	2021/4/5
期初库存	9 780	－436	5 736	－1 784	8 196
预计到货数量	9 720	11 040	—	14 880	—
原材料需求	19 936	4 868	7 520	4 900	5 080
期末库存	－436	5 736	－1 784	8 196	3 116

假如在3月8日,仓库保管员对原料A进行了盘点,发现实物只有9 780件,比系统中少了6 002件。为了保证库存的实时准确性,在经过财务批准后,在系统里做了调账处理。第一期期末的库存变成了－436件,这意味着缺货。虽然在第二周有11 040件如期到货,但是在第三周没有计划中的到货,届时还会发生缺料,使得第三周的生产计划无法全部达成。第三周的到货计划是根据此前的库存和原料需求制定的,原本有充足的原料以供消耗,但是突如其来的库存盘亏调账,扰乱了正常的采购供应安排。为了保障生产,采购部门需要立即向供应商下紧急订单,催促交货,才能保证供应不断裂。

那么,原料库存为什么会有差异?一般而言,造成差异的原因主要来自以下几种情况。

1. 收货系统数据更新不同步

在理想的环境下,一批原材料到仓库后,应该立即验收入库,同时在系统中更新库存数据。但是在实际工作中,时常会有不同步的情况发生,如送货卡车半夜到了仓库,而夜班没有仓库保管员清点货物,只能把货物从卡车上卸下来,放置在临时储存区。实物已经到库，但是没有完成收货，输入系统，使得数据不同步。

还有一种情况，在某个时间段内，有大量送货卡车集中到达，远超过仓库处理能力，可能到当天下班时，仓库都没法完成所有的入库工作。未办理系统收货的原料，只能在货车或临时区域里暂存。

如果货物已经在仓库里了，但是还没有在系统中完成入库，那么实物数量就会大于系统数量。如果在系统中已经完成入库，但是货物还没有放置在指定库位里，那么实物数量就会小于系统数量。

2. 人工清点作业

人工清点仓库货物，主要是通过目视化的方法来判断来料的品种和数量，然后手工登记在纸质表格上，最后输入系统。这些数据至少经过了一次目视化的清点和两次的手工记录和传输，任何的人工操作都存在出错的概率。如果产品标签模糊、收货区域灯光昏暗、数据输入人员疲劳工作，都可能增加库存信息差异的可能性。

3. 错误的发货单据

供应商在制作发货单据的时候，可能会打错订单号、零件号或是数量，明明是A物料，却在箱单上写成了B物料。如果A、B物料的外箱包装是一样的，仓库收货人员只有开箱检验，才能识别出错误。

4. 包装错误

供应商的仓库包装可能会出错。产品的型号、数量，需要和外箱标签上的信息一致，但有些产品的外形相似，却可能在颜色上略有差别，很容易在包装的过程中出错。如果客户在入库时没有开箱检验，整箱原料被送上了生产线，在加工装配的过程中才发现错误，那么库存差异就此形成。

5. 错误的计量单位

零件的单位有多种，可能是袋、箱、托盘，或者是长度、重量等单位。单位错误会造成库存差之毫厘，谬以千里。

6. 来料退货

有时候，供应商来料可能因为质量不合格或是多送货，需要安排退货。如果在系统中已经完成了入库，在实际退运后却没有在系统中扣减，这就会影响库存的准确性。

5.2.2　从预防供应链渎职风险角度

在《APICS词典》第16版中，对供应链风险的定义为：各种可能发生的事件及其结果，这些事件可能对货物、服务、资金或信息的流动产生负面影响，导致供应链在数量或质量上遭受某种程度的损失。

供应链中有很多种风险，包括战略、供应与需求、环境、财务、诉讼和渎职风险等。在现代供应链管理的概念中，风险往往是消极的，会造成交货日期、质量、收入或成本有关的不确定性。渎职风险可能会出现在入库收货的环节上。下面我们通过一个案例来深入了解。

1. 采购货物直发客户

B公司从其供应商A公司采购了一批货物，直接销售给B公司的客户C公司。这批货物不需要进行任何的加工处理或是更换包装，可以直接发到C公司的仓库。B公司的采购人员老杨，为了节省运输成本，缩短交货时间，于是就和A公司谈妥，直接把货物发到C公司的仓库。老杨也获得了C公司的确认，具体模式如图5-2所示。货物直接从A公司发到C公司仓库，在此入库签收。但是A公司和C公司之间没有合同关系，财务付款依然是需要通过B公司。C公司确认到货以后，把货款转账给B公司，B公司再向A公司完成付款。

在这项交易中，实际的收货方只有C公司，B公司并没有从物理意义上收到货物。但从财务付款的角度，C公司收到了代表B公司发出的货物，在核对完数量和价格以后，就可以向合同方B公司完成付款手续。但是B公司就不行了，因为它并没有收到过货，在系统里没有做过入库操作。采购商的财务给供应商付款需要以下三项信息能够完全对应：

(1)收货签收文件(在ERP系统里有入库操作记录)；

(2)供应商发票；

(3)采购订单。

只要其中有任何一项信息不能匹配或缺失，付款就会中止，直至问题解决后，才会继续走付款流程。由于货物没有进入过 B 公司的仓库，缺少收货记录，这就需要办理虚拟入库手续后，才能完成对 A 公司的付款。

老杨想要自己来办理虚拟入库的手续，在 B 公司的 ERP 系统里做入库操作，省去了找仓库同事代为办理的麻烦。老杨的初衷是好的，但是他在无意中犯了一个错误，那就是“原则上采购人员不能做系统收货”。这就好比在球场上，同一个人不能既当裁判又当运动员，因为这会造成比赛的不公平性。同样地，采购人员既可以下采购订单，还能够操作系统入库，就像同时身兼裁判和运动员的双重身份，会给 B 公司带来管理漏洞和潜在的损失风险。

货物在系统入账后，供应商开了发票，财务就要准备付款。如果采购人员获得了入库操作的权限，就可以任意在系统里完成收货。公司内部人员只要与供应商勾结，虚开入库数量，就会给公司造成财产损失。入库职责权限如果设置的不合理，就会造成权力寻租的空间，为腐败提供了滋长的土壤。

正确的做法是，老杨请客户提供 C 公司仓库的签收记录，然后找到自己公司仓库具有入库收货权限的同事，代为办理虚拟入库操作手续。入库流程宁可设计得“麻烦”一些，也要尽力堵住制度的漏洞，避免产生供应链渎职的风险。如图 5-2 所示。

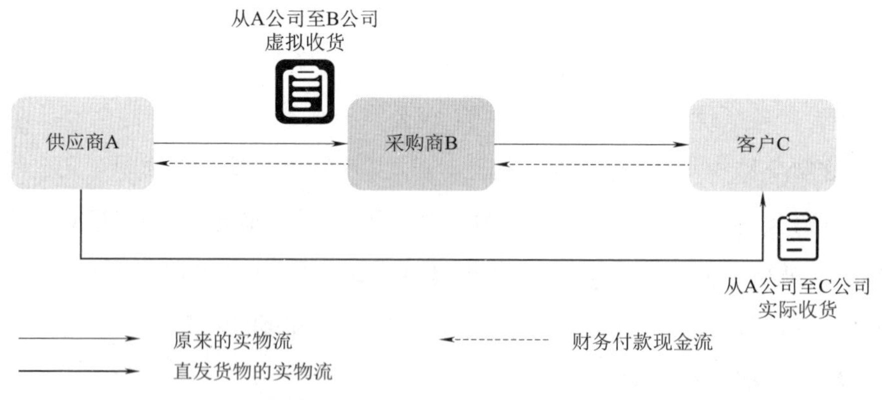

图 5-2　采购货物直发客户

在前文中提到的供应商发票、采购订单和收货单据文件要相符，正是供应链管理最佳实践“三点相符”。相符是指数量、产品单价、订单描述和其他发票信息都要能够对应上。这三份单据必须完全相符，才能启动付款流程，目的就是防范错误和潜在的渎职风险。使用三点相符的方法就可以最大程度地减少公司财产损失的风险。

2. 如何预防供应链渎职风险

应对供应链渎职风险的控制关键点是要做到职责分离，比如，采购寻源和采购订单权限必须分开。

寻源是负责供应商开发、新产品定点、年度价格谈判、供应商关系维护等一系列商务方面的工作。寻源采购的权利较大，对供应商有很大的话语权。采购订单下达更多是偏重采购计划和订单执行等日常操作工作，由于没有供应商选择、议价的权利，对供应商的影响力相对较小。考虑到职责分离的原则，很多大公司都是把下采购订单的权利和寻源分开，而且还把前者的组织架构放在供应链部门，彻底与采购部门“划清界限”，目的就是防止采购既可以找供应商签合同、谈价格，又可以决定下订单的数量。这就避免了采购寻源“既当裁判，又做球员”的情况。

还有一种职责分离的情况是在仓库货物出库的场景中。仓库员工不可以既批准物料移动，又自己执行移动。例如，仓库保管员工监守自盗，利用职务之便，在系统里完成货物的出库，然后串通外部的不法分子，将货物运出卖掉。所以要设置仓库移库权限，不能让员工既可以在系统做出库，又同时负责出货操作。

职责分离的实施要点是，执行一定要到位，不能有特殊例外情况。很多人能够理解流程制度，在实施的初期也会遵守；但随着时间的流逝，人们就会慢慢疏忽起来，不再严格按照流程办事，而是走一些“自定义”的捷径。比如，公司规定仓库保安只能允许提前预约过的卡车进入仓库提货，但是面对临时紧急发货的情况，保安会迫于压力，疏忽这项规定，让没有预约过的卡车也进入工厂。虽然出货很紧急，仓库方面没能提前通知保安，属于特事特办的情况，但这破坏了原先设立的规定。而只要开了一个先例，就会让其他人难以信服，再继续遵照执行。所以，流程的具体执行一定要杜绝特殊例外情况，否则，人们就会逐渐地漠视流程，直至不再遵守。

渎职风险最好的应对方法就是职责分离,"把权力关进制度的笼子里",不仅保障公司财产安全,也保证了员工不会有意或无意地犯错。

5.2.3 从供应方和收货方角度看

入库收货流程涉及供应方和收货方,流程衔接之处是最容易出问题的地方,如果两方没有沟通清楚对方的要求,很有可能会造成入库工作效率低下,甚至引起误解与纠纷。

1. 供应商交货考核为什么总是不达标

如何评价供应商的优劣? 可以从很多维度来看,比如质量、价格、服务水平、及时交货率、响应速度、配合程度、是否同意年度降价等。在所有考核标准当中,及时交货率是最基础,也是很重要的一项。首先,供应商需要按照客户的要求,在规定的时间,把规定数量的货物送到指定的地点,这是在合同交易和供应管理中最基本的内容,供应商都应该理解按时交货的道理。其次,现在的供应链越来越讲究精耕细作,要消除浪费。采购在下订单的时候,就会考虑库存和需求的数量,不会购买过多的物料。到货时间是采购员通过计算得出的,而不是随便拍脑袋定一个日期。在实际操作中,如果供应方的及时交货率没有达标,就可能给采购方(收货方)后续的生产、销售都带来影响,采购方(收货方)就会介入,和表现欠佳的供应商一起寻找问题的根源。影响及时交货率常见的原因是供应商生产和质量方面的问题,比如,产能紧张、工人数量不足或是报废品过多等。除了以上因素以外,还有两种比较常见的情况很容易被忽视,那就是送货的时间窗口和及时交货率的计算方法。

(1)时间窗口。

送货时间窗口,是从英语 Delivery Time Window 直接翻译过来的,其中窗口 window 的意思是指,承诺的交货时间应该是在一定的区间之内,超出了这个区间就属于不合格的交货。比如,交货窗口为 4 个小时,那么供应商必须在规定时间的前后 4 个小时内,把货物交到指定地点。如果早于或晚于 4 个小时,都会被判定为不及时交货,如图 5-3 所示。

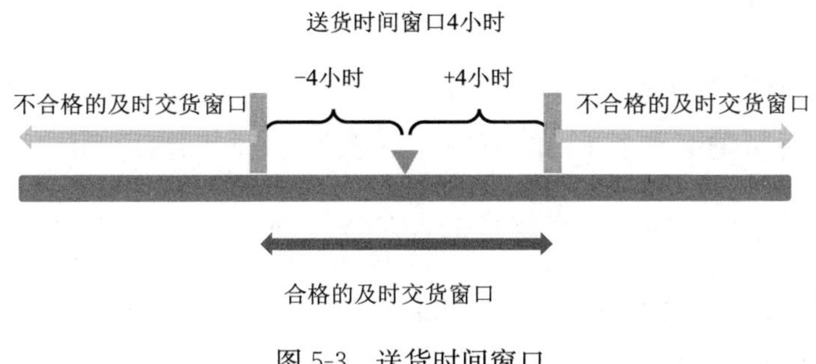

图 5-3　送货时间窗口

可能有人会认为,“早点晚点送到就行了,有必要把时间卡得这么紧吗?”为了解释这个问题,我们可以参考外卖送餐的例子。

某天小王在某餐饮外卖 App 上点了一份蛋炒饭,根据平台提示,骑手大约在中午 12 点送到公司楼下。这个时间点正好是公司午餐时间,小王有半个小时可以吃饭休息。此外卖平台为了吸引顾客下单,规定了骑手如果超出规定时间 30 分后到达,客人就可以获得赔偿。平台设置这样的规则,是为了保障客人可以按时吃上一口热饭。如果骑手 12 点半以后送到,小王会错过午餐休息时间,炒饭凉了也不好吃,对外卖服务的体验度就会很差,以后可能不会光顾这家餐馆,甚至不再使用这个外卖 App 了。

对于工厂来说也是如此,如果原料到货晚了,就会因为缺料而扰乱了原来的生产计划。而调整计划是一件麻烦的事情,需要重新做生产计划,调整机器模具和人员的安排。一番折腾下来,可能会引起工厂的极度不满,然后找采购部门投诉。相反地,到货太早也不一定是好事,有些工厂的仓库面积很小,货物送了过来,根据生产计划的安排,一时半会也用不上,只好放在仓库里,占据着存储空间,影响其他物料的搬运移动。

送货时间窗口是采购和供应双方约定的,它可以是几个小时,甚至是一周。供应商倾向于较大的交货窗口期,这样就有更多的时间缓冲,毕竟长途运输有很多的不确定性。采购方为了缩小窗口期,也会给供应商一些激励措施,比如略微提高商品的价格。如果采购方制定了送货窗口规则,那么供应方就要了解并遵守,否则送货绩效就会不达标。

(2)及时交货率计算方法。

既然是考核及时交货率,就需要有可以量化的指标和对应的计算方法。还是以外卖送餐为例,骑手送了10单,其中9单是在规定时间内送到的,只有1单超出了时间,那么骑手的及时交货率就是$\frac{9}{10}\times100\%=90\%$。

在工业领域里,交货率的考核更加复杂,这里有三个主要参数:订单数量、订单行数量和订货商品数量。订单和商品数量容易理解,而订单行指在一张订单里的明细,把不同商品分列出来,比如订单里有10项商品,在做订单时就需要列出10个订单行,这些商品的品名和单价是不一样的,因此不可以合并。

由订单、订单行和订货数量构成了订单的三项基本要素,也形成了三种计算交货及时率的方法。

见表5-4,假设供应商收到了5个订单,每个订单中有2至6个订单行,每行订货数量也不等。总计是5个订单、20个订单行和500个订货数量。供应商实际达成的及时交货数量在表格最右一列。根据统计,总计有10个订单行做到了完美履约,也就是把整个订单行的数量都交齐了,见加底纹的表格。另外10个订单行都有欠交的情况,最后一列白底表格。从总数上来看,供应商总计交付了480件,欠货数量只有20件,看起来还不错。但是,5个订单都存在着欠交的数量,没有一个订单做到了全部及时交付。根据这个案例,可以有三种计算及时交付率的方法,分别是:

根据订单计算,及时交货率=0÷5×100%=0%

根据订单行计算,及时交货率=10÷20×100%=50%

根据订货数量计算,及时交货率=480÷500×100%=96%

如果从整张订单完成情况来考核,供应商的表现简直就是差到了极致。从订单行来看,完成了一半,离及格线还差点。但是从订货数量来评判,96%的分数堪称优秀。同样的供应商,同样的交付完成情况,在不同的交货率计算标准下,结果竟然千差万别。我们到底该用哪一个考核标准呢?如果是供应商,一定会选对自己最有利的方法,可惜的是,这不是由供应商说了算的。因为一般情况下客户拥有对交货及时率的最终解释权。如果使用订单来计算交付率可能有失偏差。假如，客户只下了一个订单，而这个订单里有 100 个订单行，只要有一行没有及时交货，整个订单的交付都是不合格，这对供应商来说未免有些苛刻。因此，使用订单行来计算是一种比较合适的方法。当然，具体用哪种方法，也是采购方根据公司情况来决定的。

表 5-4　订单交货汇总情况

	订单号	订单行	订货数量	及时交货数量
订单汇总情况	4502263888	1	36	36
	4502263888	2	27	26
	4502263888	3	11	11
	4502289892	1	17	15
	4502289892	2	16	16
	4502317858	1	45	44
	4502317858	2	19	19
	4502317858	3	39	36
	4502322491	1	34	34
	4502322491	2	13	13
	4502322491	3	17	15
	4502322491	4	12	10
	4502322491	5	34	34
	4502322491	6	31	30
	4502289987	1	17	15
	4502289987	2	28	28
	4502289987	3	16	16
	4502289987	4	38	35
	4502289987	5	18	18
	4502289987	6	32	29
汇总	5	20	500	480

对于送货时间窗口和及时交货率的统计，采购方和供应方应该协同配合，才能把交付考核的工作做得更加细致合理。

(3)从开始就把事情做对。

有些供应商在供货很久以后,还是没搞清楚客户的交付考核方法。突然某一天,可能会收到一封邮件,要求进行交货绩效整改,于是一头雾水,去询问客户自己到底是哪里做得不好。采购和供应双方应该在合作初期就把所有交付上的细节都沟通到位,包括相关的贸易术语、条款和及时交货率的计算方法。在引入新供应商的阶段,采购方就应该提供统一的培训,把所有交货相关事宜一次性讲透彻,避免将来合作上的误解和低效的重复沟通。如,在实际工作中,供应商可能会担心送货错过时间窗口,毕竟长途运输中,难免会发生点意外,影响绩效评分。解决的方法可以是,由客户统一安排上门提货,这样就等于把交货时间窗口前移到供应商端,根据平均在途运输时间,扣减以后就是应该在供应商工厂提货的时间。供应商只要根据约定的提货日期,把货物全部包装好,等待客户安排的卡车上门提货即可。这样做对双方都有了保障,采购方可以延伸对供应链的控制,如果在供应商仓库提货时发生任何情况,都可以在第一时间得到反馈,而不用等到货物到达目的地时才发现。

通过整合运输资源,采购方有更大的筹码来降低运费,同时找可靠的第三方物流来负责运输,对货物实时追踪,掌握精确的到货时间。对于及时交货率的考核,也需要由采购和供应双方加强合作。采购方每月提供考核评分结果给供应商,对于绩效不合格的,要求定期内完成整改。交货绩效应该和综合考评挂钩,并占据一定的权重,比如30%。对于综合考评优秀的供应商,采购方应予以重点战略合作伙伴的地位,可以优先获得新项目、新产品报价的机会。对于表现合格者,采购方应该指出对方需要改进之处,并且定期回顾改善行动和成果。而对于考评长期不合格的供应商,只有采取新业务暂停的措施,并强烈要求其改进,并做好淘汰此类供应商的准备。

及时交货是采购和供应双方合作中一项基础的内容。在客户的企业里,不管是供应链还是采购部门,都应考核供应商的及时交货率。这项工作看似很平常,其中的内涵却很丰富。设定合理送货时间窗口和及时交货率考核制度,可以让到货更有保障,双方合作更加顺畅。想要实现这两点,需要合作双方共同协作,大处着眼，小处着手，把工作做得更加细致、严谨。如图 5-4 所示，为供应商金字塔式管理模型。

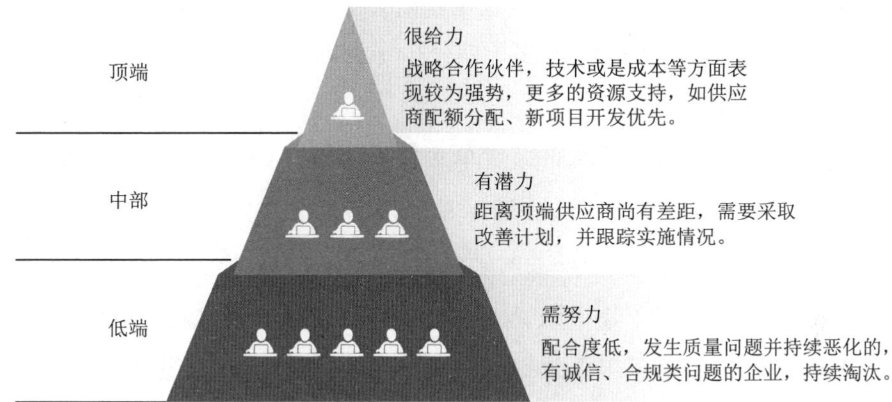

图 5-4　供应商金字塔式管理模型

2. 收货方的问题

对于供应方来说，交货考核是单向的，一般没有供应商考核客户的收货、卸货的指标。但作为收货方，是否也存在一些问题呢？

如果遇到好几家供应商集中到货的情况，当天的货物可能就来不及完成入库，只能在仓库找个区域临时存放，收货作业的员工也没能在 ERP 系统里完成全部的入库操作，就到点下班了。到夜班的时候，有些生产急需的原料恰好没有入库，工人只能去临时存货区里拿，隔天再来补办领用手续。如果忘记了补办，仓库的账就会有差异。在统计供应商交货绩效的时候，没有及时入库的数量就可能被系统判定为延迟交货，影响 KPI 考核。

为什么仓库收货效率会这么低呢？真正的原因在工厂内部的采购订单与来料收货计划里，主要有以下三点。

(1)不知道什么时候到货。

仓库对收货计划是很被动的，除了部分有固定送货计划的供应商，其余的供应商送货时没有事先通知仓库，那么仓库就不知道卡车几点会到，而经常是货到后才开始准备收货作业。

(2)不知道会到什么货。

供应商在出货之前,没有提供一份到货通知书,使得仓库不能预先得知具体会到些什么货,数量会是多少。即使供应商提供了到货清单,但仓库在收货时,实际到货和预计数量仍可能会有差异,多于或是少于计划到货数量。

(3)不知道需要收多久。

卡车到货以后,收货工人拿着送货单去核对清点。如果碰到品种或数量上有差异的情况,收货作业就要暂停,去请示采购员后才能决定是否可以接受异常情况,然后再执行系统入库,一来一去的确认就影响了收货效率。由于无法预见到货数量,如果碰到几辆大卡车集中到货的情况,仓库收货的区域就会爆仓,大量托盘堆积在入口通道处,降低了工作效率。由此可见,造成收货乱象更多的是采购和收货计划的问题,如果处理得当,就能够解决及时收货,甚至是供应商交货考核不达标的问题。

如何能预先得知供应商准确的到货数量和时间,让仓库后续工作更加顺畅?传统的做法是,采购员打电话询问、邮件确认,但是这种方式耗时耗力,属于低附加值的工作。如今有很多数字化供应链工具可以助力提升收货效率。

5.3 数字化解决方案提升入库效率

目前,可以通过一些数字化的方案,来提高入库的效率。在提升仓库收货数字化工具中,预先发货通知(Advanced Shipping Notice,简称 ASN)的应用很广泛,而且通常是与条形码标签扫描配合使用,来加快收货效率,提高数据传输的速度和准确性。

5.3.1 博世集团的实践

博世(Bosch)集团是全球领先的技术和服务供应商,在全球拥有超过 40 万名员工。博世集团的业务划分为四个领域,涵盖汽车与智能交通技术、工业技术、消费品以及能源与建筑技术领域。博世集团采购成本占销售收入的 50%以上。

如何管理好这么庞大的供应链，并且控制好采购成本，是对博世集团采购体系与供应商能力水平的巨大考验。博世集团的目标是 2021 年，85%的采购活动将通过云计算和平台解决方案完成。基于庞大的采购金额，任何的改善活动，都可以给博世集团带来可观的成本节约，这激励着集团总部不遗余力地推动各项供应链优化项目，其中就包括自动识别收货系统。

博世集团使用仓库自动识别的收货系统，全程无需人工干预。供应商在完成出货以后，会向博世集团的采购平台系统发送一份预发货通知（ASN），这相当于是消费者点了外卖后，店家通过 App 推送给顾客的配送通知。为了确保原材料和零部件的标签都能够被仓库收货系统自动识别，博世集团要求供应商使用统一的全球运输标签（Global Transport Label VDA 4994），并带有唯一的身份识别号（ID）。供应商在完成装货，卡车离开仓库以后，通过数字化平台发送预发货通知（ASN）和唯一的 ID。当货物到达博世集团的工厂或是配送中心后，仓库工人使用条码扫描和射频识别（Radio Frequency Identification，简称 RFID）等技术自动获取货物信息。在完成所有的货物识别后，到货数据自动传入 ERP 系统。

博世集团的自动识别收货系统有以下三点优点。

(1)更少的人力资源投入。仓库不再需要安排大量工人进行手工清点、输入 ERP 系统，所有的操作全都自动完成，既提高了收货效率，又减少了人力资源投入。

(2)更高的数据质量。由于减少了人工操作环节，可以降低人为因素出错的概率。使用了自动化数据传输技术，大幅提高了数据传递的速度和准确率。

(3)更全面的可视性。货物在供应链上各个节点的状态一目了然，便于更好地掌握库存所在位置，提前预警缺料，保障供应的连续性。

5.3.2　预发货通知（ASN）和条形码标签的基本原理

这套数字化平台技术运行的基本原理如图 5-5 所示。

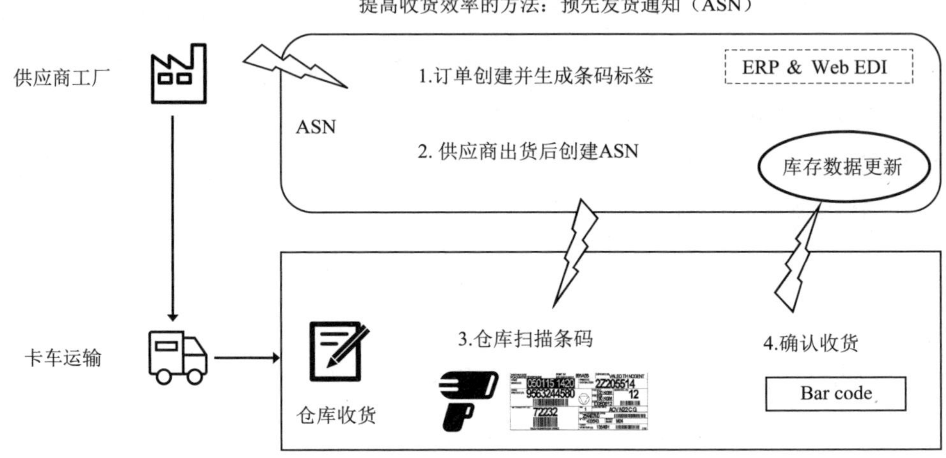

图 5-5　预先发货通知(ASN)

1. 客户创建订单和条形码标签

首先是客户公司，如博世集团，通过 ERP SAP 系统运行，计算出物料需求计划和原材料采购计划。与原先的系统计算、手工下单模式不同，订单在创建以后，通过 Web EDI 系统实现订单释放、确认和跟踪。EDI 是电子数据交换(Electronic Data Interchange)系统的缩写，指使用一套标准格式，将标准的信息，通过通信网络传输，在贸易伙伴的电子计算机系统之间进行数据交换和自动处理。部署 EDI 需要在收发双方处都安装设备。随着技术的进步，现在的企业普遍选用网页版的 EDI，也就是 Web EDI，无需安装硬件，只要有一台可以联网的电脑就可以操作。

博世集团通过 Web EDI 把采购订单发给供应商，后者通过登录相应的网站，下载订单信息和货物的条码标签，根据要求到货的日期，自行安排生产活动。

2. 供应商创建预先发货通知(ASN)

供应商在完成货物生产和包装以后，把事先下载的条码标签贴在外箱上，出货以后，在 Web EDI 上创建预先发货通知(ASN)，并发送给客户。客户就可以准确地知道供应商将在何时、何地，发货多少数量。当供应商创建预先发货通知(ASN)时，它已经包含了原始订单或交货指示中的信息。供应商只需再增加一些与包装、数量和运输有关的细节即可。通过 Web EDI 还可以传输清关和运输过程中所需要的其他文件，以及证书和质量文件。在收到货物之前，客户的计划员就会收到他们所需的所有信息和文件，为仓库接收货物做好必要的准备。Web EDI 接收到出货信息以后，自动在 SAP 系统中更新货物状态为在途。根据供应商距离收货工厂的距离，就能大致了解卡车抵达的日期。如果卡车是由客户安排上门提货的，到货日期就更加可靠了。

3. 仓库扫描条码

客户的仓库收货人员根据供应商到货计划，打印出预先发货通知（ASN）做好收货准备工作。由于知道到货的具体安排，仓库可以灵活地安排人手，应对工作量的波峰低谷，避免出现超负荷工作的情况。在货物抵达客户仓库以后，收货人员直接扫描货物上的条码标签进行收货即可，无需再对于货物进行一一清点。

4. 系统收货数据传输

在完成所有货物扫描以后，收货人员在系统中进行确认，入库货物信息同步到 SAP 系统。整个过程结束。

通过实施 Web EDI 和条形码标签，一方面改传统手工下单为系统自动操作，减少了采购计划员的工作量；另一方面提高了仓库收货效率，避免延迟入库引起的一系列后遗症。

5.4　供应商送货异常的处理

首先定义一下“异常”的概念。这里所说的送货异常，就是供应商实际送货的数量，大于或小于订单承诺的数量。

5.4.1　多送货或是少送货，都不是好事

送货超过了订单数量，就会给客户增加不需要的原料库存。另外还会增加客户收货的工作量。不在计划中的货物是否要收进来？如果这批货同意收，就需要更改系统里的采购订单数量，否则超量的部分没法被录入系统过账，因为系统收货的上限是订单的数量。反复来回确认收货数量，给原本就很忙碌的仓库凭空增添

了许多工作量。

相反的，送货少于订单数量是一件更为麻烦的事情。生产部急等着要用的原材料没到货，生产和出货计划都会被打乱，甚至是赶不上原定的交货期。最后，还会引起额外的运输费用，或是遭到客户投诉。

5.4.2 分析供应商送货数量差异的原因

出了问题就要分析原因，亡羊补牢也先要知道哪里有漏洞。分析送货数量差异原因的方法主要有鱼骨图分析法和 5Why 分析法。

1. 鱼骨图分析法

它是一种发现问题根本原因的方法，是由日本管理大师石川馨发明的，所以也叫做石川图。鱼骨图分析法的特点是简洁实用，直观易懂。它看上去有些像鱼骨，问题或缺陷被记录在“鱼头”处。在鱼骨上长出几根鱼刺，列出了产生问题的可能原因，并说明各个原因是如何影响结果的。使用者通过头脑风暴的方式，集体讨论后，汇总出导致问题产生的因素，这种方法经常用于生产制造中，同样也适用于供应链管理中。

如图 5-6 所示，分别从“人员、机器、物料、方法、环境、测量”等六个方面进行分析。比如人员这一项，由于有员工请假，临时顶班的员工不熟悉出货作业流程，搞错了订单批次，导致出货数量少于订单要求的数量。鱼骨图分析法虽然能找出数量差异的原因，但是比较概括，如果想要进一步分析为什么有员工请假用此种方法就会出现缺陷，就需要使用到 5Why 分析法。

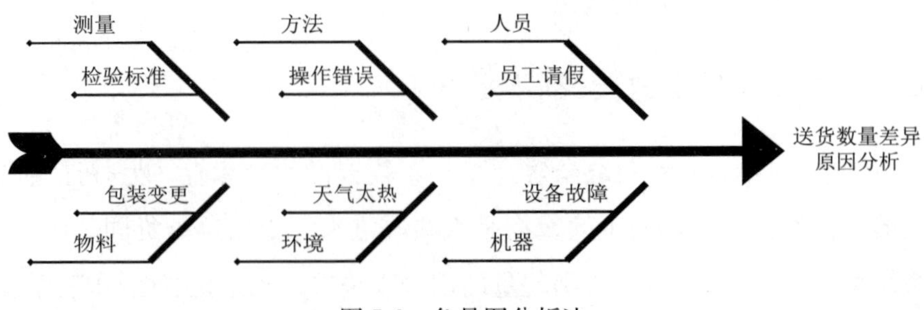

图 5-6　鱼骨图分析法

2. 5Why 分析法

5Why 分析法用来识别和说明因果关系链，目的是解决问题出现的根本原因以防止问题重演。掉进坑里不可怕，可怕的是反复掉进同一个坑里。为了识别真正的问题根源，就要把问题的因果关系理清楚，这非常考验逻辑思考能力。使用者需要通过不断提问前一个事件为什么会发生，直到回答发现“没有更好的理由”。到了这个时候，他会有一种豁然开朗的感觉；又或者一个新故障模式被发现时，提问才会停止。5Why 并非一定就要连问 5 个问题，有可能问了 1 个后就直接击中要害，也有可能连续问 10 个都没找到根源。5 个问题只是一个约定俗成的叫法。

(1)问题的冰山

问题就像是一座冰山，如图 5-7 所示，我们平时看到的都是表象，直接原因的寻找并不难。比如“上班为什么会迟到，”直接原因是早上出门晚了半小时。“如何保证以后不会迟到，”这还要继续深挖下去，直到发现真正的原因：昨天晚上喝了一杯 4 个浓度的美式咖啡，晚上过于兴奋，直到凌晨 3 点才睡着，导致早上睡过了头。针对这个问题的永久性措施就是晚上不能再喝咖啡。

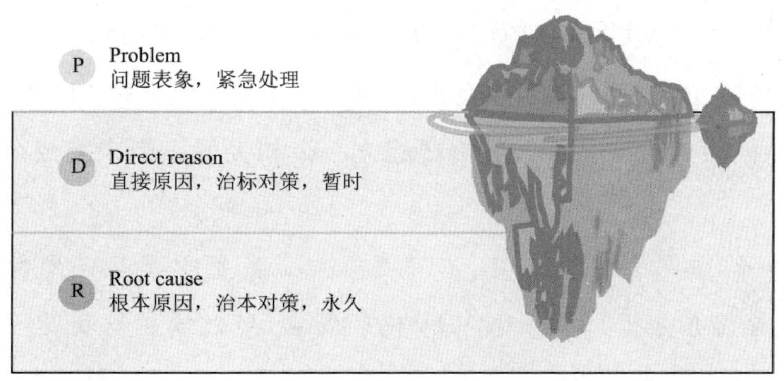

图 5-7　问题的冰山

(2)提问的方式

关于提问的方式可以从以下几个问题开始：

①处理直接原因会防止同样的问题再次发生吗？

②如果不能，能够发现下一级的原因吗？

③如果不能，该怀疑什么才是下一级的原因？

④如何才能核实和确认还有下一级的原因呢？

⑤处理了这一级原因，能否防止问题再次发生？

通过正向和反向的提问，自问自答的方式，找出问题的根本原因。提问需要有一种打破砂锅问到底的较真精神，不找到根本原因誓不罢休。

(3)使用5Why分析法注意事项

使用5Why分析法时要注意这三个原则。

①要绝对的客观，用事实描述，而非猜测；优先使用数据进行说明，拒绝虚无缥缈的揣测。

②不要认为答案是显而易见的，也不要运用经验过快地得出结论。人们很容易掉进经验主义的陷阱里。这就像是新手司机上路，大多都谨慎小心，不太会出事，相反开了十年车的老司机们却容易掉以轻心，容易发生交通事故。

③如果不完全熟悉过程，就组建一个相关部门的小组完成分析。请真正懂行的人来，一起解决专业技术方面的问题。现在很多大公司里分工明确，每个员工只熟悉自己负责的一小块业务，比如供应商质量开发、采购合同谈判、采购订单计划制订等，这些都由不同部门人员来负责，而他们对于其他职能的工作都是不太了解的，在遇到陌生的知识领域时，就需要建立一个相关的小组来完成分析原因的任务。

举个例子，如果供应商送货，出现实际发货数量少于承诺发货数量的情况，接下来该怎么分析？第一个Why比较简单，经过调查发现是因为供应商的成品仓库没有按照出货计划发货。而第二个Why如果回答是“成品仓库新招的发货工人粗心大意”，就会犯了一个错误，即过快地把原因归咎到人的主观因素上。

在分析原因的时候，一定要注意避免直接引导到人的因素，因为这样做会妨碍查出真正的问题原因。人们容易把问题归结到某个人，然后就把改善的对策写成

“对员工进行培训教育”，这样往往不能找出问题的根源，而只会找出几个“替罪羊”。

(4)使用实事，而非推论

依然是之前的问题“供应商送货，出现实际发货数量少于承诺发货数量”，正确的询问方式应该是以下这样。

第一个问什么？

原因：成品仓库没有按照出货计划发货。

第二个问什么？

原因：在拣货时，仓库工人没有找到货物。

第三个问什么？

原因：库存数量有误，导致工人找不到货。

第四个问什么？

原因：成品入库重复做账导致账与实物数量不一致。

第五个问什么？

原因：没有成品入库流程，没有培训新员工。

如此提问，就可以避免把矛头指向人，而是指向更加客观的流程制度方面。围绕问题本身，而不是随意地找一个人来“背锅”。

5.4.3　使用目视化看板记录差异

针对送货数量差异的问题，可以使用目视化记录收货差异的看板，见表5-5，将其放置在物流办公室内，或是仓库开展每日例会的场所。目视化看板的优点直观明了，放在公共区域，所有相关人员都可以看到。看板的信息由仓库收货人员来填写，相关的物料采购员看到差异信息后，需要当天在板上回复差异的具体情况。看板是一种信息双向交流沟通的工具，简单易用；对其成功运用的关键是要责任人及时了解供应商送货差异情况，给出反馈，关闭问题。在这份收货差异看板上，可以包含以下这些关键信息。

表 5-5　收货差异目视化看板关键信息

关键信息	备　注
物料采购员	责任落实到人，每一个供应商，每一件物料都有对应的采购员可以一一对应，不会存在责任的死角
差异信息	(1)许诺数量与订单数量差异； (2)实际接收与送货单据差异，比如送货单上写的是 A 产品，实际收到的是 B 产品； (3)包装标签的错误导致的差异
相关信息	包括供应商名称、零件号、包装数量、用在工厂里的哪条生产线，产品是供给哪家客户的等内容
原因分析	(1)商务。最常见的是付款问题，或是供应商要求涨价，但是采购方没有谈妥，供应商就拒绝发货。以及质量问题争议，采购方向供应商索赔，但是对方尚未同意。针对商务类问题，物流收货部门没有权限来处理，需要把情况逐级上报给主管经理。在这方面要做好预警的工作 (2)预测。当客户订单数量突然增加，比如超过了预测数量的 50%，就属于预测方面的原因 (3)供应商产能。如果是短期产能不足，可以说服供应商通过加班来解决；如果是长期问题，需要及时寻找其他替代资源或候选供应商。此类也属于商务问题，需要寻源采购的帮助
对应措施，行动计划	供应商什么时候可以把差异部分补上，交不了货物的原因是什么，今后如何改善，杜绝差异现象再次发生
负责人，最后期限，关闭日期，签字确认	必须要设定最后期限，否则问题就会一直拖延下去。问题关闭不能由物料采购员自己填写，必须是其上级领导，否则就无法监督。物料主管每天都要检查目视化看板，跟踪问题的进度

5.4.4　供应商送货数量差异的处理流程

供应商送货数量差异需要建立一套流程，其中的核心内容就是要设定预警机制，如图 5-8 所示。

在这个简易的流程中，首先，物料采购员核对到货情况。如有供应商不能按照订单数量交货的情况，需询问未交的原因和补货计划。供应商通常不会主动向客户沟通交货方面的问题，特别是内部流程不够完善的供应商尤为如此。采购员对于经常延迟交货的供应商要格外留意，一旦发现晚交、欠交的情况，要立即核对具体情况，了解对方是否存在原材料、人力资源或是机器模具等方面的问题，酌情向上级汇报。

其次，采购员对差异数量是否会对工厂生产造成影响进行判断，具体的方法已经在上文介绍过，不再重复。缺料不但会影响内部工厂排产，还会波及客户订单交付，以及潜在的销售损失和客户罚款。销售订单损失是根据产成品的售价来计算的，欠交的原材料数量，根据物料清单，就可以推算出会造成多少成品订单无法交付，从而得出销售损失的具体金额。有些客户还会和工厂签订未及时交货的惩罚条款，如果被罚，就会减少工厂的利润。

判断的结果如果没有影响，流程可以结束。如果有上述影响，根据缺料严重程度，采购员报警给物料主管、采购人员和供应链经理，甚至是上报给总经理。

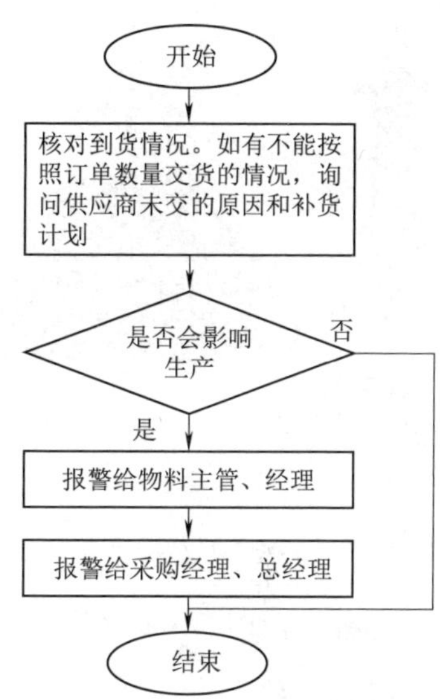

图 5-8 供应商送货数量差异的处理流程

为了更好地预警缺料会给工厂造成的损失，需要制定出一个预警机制。

5.4.5 供应链预警流程

供应链预警流程是通过系统性的流程，来警示风险，分析供应链中断的严重程度，采取行动，缓解风险损失。此流程的目的是，通过供应链预警模板，定义当有客户产线停产风险或已经发生停产时，生产线、工厂、相关部门和公司高层之间的沟通方式。

1. 定义预警级别

流程的负责人是制造商工厂的供应链经理或是总监。当他探测到供应链风险时，发布预警，并决定警报的级别。在发布最高级别预警之前，需要得到工厂总经理的批准，因为一旦发出以后，它会被汇报给首席运营官，所以要慎重确认风险的严重性。

根据客户供应链中断风险的严重程度，可以将供应链预警分为三个级别，如图 5-9 所示。

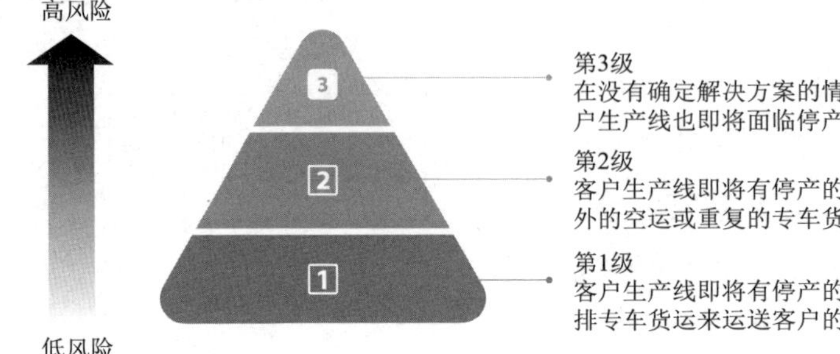

图 5-9　供应链预警级别

第一级：风险程度最低。虽然客户生产线即将有停产的风险，但是已确定了解决方案。此时，由于普通的运输不能保障持续供应，所以需要安排专车来运送客户的产品零部件。

第二级：风险程度中等。虽然客户生产线即将有停产的风险，但是已确定了解决方案。此时，由于供应风险更高，需要时效性最强的运输方式，即空运来消除客户产线停产的风险。除此以外，工厂每隔一段时间做出的产品，都需要立即运输给客户，所以会连续使用专车运输的方式保障供应。虽然风险较高，但总体还处于可控的状态。

第三级：最高级别的风险。工厂还没有找到保障客户供应的解决方案，意味着客户生产线随时面临着停线的风险，甚至是已经发生过停线。即便持续使用空运来运输货物，也很难保证客户不会停产。在极端情况下，会选用空运包机和手提行李的方式来运输产品。

2. 具体实施的方法

当客户生产线即将出现停产的风险时，工厂供应链经理立即根据预警模板发出警报，并根据警报级别和问题来源发送给接收方。

问题的来源分为三类：

(1)内部工厂，包括内部产能无法满足客户需求，机器设备故障，产品质量缺陷，人力资源不足，无法预测的需求，内部流程失调等；

(2)外部供应商，包括供应商产能问题，采购协议问题，供应商的产品质量缺陷，设备故障或损坏，人力资源不足，供应商的欺诈行为等；

(3)其他外部来源，包括交通运输延迟，气候自然灾害，政治危机动荡等。

工厂必须开启事故分析流程，并严格按照流程和时限进行处理。如，快速反应必须在 24 小时之内完成。当预警发出后，供应链经理必须每天向警报的接收方汇报进展情况，直至警报解除。如果客户的产线供应得到了保障，交付情况恢复到正常后，警报即可关闭。对于第三级的警报，除了问题彻底得到解决以外，工厂还需要制作一份此次事故的经验总结报告，作为对整个事件的复盘。这份经验总结在得到上级主管批准以后，将会被收录在质量系统的数据库中，作为整个集团公司的参考资料，此时才可以关闭第三级别的警报。

3. 预警模板和案例

下文通过一个真实案例来深入了解预警模板的使用方法，首先是基本信息，如图 5-10 所示。

供应链预警			
工厂：	无锡	日期：	2021年3月19日
客户名称：	ABC	负责人：	工厂供应链经理
问题来源：	外部供应商		

风险评估		
级别 3	在没有确定解决方案的情况下，即便使用重复的航空货运，客户生产线也即将面临停产的风险，或客户产线已经受到影响。	☐
级别 2	客户生产线即将有停产的风险，已确定了解决方案，但需要额外的空运或重复的专车货运来运送客户的产品。	☒
级别 1	客户生产线即将有停产的风险，已确定了解决方案，但需要安排专车货运来运送客户的产品。	☐

预警汇报级别	
级别 3	级别2+ 集团事业部负责人+该地区运营总负责人
级别 2	级别1+ 产品事业部负责人+该地区供应链总负责人
级别 1	工厂团队

图 5-10　供应链预警基本信息

这是第二级别的预警。一家无锡的工厂，由于外部供应商的交付问题，导致影响客户 ABC 的生产供应。为了详细地描述具体的问题，需要使用 5W2H 方法。

(1)What happened? 发生了什么事情?

外部供应商未能在3月19日把原材料管子送到工厂。这是对发生的事件描述,但它如何影响客户交付,还需要进一步分析。

(2)Why is it a problem? 为什么是个问题?

由于缺少管子,工厂不能生产传动连杆。因为缺料,导致无锡工厂的生产受到影响,两者之间有直接的因果关系。

(3)When detected? 什么时候发现的问题?

2021年3月19日。

(4)Who detected? 谁发现的问题?

物料采购员老杨。

(5)Where detected? 在哪里发现的问题?

无锡工厂。

(6)How detected? 如何发现的问题?

供应商的回复。

(7)How many parts are concerned? 会影响多少产品?

4 000套。

除了5W2H,还需要更详细的问题描述,此次事故的情况如下:

供应商因为生产管子的原材料不足,所以在3月19日这周不能交付任何的管子,导致无锡工厂会在下周停产。等到管子在3月26日恢复供应以后,才能生产客户的传动连杆订单。由于错过了客户ABC正常的上门提货时间,为了保障客户产线不会停线,无锡工厂可能要连续4周安排专车运输,预计要支付4万元的专车运输费用。根据风险级别划分规则,此次事件被定义为第二级的预警。

在描述完了问题后,工厂需要执行快速反应计划,同时寻求来自采购部和公司高层的帮助。快速反应行动从两方面着手,首先,要求供应商迅速从其他的渠道获取制造管子的金属原料;其次,请求负责管理该供应商的采购寻源同事支持,一起推动供应商尽快解决原料短缺的问题。工厂需要给出供应商一个明确的到货数量和日期要求,如在3月26日之前,必须到货4 000件管子,这是工厂的底线。随后每周供应商都要到货2 000件，这样才能保障后续的生产供货计划。

危机处理小组的人员组成包括供应链经理、采购经理、工厂生产经理和总经理。需要把具体负责人的名字写在模板上，责任落实到人，同时还要列出可以提供支持的人员信息。

无锡工厂还要和客户ABC公司进行沟通，解释即将发生的交货延迟情况，并汇报后续的交货恢复计划，让客户在第一时间了解潜在的风险。由于沟通很及时，客户可以立即在内部调整生产计划，把因为缺少传动连杆而造成的停线损失降到最低。作为一个有责任心的供应商，无锡工厂始终把保护客户的生产供应作为最高优先级的任务，面对潜在的供应风险，及时采取行动，将风险损失控制在最小范围之内。

预警流程就是把有可能造成客户停产的情况，根据不同的危机级别，传递给公司内部的相关部门负责人。这个机制的作用，一方面是向各个部门负责人预警可能出现的危机；另一方面也是向高层领导寻求帮助。

5.5 供应链最佳实践：物流协议

入库收货看似简单，却能反映出一个企业管理上的很多缺陷，或者说，收货是很多企业供应链管理缺陷的一个集中爆发点。收货方经常会碰到的问题有以下几种情况。

(1)原料供应商频繁更换快递或物流，很多物流司机打几个电话都找不到仓库或收货的地方，仓库人员每天耗费大把时间在接问路电话上。

(2)送货物流公司不按收货方规定操作，送货人员素质参差不齐。有人不通知仓库人员，把货扔在月台一走了之；有人不在指定地点卸货；有人搞错送货时间或单据；还有包装破损、少货、条码不一致……这些问题会耗费仓库大量人力和时间。

(3)送货品种多、数量少，送货人员不熟悉商品，也不愿意帮忙卸货、分货。有关人工费用问题，一直在原料供应商、物流送货人员和收货仓库之间推诿。

(4)回单问题,临时物流公司不按规定送货、验收点数、签章等,原料供应商拿不到回单或回单丢失的,经常打电话到仓库要求补单,影响了仓库人员的工作效率。

采购、仓库、供应商需要联合行动,但由于产品种类多、供应商数量多、第三方人员流动性大等特点,看似简单的工作,想要做好确实很费工夫,更何况仓库在公司内部一般都处于弱势地位。

作为第三方的物流公司也有一肚子苦水,它们在送货过程中会碰到以下问题:

(1)收货方制造商和送货方供应商之间的沟通缺失造成的问题大部分是物流公司来“背锅”;

(2)如果制造商的收货窗口是白天,就意味着所有车辆都只能在白天执行送货,车辆资源被集中占用;

(3)收货还需要经过长时间的检验流程,而这个流程没有标准和连续性。

关于送货收货的事情,真是公说公有理,婆说婆有理,大家都有抱怨,认为合作方影响了自己的工作效率,却找不出一个整体解决方案。因此,三方都迫切需要制定一个流程,规范在送货收货中的所有环节,提高整体工作效率。

采购部需要和供应商签订一个订货合同或协议,那么物流部也需要和原料供应商、第三方物流公司订立一个物流协议。

物流协议是使用标准化的语言,规范客户与原料供应商之间,关于订单交付的物流规则。物流协议是标准化而不是定制化的,所有的供应商使用的都是同样的格式和内容。这份协议的范围仅限于物流条款,不涉及产品质量和商务方面的内容,比如产品报价、付款账期等均不在物流协议范围内。物流协议里的具体内容包括五个部分:信息流、供应链敏捷性、相关责任、实物流和其他具体信息。

5.5.1　信息流

信息流是指从供应商到客户,以及从客户到供应商的信息流动。也就是说,它在供应链中是双向流动的。在客户和供应商之间流动的信息类型包括采购订单、交货状态、发票箱单、客户投诉等。

在物流协议的信息流中包括以下内容。

1. 预测

一般情况下，预测周期覆盖的时间跨度，客户应该提供至少 12 个月，甚至是 18 个月或者 24 个月的预测。预测的时间跨度越长越好。每隔多长时间发一次预测，发送方式是通过电子表格邮件发送还是 Web EDI，都需要在物流协议里注明。

2. 订单

此部分的信息包括已确认的实际订单的类型，比如有一次性购买的订单，不限定订货总数量的开口订单；最小起订量，比如 1 000 件；订单周期是每周一次还是每天一次；发送时间和方式，是通过传真机、电子邮件还是 Web EDI 等。这些信息都需要在协议里明确。

3. 电子文档

比如前文中提到过的 Advance Shipping Notice。此部分的信息包括提货地点、收货地点、联系人姓名、电话、第三方物流公司信息等。

4. 箱单发票

此部分的信息包括箱单发票的格式和标准模板，必须要填写的信息，比如订单号、产品编号和数量等。

5. 库存最小和最大数量

如果客户有做供应链寄售库存模式（VMI/Consignment），还需要设定库存的最小和最大值。关于寄售库存具体内容，会在后续章详细介绍。

5.5.2　供应链敏捷性

企业在生产过程中，经常会因为客户需求波动，需要对生产计划进行调整。此时就要考验原料供应商的敏捷性。根据 SCOR 供应链运营参考模型的定义，把敏捷性定义为三个不同维度的指标，分别是以下内容。

（1）向上灵活性：需要多少天，可以达到产能增加 20%。

（2）向上适应性：在 30 天内，产能可以达到的最大量。

（3）向下适应性：在 30 天内，订单降低多少不会受到影响。比如订单降低太多，供应商会有很多抱怨，或者是把产能转给别的客户。

了解供应商供货敏捷性,客户可以及早了解对方的实力,对供货能力有一个评估。

5.5.3 相关责任

在任何一份协议中,都需要说明双方的责任义务,用来规范彼此行为。在物流协议里,最容易引起争议的问题可能就是库存处置和物流延迟,因此需要事先与供应商达成一致。

1. 安全库存

根据最近预测,要了解供应商的最小安全库存天数,这主要用于预防下游客户订单突然猛增的情况。供应商有安全库存,可以满足紧急订单的需求,起到缓冲的作用。

2. 产品生命周期

每一款产品都会有一个生命周期,从其开发,推向市场,成熟,最后被新产品替换迭代的过程就是一个生命周期。新产品上市,老产品就要被淘汰。老产品库存如何处理是一个现实问题,双方需要提前有一个都可以接受的协议,省得以后产生纠纷。

(1)客户不补偿由供应商管理问题造成的任何超出库存。比如,双方约定只会备一个月的安全库存,但是供应商一个生产批次做出了三个月的库存。额外多出的两个月库存,客户就不会补偿。

(2)客户承担由产品生命终结造成的合理库存部分,比如一个月库存就是合理的。

(3)客户吸收的合理库存,依据是最近的发货计划安排。供应商不能使用一年前的计划来谈补偿,必须以最近的预测为依据。只有最近的计划,才是最有效的。

3. 物流事故罚金

相关责任中还包括物流事故罚金。

物流事故罚金,不包括其他直接损失(由于原料短缺造成的生产线停线损失)或浪费,比如有这几种:

（1）发货不符的费用，把 A 产品错发成 B 产品，引起的相关补货费用；

（2）发货短缺不足，引起的补货费用；

（3）加急运输的费用，由于供应商之前的错误，造成了客户支付额外的加急运输费用。

5.5.4　实物流

实物流指的是有形的货物，根据既定的安排，从供应链上游向下游流动的过程。在物流协议中主要包含仓库和运输的活动，主要有以下五个方面。

1. 送货方式

根据不同的贸易条款，明确是上门提货还是送货上门。

2. 装载方式

包括是否可堆垛，纸箱可以放几层；托盘上面是否可以堆叠其他的货物；门到门在途时间，需要多少天的运输时间，在途天数需要经常跟踪和回顾等方面。

3. 交货频率

每隔多少时间送一次货。

4. 提货可等待时间

也叫做容忍时间，比如客户上门物流提货，在某个供应商仓库，客户的卡车停留的时间是有限的。超过这个时间，卡车就要离开，前往下一个供应商处提货。这段停留的时间，就是可等待时间或容忍时间。

5. 包装和标签标准

包括可循环塑料箱颜色尺寸、纸箱尺寸、托盘尺寸、重量标准、标签标准和包装信息等。

5.5.5　其他具体信息

物流协议中除了包括以上四大方面的内容外，还应包括以下其他一些具体的信息。

1. 基本信息

包括提货、收货地点、联系人姓名电话。

2. 第三方物流公司信息

第三方物流公司的大客户经理、每个站点的操作负责人姓名电话等。

3. 可循环包装

包括是否使用循环包装;在交货过程中,还会讨论具体需要维持循环的包装箱数量,以及保管、运输包装容器的具体细则。

物流协议可以最大程度地规范统一收货方原料供应商、第三方物流和收货方客户之间的订单交付和物流运输事宜。虽然在实际操作中,各方之间还会遇到一些计划外的情况,但是通过引进物流协议,"把丑话说在前面",可以规避大部分的潜在争议点,为提高整体物流运作效率奠定基础。

知识总结

入库收货事情虽小,但意义重大。它关系到供应链上下游之间原材料、零部件之间的所有权转移,也涉及贸易伙伴之间的财务结算,更是保障供应连续性的基础,丝毫马虎不得。

本章从很多细节着手,放大了收货活动中的每个环节。从库存控制、供应链渎职风险和供应双方的多个角度来看待收货工作。传统的手工收货模式效率低下,影响着第三方物流和收货方的效率,因此要借助数字化工具来实现升级。Web EDI 和条形码扫描无疑是一个理想的解决方案,目前在技术层面已经非常成熟,值得大范围推广。

对于送货异常情况,需要使用系统性的方法,找出造成差异的根源,然后采取改善行动,力争从源头上消除问题隐患,拒绝重复性的问题不断发生。

物流协议是规范送货、收货各方之间责任的一项最佳实践,"从开始就把事情做对",这也是需要重点强调的管理原则。在项目开启之前,各方需要积极配合,讨论并完善合作过程中可能会存在的流程盲点。

06 第 6 章 仓库管理

现代供应链管理中的仓库，早已不仅是物资堆放的场所，一些电商企业已经把配送仓库改造成了订单履约中心。仓库作业方式也不再是肩扛手提，许多的物流前沿科技都应用在了仓库运营上，如高层立体货架、自动导引车，还有仓库管理系统等。每年在国内的创新物流技术展会上，都涌现出大量自动化的搬运设备，并且快速迭代。

因此，我们需要刷新对于仓库管理的传统认知，重新从端到端供应链的视角来审视它。

6.1 仓库的目标、基本活动和增值功能

仓库管理的最基本活动包括收货、存储和发货三个方面。随着供应链在企业中的作用越来越凸显，仓库正在扮演着愈发重要的角色。

6.1.1 仓库在供应链管理中的目标

1. 快速满足客户订单需求

消费者对于商品的配送时效要求越来越高，尤其是在新冠肺炎疫情期间，电子商务在零售企业中的销售占比越来越高。为了快速响应网购订单，企业需要精准地做好需求预测和市场分析，同时还要不断优化仓库选址、库存水平以及配送时效。

2. 最小化运营费用和库存

在需求快速变化的时代里，高效地搬运货物是仓库重要的服务指标，卸货、上架、拣货、包装、装货和出货，各个环节都需要不断优化，以实现运营费用的持续改善。库存水平也需要在保证及时交付的前提下不断降低。这个目标与供应链目标不谋而合，即提高有效产出（货物从入库到出库的速度）的同时，减少库存和运营费用。

3. 仓库运营管理的持续改善

这里的改善的概念起源于日本改善之父今井正明在《改善——日本企业成功的关键》一书中提出的"改善意味着持续改进工作流程。它涉及企业中的每一个人、每一环节的连续不断改进，从最高的管理部门到管理人员一直到一线员工都有实践改善。"仓库管理中的每一个环节都存在改善空间，可以用 PDCA 管理的方法实现以最少的浪费来创造更多的价值。

6.1.2 仓库的基本活动

仓库的工作是通过连续性地卸货、存储、拣货、包装和装货，甚至还包括一些简

易的加工环节，它的基本功能主要有以下几点。

1. 收货

它包括接收货物、核对清单、清点数量、检验质量，并识别出该批次原料和零部件应该存放的位置，完成收货报告。

2. 再包装

供应商在运输原材料和产品时，为了节省运输成本，会使用最经济的大包装。仓库在收货后，或是为了便于上线生产，或是更改为小包装用于零售，都需要进行再包装。

3. 存放

它指把原材料和零部件从收货处运输到仓库内部存储区域，放置在事先定义好的存放库位上，并做好相应的记录。

4. 保管

货物在仓库临时存储时，需要根据货物的保管要求，如温度、湿度控制，进行妥善保管。原材料领用时，要根据先进先出的原则发料。

5. 订单拣货

根据客户出货计划清单，同样根据先进先出的原则，在成品仓库里拣货，然后在包装区域里，根据客户特定要求进行打托包装，最后把已包装货物放置在待出货区域，并制作出货文档。

6. 理货搬运

当拣货完成后，会有库位被释放出来，为了提高存储空间利用率，便于拣货，就需要整理货物，使仓库更加整齐干净，易于操作和管理，从而提高运营效率，降低成本。

7. 发货

它执行所有的出货任务，包括产品发运客户、在制品委外加工、不合格原材料退运、可循环周转箱发送等，其中还会涉及包装、刷唛头贴标签、货物称重和装载货物等工作。

6.1.3　仓库的增值功能

仓库的增值功能主要包括以下几种类型活动。

1. 货物整合

当仓库从多个供应商处收到货物时，可以通过整合，凑满一辆整车运输至批发、零售商客户，以此来降低成本。由于整理货物有拣货和简易的再包装等活动，需要对仓库员工进行相关培训，还需要在仓库里划出一块区域，专门用于理货。

2. 交叉转运

在交叉转运模式下，货物由送货车辆运输至配送中心，然后不进行仓库存储的操作，而是把货物直接放置在即将进行配送的车辆之中，如图 6-1 所示。它的优点是，提高运转效率，减少存储成本和操作费用。

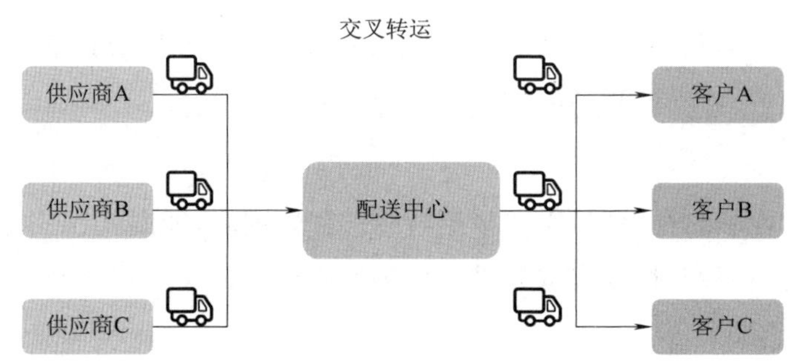

图 6-1　交叉转运模式

3. 延迟策略

使用延迟策略，企业将产品的生产过程分为通用化阶段与差异化阶段。企业先生产通用化的部件，把产品差异化的生产环节尽量向后推迟。等到客户对产品的外观或功能提出要求后，才完成产品的差异化制造。以通用类药品为例，药厂可能先进行生产，针对不同的销售国家，最后实施差异化包装，并贴上标签。

延迟化策略可以帮助企业减缓需求的不确定性，并排列出需求的优先级。如果把仓库作为实施延迟操作的场所，就需要对员工进行额外的培训，运营费用也会随之增加，不过会被增值活动带来的收益所抵消。除了更换包装，有些仓库还具备简单的生产加工能力。一般来说，执行相同的制造活动，在工厂的生产费用会比仓库更低，但有些企业考虑到仓库的综合作用和延迟策略，会转移部分的生产过程到仓库。

6.2　仓库管理的前期规划

在仓库管理中，前期规划和运营管理都不可或缺，它们相辅相成，使得仓库管理体系更加完善，成为一个完整的闭环系统。接下来，让我们先从仓库规划开始探讨。

6.2.1　仓库面积的规划

如果仓库没有规划好需要的使用面积，就会陷入一片混乱，可能发生以下情况：

(1)存储区域过于狭小，没有足够的面积来存放原材料；

(2)没有设计使用货架，导致货物都是以托盘为单位堆放在地面上，因托盘的上方不能再堆叠其他的货物，使得空间利用率很低；

(3)由于货物堆放得非常凌乱，有可能把消防器具前的通道堵住，一旦发生火灾，后果不堪设想。

显然，缺乏规划的仓库会让运营效率低下，找不到料、发不出货、对不上账，是仓库管理失控的典型情况。在仓库开始投入运营之前，就必须把需要的库位数量和面积都计算清楚。

1. 工厂的仓库库位

按照物料属性和功能划分，制造业工厂的库位主要有原材料仓库、生产区域在制品仓库和成品仓库，三者之间需要物理性地隔开。除此以外，还有一些特殊的库位。

(1)项目材料

这些库位用于存放新品项目开发阶段需要使用到的物料。此类物料的特点是种类多、数量少。公司里可能同时有多个新项目同时进行，新项目越多，试制需要的物料种类也就越多。如果是专用材料，由产品项目部管理；而通用材料管理方式同原材料。由于项目部缺少专业的仓储管理人员，一般由项目组成员兼职管理物料，如果这些员工对于仓库管理的流程不熟悉，物料使用没有及时过账，可能会导致库存差异。

(2)模具

模具是工业生产上用以注塑、挤出、冲压和压铸等工艺方法生产产品的各种模子和配套工具。一般来说,一套模具只能生产某种特定规格的产品,有些客户有定制模具,只能用于该客户的订单生产,不能挪用给其他客户使用。

随着企业产品开发数量增加,模具数量也会相应上升,需要建立仓库来存放大量模具。有些工厂使用立体货架来弥补仓库面积不足的缺陷,再配以信息系统来提升模具仓库管理的效率。

(3)报废物品

存在质量缺陷的原材料、零部件、在制品和成品不可以被继续使用或销售,需要被集中隔离在特定的区域里,等待最终处理。产品中的贵重金属还需要在报废之前进行回收。为了防止次品流入三、四级市场,损害品牌商的利益与声誉,必须在彻底破坏产品功能后,才能交给回收废弃物料的公司处理。

(4)客户退货物品

库位还必须有存放客户退货品的区域。退货的主要原因是质量缺陷,包括产品质量不合格、外包装破损,错误出货的产品等。但客户退回的货物未必都存在质量问题,有些仅是外包装损坏,因此需要尽快处理退货产品,检验产品的性能。如果产品质量合格,在重新包装以后还可以用于二次销售,为企业挽回损失。

(5)包装材料、中转容器

包装材料和容器的种类繁多,用途广泛。

原材料:可循环周装箱,以及容器内部的填充材料。

在制品:产品沿着工艺路线图,在车间各个工序之间流转,如果是离散型制造,在流转过程中就需要使用容器来保护产品。

成品:如果客户有规定的包装材料式样,就如同定制模具一样,不可与其他成品混用。如果工厂有 1 000 种定制包装产品,就需要采购 1 000 种包装材料,其中的内部填充物可以通用,但是外包装会印刷上客户的品牌信息,绝不可混用。大量的包装材料需要有充足的储存空间,而且纸质包装箱要放置于防雨防潮的环境下,这给库存管理带来了很大的复杂度,因此工厂一般都是选用附近的包装供应商,可以实现同日达或是次日达，以减轻仓库管理的负担。

仓库是存放原材料、在制品、成品和上述特殊物品的场所，不是堆放杂物的地方。如果其他部门需要存储空间，应当另外划定区域，不可以把物料混放在一起。

2. 仓库面积计算

仓库面积的规划要提前预见未来三年至五年的使用需求。不管是自建还是租赁仓库，都需要一定时间筹划，建造或是找到合适的仓储物流供应商。如果公司发现仓库面积不够用，没给自己留下多少缓冲余地，匆忙之间要增加存储空间，就无法用最经济的方式来增加仓库能力。

物料存放有两种方式，第一种是固定存放，每一种物料都有固定的放置地点，即使货物已经被转移，空出来的库位也不会被其他物料占用，此种放置方式下，仓库面积的计算方法要考虑所有库存货物最大值时所需要的存储面积，但在实际运营过程中，企业不可能长期持有大量的库存，因此这种方式使得仓库使用率较低，并不是很经济。第二种是随机存放，物料没有固定位置，所需要的货位是库存最大和最小的平均值。由于库存水平是持续波动的，一直有物料被消耗，也不断有新到货的物料，因此在总量上会保持动态平衡。随机存放位置显得更为合理，所需要的存储空间也较固定存放方式更少。在计算仓库面积时，根据库存平均水平进行计算。如果企业的销售波动较大，经常会参加各类促销活动，需要在销售旺季储备大量库存，仓库的面积应该设为在库存平均水平和最大值之间。

具体如何计算仓库所需要的面积呢？可以根据历史销售数据和未来的销售增长计划，包装基础数据（如纸箱、托盘的尺寸重量），供应商送货频率，客户发货频率，设定库位的平均值和安全库存数量等数据，来大致计算出需要的仓库面积。其中还要包含通道的面积，确保叉车有足够的作业空间。

(1)收货、发货区域面积的计算

可以使用以下的经验法则及公式，来计算车辆收发货时可能需要的空间。

例题：如果工厂每天接收10辆整车配送的原材料，每车20个托盘，托盘尺寸长宽高均为1米，每车卸货需要30分钟，每车清点需要30分钟，合计为1小时，工厂收货实行8小时轮班制。

公式为：

$$面积=\left\lceil\frac{送货车辆次数\times(卸货时间+清点时间)}{每班工作时间}\right\rceil\times托盘数量\times托盘面积$$

则：

$$面积=\left\lceil\frac{10\times(0.5+0.5)}{8}\right\rceil\times20\times(1\times1)=40(平方米)$$

（注：符号⌈⌉为向上取整）

除了收货区域空间之外，还需要考虑在托盘周围增加作业和行走空间。这个空间取决于用于装卸车辆的叉车或物料搬运设备的类型。根据托盘的类型，可能会使发货区域所需空间增加一倍以上。

发货区域面积计算方式同收货区域面积计算方式，不再重复举例。

预装车的能力将减少发货区所需的空间，前提条件是有足够的门和堆场空间来容纳卡车。使用双层托盘可以减少所需空间，但需要载重量更大的叉车。另外，仓库可能需要一个交叉转运区域，这类货物已经到了仓库，但是不需要入库堆放，等待其他要分发给客户的货物到齐以后，可以直接装车运走，但有时候可能需要等待数日或是更长时间。在这种情况下，为了尽量减少产品的损坏，需要使用贯通式货架，减少不必要的重复搬运。

(2)库内储存面积的计算

计算所需的库内存储空间和货架数量取决于很多因素。需要对每个物料进行评估，并制作表格，记录不同的物料属性，并进行统计归类。在计算出每种物料存储量，并将其转换为托盘数量后，就能计算出需要存储的托盘总数。得出计算结果后，需要制作成图表，详细说明所需的托盘位置数量和每个位置的高度要求。假设公司有三种物料，平均库存对应的纸箱数量分别是 2 160、9 600 和 12 000 箱，所需要的托盘数量见表 6-1。

表 6-1　存储托盘总数计算表

物料编号	纸箱数量（箱）	纸箱长宽高（厘米）	纸箱重量（千克）	每托盘纸箱数量（个）	每层纸箱数量（个）	纸箱堆叠层数（层）	整托重量（千克，含托盘）	托盘面积（平方米）	托盘高度（米，含托盘）	托盘数量（个）
A123	2 160	50×40×40	20	18	6	3	380	1.2	1.35	120
B456	9 600	20×25×30	4	96	24	4	404	1.2	1.35	100
C789	12 000	20×40×20	6	48	12	4	308	0.96	0.95	250

根据表 6-1 中的统计，三种物料总共需要 470 个托盘的库位。考虑到销售旺季对货物储备的额外季节性库存，可以乘以 1.2 的安全系数，那么需要的总库位数量是 564。

①储存面积。

放置 A123 和 B456 的两种物料托盘面积都是 1.2 平方米，而 C789 的托盘面积是 0.96 平方米，根据随机存放位置的规则，取所有物料托盘尺寸最大值，即所有托盘库位都需要 1.2 平方米。

所需的储存面积＝564×1.2＝676.8(平方米)

②所有库存搬运面积。

除了储存面积，物料还需要其他的空间，如库位周围供操作区域、仓库过道、物料搬运设备充电和保管区域、拣货、理货和整理区域等。根据经验，所有区域的总面积是货物储存面积的 3 倍，当然根据存放货物的特性，比例会有增减。

所需的搬运面积总和＝676.8×3＝2 030.4(平方米)

(3)多层货架的搬运面积

如果仓库使用了多层货架，就能够增加空间利用率，所需的搬运面积就会相应减少。例如，仓库使用了 4 层货架，由于每托盘货物重量都在 308 千克至 404 千克，可以随机放置在货架上。则，

多层货架所需的搬运面积总和＝2 030.4÷4＝507.6(平方米)

以上的案例是基于经验，并非计算仓库面积精确的答案。在现实情况下，由于产品的重量、易碎性等性质，不同产品的托盘高度可能不同。有些产品由于数量太少，只需要用周转箱存储。货物可以使用堆放、托盘架、自动存储、货架或是混合方式存放。仓库管理软件可以计算出具体操作所需的空间数量，并提供改善意见。在没有复杂软件支持的情况下，使用一些经验法则的计算方法，可以协助使用者确定所需的空间量，以及在特定区域内可以存储的托盘数量。

3. 仓库内部布局

仓库布局需要考虑的因素较多，以下列举几项最重要的内容，如图 6-2 所示，是仓库的布局示意图。

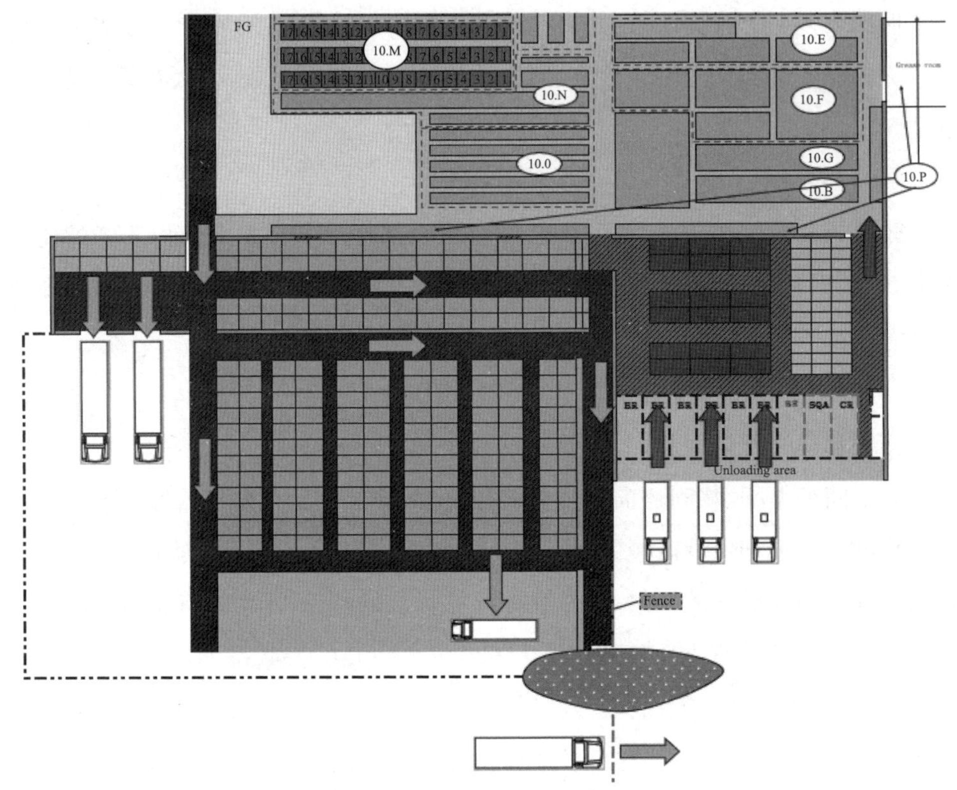

图 6-2　仓库布局示意图

(1)流动方向

物料的流动要设计成单一的物流方向。仓库内商品的入库、检验清点、入库存放、领用、产品入库、拣货和出库,都按照单一物流方向进行设计,应尽量减少迂回运输和交叉运输。

(2)原料仓库

原料仓库的设计要靠近生产线,便于给生产线进行供料。同时也要将模具换型后,暂时不会使用到的原料退回原料仓库,保持生产线边的整洁。

(3)在制品仓库

生产线边的在制品库存:对于生产工艺过程类似,且生产需求比较稳定的产品,可以考虑建立拉动式的线边超市进行补货。

(4)成品仓库的设计

可以根据销售金额占比,把成品设定为A、B、C三类,A类物品金额占比最高,B类物品次之,C类物品最低。把A类成品放置于最容易进行拣货、理货和搬运的区域。C类可以放置在货架最高层,或是拣货路径较远的库位,B类介于A类与C类两者之间。

6.2.2 仓库管理系统WMS

仓库管理系统(Warehouse Management System,简称WMS,下文统用简称)是帮助管理和智能化地执行仓库或配送中心业务的软件应用。早期WMS就是一个单独的仓库管理软件,把传统的纸质记账功能实现了电子化。如今的WMS发展得很强大,提供的功能包括收货、入库、库存定位、库存管理、循环盘点、任务交错作业、订单分配拣选、补货、包装、运输、人力资源管理和自动化物料搬运设备接口等。这些系统利用移动设备、条形码和RFID,形成了WMS的数据传输基础,提供了准确的实时数据,同时提高了仓库以及供应链管理的效率。

1. WMS的十项关键功能

WMS的输入是ERP和订单管理系统。根据系统运行的结果,WMS来执行仓库每天的日常操作,比如交叉转运和货物搬运等。WMS根据系统运算的规则和预先设定的各种参数,来执行每天的仓库管理任务。在一套WMS系统中,主要需要实现三项仓库基本操作,即拣货、补货和存储。在满足了这些基本操作以后,有些WMS还可以拓展到运输、人员和订单管理。WMS在执行任务时,需要追踪和分析各种数据,包括货物品项、数量、储存位置、尺寸和订单信息等。如今,WMS功能逐渐强大,除去以上三项基本操作以外,还可以具备更多功能,总结下来有以下10项。

(1)自动收货功能

仓库自动识别的收货系统,全程无需人工干预操作。供应商在完成出货以后,会在系统中发送一份ASN。当货物抵达客户仓库后,使用扫描枪、RFID等识别技术自动获取货物信息。在完成实物收货后,所有入库数据自动在ERP系统中同步更新。

(2)库位管理功能

根据货物存储的算法逻辑，WMS计算出最佳的存储货架。在这个过程中，需要考虑货物的种类、尺寸、重量和出入库频次等多个参数。

(3)交叉转运功能

即货物在配送中心的收货口和发货口之间做不停顿地转运。另外一种情况是，不同的原材料供应商货物，分别运输至配送中心后进行拆包，然后根据不同的目的地重新打托盘，最后运输至不同的制造商仓库。

(4)库存控制功能

WMS通过执行循环盘点来检验库存的准确性。WMS如果与需求信息相连，还可以深度分析库存的天数，根据交货前置期来判断什么时候可能会缺货，哪些库存水平过高，实现库存控制的目的。

(5)质量控制功能

WMS可以追踪货物的批次，一旦发现存在质量问题，可以迅速采取行动，通知各相关方可疑货物的状态和数量，并自动在系统中标记出货物状态，控制货物的质量，防止不良品流向下一个流通环节。

(6)订单管理功能

WMS具有订单选择和任务管理的功能，根据预先设定好的分配规则，系统生成拣货计划，并显示出订单的完成状态。

(7)自动补货功能

面对电商百万级别的SKU数量，人工补货的模式是不可行的，只有通过系统自动创建订单，向上游的供货商发出需求拉动指令，进行补货操作。

(8)自动出货功能

它是与自动收货类似的操作，企业向客户完成出货以后，自动发送ASN来表示出货任务已经完成；客户可以根据系统提示的时间安排收货工作，相关的货物资料也会自动传输给接收方。

(9)计费管理功能

WMS可以帮助使用者来计算仓库管理活动中实际发生的各项费用，并由系统自动生成详细的报告，作为费用核对和物流成本分析的基础数据。

(10)退货管理功能

管理各种逆向物流引起的退运活动，包括售后返修、货物退运和包装物循环使用等。退货可能是从客户端退给制造企业，也有可能是从制造企业退给原材料供应商。

随着消费升级，商品竞争日益激烈，为之配套的供应链也变得越来越复杂。供应链和物流管理需要更加灵活、适应性强、性价比高的 WMS，来应对崭新的业务模式。

2. WMS 和 ERP 软件数据对接的方式

相比于 ERP 系统，WMS 运行逻辑相对简单，可以被认为是前者在仓库端的拓展部分，对库存物品进行更精细化的管理。由于 WMS 软件开发门槛较低，市场中有许多软件服务商。

WMS 只有和企业的 ERP 软件实现数据对接，才能大幅提升工作效率，避免重复劳动，提高数据准确性。让我们通过一个案例来了解如果数据没有做好对接，会发生什么样的情况。

一家零售商的仓库使用的 ERP 软件，系统中只能分配到原材料、在制品和成品库位，而无法定义到具体的储存位置。为了实现定义到具体的储存位置功能，仓库使用了一套 WMS 软件，可以做到具体库位分配和定置定位。在拣货时，仓库根据先进先出的原则，自动地在系统中拣货，并打印拣货清单。这套 WMS 的缺点是没有实现和 ERP 库存数据对接，每次在做入库和出库时，都必须在 ERP 和 WMS 系统中重复操作。

以入库为例，数据操作员先在 ERP 中完成手动收货，然后把入库数量输入在 WMS 上传数据模板中，最后把入库数据上传到 WMS 系统，完成入库数据过账。

出库活动也是类似的过程，数据操作员先要在 ERP 中完成手工出库，然后下载出货清单，把出库数量输入在 WMS 中的模板里，最后把出库数据上传到 WMS 系统，完成出库数据过账。两套系统之间的数据同步都需要手工完成，不仅效率低下，而且容易出错，数据还无法及时更新，可能导致系统与实物数量不一致。

如何解决上述问题？企业需要引入中介软件（Middleware），让不同的系统协同合作。ERP 和 WMS 使用不同的服务器和数据库，中介软件作为中间接口，在 ERP 和 WMS 系统之间批量导入和导出数据，具体实现方式如图 6-3 所示。

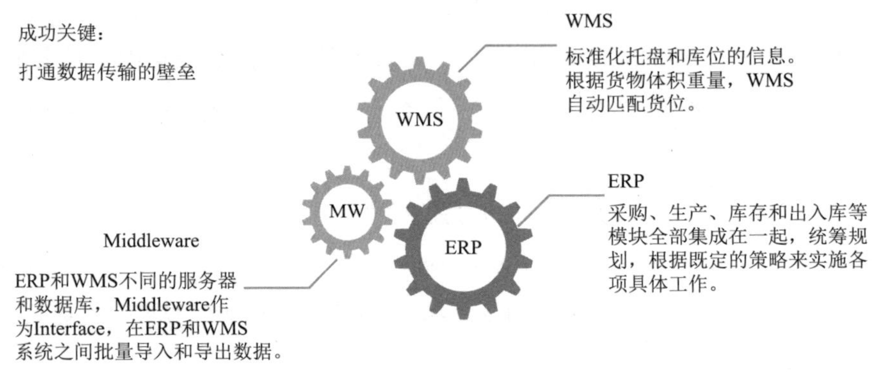

图 6-3　WMS 和 ERP 软件实现数据对接

现在的中介软件都会包含在 WMS 或 ERP 的软件包中，使用接口批量导出和导入数据。如果想要实现 WMS 与 ERP 实时更新，最佳方式是把两套系统集成，这意味着它们要在同一个数据库上运行。选择数据接口还是集成，取决于企业的业务应用场景以及投资预算。

3. 推动实施 WMS 的因素和项目成功的关键

目前，国内 WMS 的市场规模越来越大，许多企业都在考虑上 WMS 项目。那么，它的推动主要因素和成功实施的关键又是什么呢？

（1）推动 WMS 实施的两个关键因素

①制造业仓储的发展。

传统的制造企业通常是离散型制造过程中的一个加工环节，此类企业可能远离客户和供应商，比如汽车制造业生态中存在着大量的二、三级供应商，分布在各个地区，这种布局造成了运输和物流的复杂化。传统企业仍然依靠劳动密集型方式来管理运营，很多时候都是靠手工输入电子表格，然后进行数据的统计和分析，其中就包括运输和库存数据。手工输入信息需要付出人力成本，随着业务规模的扩大和复杂性提高，所付出的人工成本也随之增长，并且还存在输入错误导致高昂损失的风险。WMS 可以提高从收货到拣货的效率，并确保更及时、更准确地运送货物。仓库管理人员可以通过对整个工作流程的深入了解，来识别流程瓶颈，并评估各个操作环节的工作量。一般情况下，企业在成功部署 WMS 之后，仓库作业的效率和准确性都会得到改善，上架和拣选流程则更加简化。

②零售和电商的发展。

另一个推动 WMS 被大规模采用的因素是零售业和电商的发展。传统的零售品牌商是做 to B 业务的，只要把商品交给经销商销售就可以了。但随着电子商务的发展，品牌商都想要跳出传统销售渠道，开拓新的通路，直接把产品销售给终端客户。以往专注于经销商补货的仓库，如今需要直接发货给消费者，这就需要对仓库业务进行重构，才能适应大幅增加的订单数量。在这种背景下，引入 WMS 就变得顺理成章。没有 WMS，就不可能实现电子化，也难以实现货运管理和物流跟踪。许多仓库的运营者由于担心 WMS 项目上线失败，会中断日常业务，因此对于是否要上 WMS 存在诸多顾虑。事实上，经验丰富的 WMS 实施团队会研究每个客户的实际情况，并部署对日常运营影响最小的系统。

(2)WMS 项目成功的八点注意事项

①评估业务需求。

在选择 WMS 之前，企业务必要搞清楚业务的需求和痛点是什么，希望 WMS 能够带来什么样的效率提升。这样才能有的放矢地去寻找匹配业务发展的解决方案。评估业务需求是最关键的一步，就是了解企业想要解决的问题，并将这些要求与 WMS 系统功能匹配。“不选贵的，只选对的。”

②组建一个跨职能团队。

上 WMS 项目需要公司的业务和 IT 团队紧密合作。虽然项目规模不大，最快的几周就能上线，但是不能轻视前期的准备工作。在实施过程中，业务和 IT 团队应共同努力以确保系统的顺利上线。WMS 的选择和实施需要更多人参与进来，包括仓储运输、IT 技术、供应商、客户、销售客服、人力资源等人员，如有需要，还可以聘请第三方的专家。

③系统的可扩展性和接口功能。

在搭建系统平台时，需要考虑到将来业务的发展方向和预计的规模，确保系统可以满足每次扩展的要求。WMS应该具有开放的结构，并且能够用最小的成本，与ERP系统进行数据交互。此外，WMS还必须能够与其他物料搬运设备集成，以提高仓库效率。以SAP为例，SAP的WMS已完全集成到SAP系统中，主要模块的数据交互方式如下：

库存管理接口，通过库存管理在WMS中可以进行收货、发货和过账。

质量管理接口，通过质量管理的界面监视和管理仓库中的检验批次。

生产计划接口，通过接口链接到生产计划，WMS支持对生产供应区域的物料分级和生产中成品的存放。

移动数据输入接口，已被集成在SAP系统之内的射频(Radio Frequency)，通过使用移动射频终端，提供快速、准确的数据通信。

与外部系统的接口，借助仓库控制单元的自动接口，使用者可以在仓库中使用条形码扫描仪，并连接自动上架和自动叉车系统。

④可配置的系统。

选择一个可配置的，能够支持不同业务流程的系统。随着时间的推移和外部环境的变化，企业的业务需求会发生很多变化，比如原本不做即时配送的山姆会员店，受制于众多竞争对手的压力，也推出了1小时到达的配送业务。在这种情况下，就要求WMS必须能够适应不断变化的需求。可配置，而不是大幅更改系统的结构，这是WMS成功的关键。

⑤数据可轻松访问。

使用者可以在WMS轻松查询数据，并且提供灵活的报告和更高级的商业智能(Business Intelligence，简称BI)功能。行业领先的WMS还应该包括移动应用程序，让管理人员在出差途中可以远程登录使用等。

⑥用户友好的系统。

用户友好的系统应该是易于使用，并且一学就会，使得培训活动变得简单的。如果使用界面不友好，操作人员可能无法充分使用系统的全部功能。

⑦考虑实施部署选项。

确定WMS解决方案是本地的，还是用云服务或是多租户SaaS的解决方案，还要使用多种方法进行部署。

⑧评估WMS供应商的能力。

最重要的是选择一个合适的WMS供应商。在上线之前，先了解WMS供应商的强项，在哪些行业领域获得了成功的经验，以及供应商未来的发展计划和愿景。在项目上线以后，供应商需要提供快速响应的客户服务，并保证有足够的资源支持客户的日常运营。

随着用户需求增长和供应商不断创新，使得目前WMS市场发展充满活力。WMS在系统可用性、适应性和对自动化的支持方面正在取得长足的进步。云和SaaS模式由于创新模式和低成本的优势，也越来越受到用户的青睐。

6.2.3　仓库组织结构

1. 制造企业仓库的组织结构

在不同类型的企业里，有着各自的供应链和仓库组织结构。以制造业工厂为例，仓库是供应链管理中的一部分，它的结构如图6-4所示。

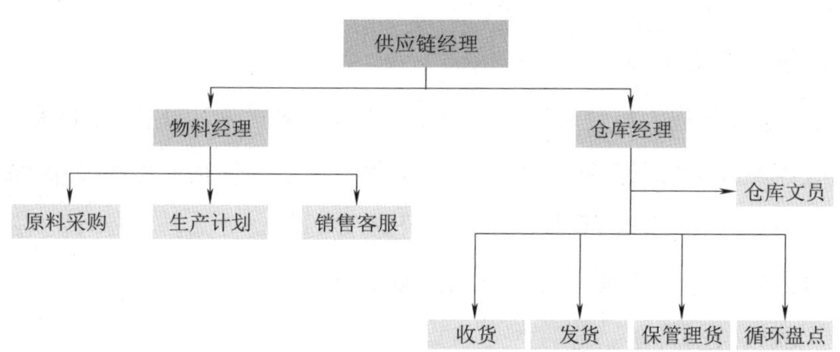

图6-4　某公司供应链组织结构

在这个经典的供应链组织结构中，包含了信息流的物料管理和实物流的仓库管理。物料和仓库的经理共同汇报给供应链部门负责人。在仓库经理的团队中，根据不同的职能，可以分为收货、发货、保管理货和循环盘点，以及处理各种文档的仓库文员。

仓库经理的主要职责有以下几点：

(1)领导和管理多个仓库职能团队和所有物流区域，包括原材料、零部件和成品、工厂内外部的外部仓库。外部仓库包括在客户端的寄售库存仓库、配送中心和其他租赁仓库。

(2)确保质量合格、最小成本、按时交付，所有的安全标准都能得到正确执行。

(3)一旦发现对物流活动有重大影响的问题，立即汇报给工厂供应链经理。

(4)使用持续改善方法提高仓库运营效率的行动。

(5)不断提高团队员工的专业技术水平和综合素质。

(6)负责本部门的所有库存统计工作。

如今的仓库经理不再是拿着纸笔在仓库里到处巡逻。他们很可能使用平板电脑，在巡视仓库过程中，不断寻找优化成本和改善作业的方式。新的时代对仓库经理提出了更多的挑战。

2. 仓库经理面临的挑战

仓库经理绝不是一个轻松的岗位，同时面临着内部和外部的压力，主要的挑战来自以下几个方面。

(1)降低经营成本的压力

公司将供应链视为进一步降低成本的手段，与此同时，供应链还要提高客户服务水平，仓库经理面临的压力越来越大。企业不仅要评估物流外包方案，而且要对自身的物流运作进行审查，寻找出可以优化改善的行动方案。另外，降本是持续性的指标，这意味着仓库经理需要不断地挖掘待改善的项目。

(2)实现完美的订单

供应链中的一个关键绩效指标是完美订单履行率，它指按时、完整、完好无损地将货物交付到指定地点，并附有正确的文件。仓库负责产品的包装和出货，在完美订单履行过程中扮演着重要的角色。虽然出货的瓶颈可能主要集中在生产环节，但是仓库也要储备好充足的能力，特别是在促销旺季，能够经受得起订单峰值时的出货考验。

(3)缩短订单交付时间

订单提前期指从客户下订单,直至收到商品的全部时间。订单提前期可以成为竞争者之间的决胜因素。仓库的作业时间也包含在订单提前期内,如拣货、包装和打托。企业通过快速、及时、准确的配送获得竞争优势。高效运营的仓库既可以降低成本,又能够保持服务质量。

(4)多种渠道交付

随着全渠道的发展,企业要更有效地接触客户,仓库的配送方式也变得复杂。这些方式包括将单件商品直接交付给最终用户,将多个 SKU 订单直接送到商店,以及将大宗订单送到零售配送中心。每种方式都有各自不同的拣货要求,需要使用不同的设备。订单周转时间和配送方式也都有所不同。仓库经理要对多渠道交付能力做出正确的评估,如果不能满足,要制订出达到目标的行动计划。

(5)越来越多的 SKU

企业为了持续吸引消费者,要不断地推出新的产品。这不仅是产品本身,还包括各种包装材料,增加的 SKU 给仓库带来了管理的复杂度。有些仓库运用延迟策略,只保持基本产品,等到客户订单下达后再进行包装,这对仓库的管理水平又提出了新的要求。

(6)吸引员工和人力资源管理

目前,很多人都不太愿意从事仓储物流相关的工作,仓库想要找到有经验的员工变得越来越难。仓库经理需要想办法留住人才,并不断吸引新员工。

如果仓库要保持高效地运作,就需要一个有丰富经验的经理和一个训练有素的一线操作团队。新员工招募困难、持续降低成本和库存水平,不断提高客户服务等要求,都给管理者带来更多的挑战。而仓库不应被视为一个黑洞,而应被视为供应链的重要组成部分,仓库员工在供应链中的作用需要得到认可和理解。

6.2.4　仓库流程和作业指导书

想要了解一家企业的仓库是怎么运作的,首先要看流程文件和作业指导书。

这些文件，不仅体现出企业的管理水平，而且也反映出员工的职业素养。优秀的文件一定是格式统一、简单明了，让人看了赏心悦目的。拙劣的流程文件格式千奇百样，内容前后脱节，让人看得摸不着头脑。在仓库操作的一线岗位上，年龄低于30岁的人员流动率很高。如果企业没有统一的操作流程，很有可能就是一场灾难，谁也不知道新人是否有能力独自完成工作。只有建立起一套完善的流程文件来规范所有的操作，才能保持工作的一致性。

流程定义每一个具体的管理活动步骤，由谁负责该项活动，具体执行什么操作，所需要的文件以及注意事项，如定义收货控制流程。相比流程，工作指导书进一步细化了流程的具体动作，使用了图表、照片，尽可能地详解每项具体工作，如包装某一款的产品。

从使用者层面来看，流程可能会涉及企业内部多个团队和外部的客户供应商，如收货流程中包括内部的采购、仓库和外部的原材料供应商、第三方物流等。工作指导书相对简单，它定义的是某项非常明确的工作，使用者较为单一，如包装产品的指导书仅供包装工人使用；包装工人需要根据这份文件，一步步地执行产品包装、标签核对、数量确认等工作。

从文件的准确程度上看，流程仅是定义了某个步骤，比如收货流程中，仓库工作人员需要清点货物数量，但没有具体明确仓库工作人员是如何执行此步骤的，他可能是使用纸笔记录清点，也有可能使用先进的条码扫描枪。由于作业环境会发生变化，在流程中并不需要详细说明工作人员的每个具体动作，只需要确保此动作是由收货人员执行即可，如图 6-5 所示虚线圈出部分。

相比之下，作业指导书就要严谨许多，以包装为例，如果有 10 款不同产品的包装作业，就需要制定出 10 份作业指导书，每款产品都有对应的指导文件，包装工人必须严格按照文件上的要求和步骤操作。如图 6-6 所示，为作业指导书范例。

为了规范仓库管理，所有的流程和作业指导书都应该在业务启动之前完成，它们都是前期规划的重要文件。

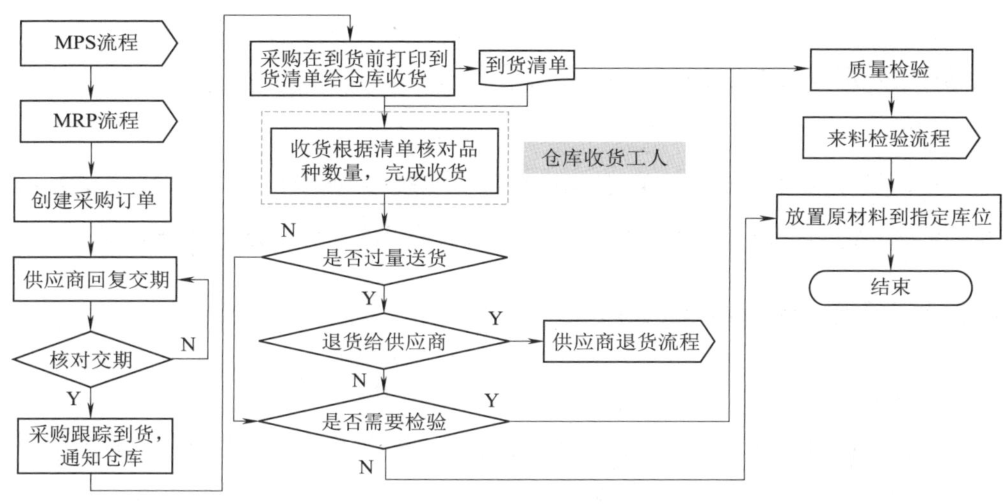

图 6-5　仓库收货流程

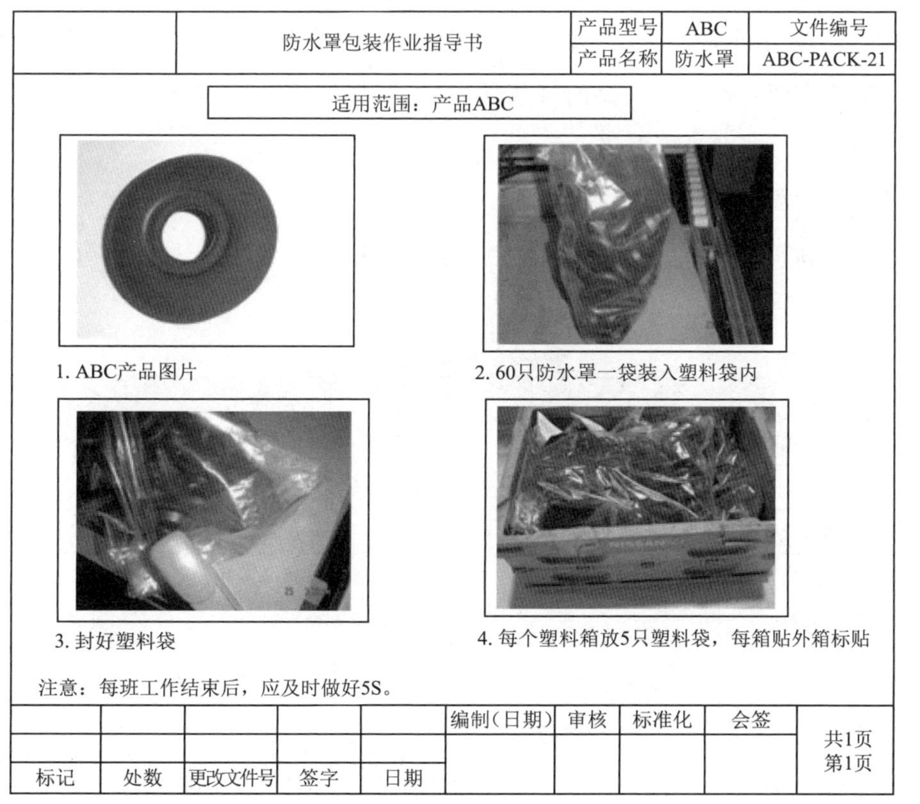

	防水罩包装作业指导书	产品型号	ABC	文件编号
		产品名称	防水罩	ABC-PACK-21

适用范围：产品ABC

1. ABC产品图片

2. 60只防水罩一袋装入塑料袋内

3. 封好塑料袋

4. 每个塑料箱放5只塑料袋，每箱贴外箱标贴

注意：每班工作结束后，应及时做好5S。

					编制（日期）	审核	标准化	会签	共1页 第1页
标记	处数	更改文件号	签字	日期					

图 6-6　作业指导书范例

6.3 仓库运营管理

如同供应链运营管理一样，仓库也有各种绩效考核指标，还有一些仓库管理特有的活动，如盘点，以及一些通用类的管理活动等。本节将会逐一展开介绍。

6.3.1 仓库运营的主要 KPI

1. 安全性

安全无小事。在仓库运营指标中，安全永远都应该是放在首位。一旦发生安全事故，员工的生命可能会受到威胁，仓库也将面临停工损失。仓库每次回顾指标时，首先要看前一天是否有安全事故；对于潜在的安全隐患，要立即采取主动预防的措施。消防工作是仓库安全管理中的头等大事，需要每天对消防设施进行例行检查，禁止在消防柜或灭火器前堆放任何物品，保持该区域的整洁畅通。安全的 KPI 只有一个，那就是零事故。

2. 综合运营指标

在不同的行业里，仓库运营指标可能有些不同，以下选取一部分具有代表性的指标和合理目标范围供读者参考，见表 6-2。

表 6-2　仓库运营指标

仓库 KPI	合理目标范围	备　注
完美订单出货率	90%～95%	按时、完整、完好地交付货物，并附有正确的文件
订单拣货准确率	96%～99%	仓库工人拣货的准确率
成品按时出货率	96%～99%	当卡车达到仓库，在规定时间内完成出货的比率
仓库面积利用率	70%～80%	利用率过低和过高都属于不合理
年度劳动力流动率	8%～12%	过高的流动率会影响仓库运营效率和质量
劳动生产率	75%～85%	仓库工人会有作业的高峰和低谷，需要平衡好工作安排
从收货到入库上架时间	3～18 小时	入库货物需要尽快完成收货并上架，才能确保库存的准确性。有些仓库只有一个班次，前一天晚上的到货，可能会延迟到隔天上午才能完成上架

续表

仓库 KPI	合理目标范围	备　注
每小时拣货订单行数量	30～60 条	以订单行为单位,衡量拣货工人的劳动效率,从业务量角度考核员工
每小时拣货托盘数量	10～20 托	以托盘为单位,衡量拣货工人的劳动效率,从货量角度考核员工
库存货损率	0.5%～1%	因盗窃、损坏等原因造成的库存损失,损失金额占总库存的百分比
库存盘点正确率	96%～99%	通过平时的循环盘点和定期盘点,核对库存准确率,这是仓库最重要指标之一
原材料库存天数	15～60 天	原材料总库存,除以生产每天平均消耗量
成品库存天数	10～20 天	成品总库存,除以客户每天平均需求量

以上绩效指标取值仅供参考,需要根据不同行业和企业的情况进行合理调整。制定 KPI 要依据 SMART 原则,S、M、A、R、T 这五个字母分别对应以下的内容。

S=Specific,具体的。

M=Measurable,可以衡量的。

A=Attainable,可以实现的。

R=Relevant,有相关性的。

T=Time-bound,有时限的。

在仓库运营中,SMART 原则可以这样使用:

S 具体的。比如每个仓库保管员负责自己管辖区域的库存准确率。

M 可以衡量的。绩效都是可量化的,如每小时拣货订单行数量。

A 可以实现的。在设定考核目标时,需要考虑员工在付出努力后能够实现的数字,如与上一年度相比,上架时间缩短 10%等。

R 有相关性的。设定的绩效指标是与员工工作有关联的,如果给收货人员制定来料质量合格率的目标就是不相关的。

T 有时限的。一般是在月度、季度或是年度末来考核目标成果。

以上是仓库管理中的绩效指标,在本书第九章,还会更加全面、详细地介绍整个供应链管理中的绩效管理。

6.3.2 仓库盘点

库存的准确性对公司业务的发展至关重要。盘点可以提高库存的准确性，从而增加生产效率，降低运营成本，并最终提升客户满意度。盘点的方式主要有两种：第一种是定期盘点；另一种是循环盘点。

定期盘点也叫年度盘点，是每隔一定的时间，对仓库所有的库存物料进行盘点的活动。每次的间隔可以是一个季度、半年或者是一年。通过定期盘点，可以计算出库存总金额。

循环盘点是根据ABC分析法把库存品分类，根据价值的高低来制订盘点计划。在整个年度中，所有的库存品都会被盘点至少一次，价值越高的货物，被盘点的次数也越多。以下从一家制造业工厂视角出发，从四个方面来深入了解两种盘点方式。

1. 人力资源配置

定期盘点需要大量的人员参与，其主要人员是盘点的员工，如果盘点数据是手工输入的，那么还需要配置一组数据输入人员。定期盘点是针对所有的库存品进行的大盘点，包括原料、MRO（Maintenance 维护，Repair 维修 & Operations 运行的缩写）、在制品、委外加工物料、客户退货、报废品、成品和客户端VMI成品等。用一句话来形容，就是"一个都不能少"，凡是在ERP系统里有账的，都要盘点。需要动员多少人来盘点，这要根据SKU数量的多少来决定；SKU越多，需要的盘点人员也越多。

相比之下，循环盘点需要的人力资源就少很多。在工厂里只需要任命一个全职循环盘点的负责人，再加上几名工人就可以组成一个盘点小组。盘点小组可以根据人力资源的情况，制订出灵活的盘点计划。循环盘点是以ABC库存分类法为原则，对A、B、C三类物料制订出不同的盘点计划，比如A类物料每隔15天，B类物料每隔45天，C类物料每隔90天盘点一次。

ABC分类法是用标准成本乘以年预计使用量，得出物品的年成本金额，然后把物品分成三个等级A、B和C。

A类物品通常只占10％～20％的SKU数量，但贡献了50％～70％的金额。

B类物品一般占20％左右的SKU数量，总金额比例也在20％。

C类物品承包了剩余的部分，60％～70％的SKU量，而金额占比仅有10％～30％。

这种比率的分配方法不是绝对的，有些极端情况下，占了 1%SKU 数量的物品，却有超过 50%的金额。

ABC 分类法的逻辑是，把更多的精力放在 A 类物品上，实施更加严格的库存管控，而对于 B 类和 C 类物品，可以用稍许宽松的方法进行管理。换句话说，就是要把好钢用在刀刃上。

2. 盘点人员专业度

在定期盘点活动中，供应链部门责无旁贷，需要全员参与，并且经常主导整个盘点活动。另外一个盘点员工的主要来源就是工厂的操作工人。一线工人对产品比较熟悉，每天都在接触各种原料、在制品和成品，能够辨别出一些长得很相似的物料。由于定期盘点一年只做一次或者两次，对于大多数人来说，盘点都是很少会使用到的技能，时间相隔久了，难免会忘记怎么使用盘点工具。没有盘点经验的新员工是非常容易犯错的，一个低级的错误就可能导致盘点结果谬之千里。为了避免这些问题，每次在进行定期盘点前都必须对相关人员进行培训，考试合格者才可以参加盘点活动。

循环盘点就不存在这种问题，盘点小组每天的工作就是在点数、统计、上传系统和对比差异，对于盘点这项工作熟门熟路。专业的盘点人员在每天的工作过程中不但可以找到库存数量上的差异，还能够发现工厂运行管理上的问题。有一个非常有效的指标可以使用，就是盘点每个产品所用的平均时间。循环盘点需要设定一个标准，如果实际使用时间高于标准，就说明有改善的空间，盘点小组就要去寻找根本原因，可能是原料放在错误的库位上，供应商来料混装，或者是工厂 5S 没有做好等。一旦在循环盘点中发现这些问题，工厂内部就要展开针对性整改。

3. 盘点的影响

定期盘点对工厂来说是一件大事，定期盘点期间工厂要关门停产，不收货，也不发货，处于一个完全静止的状态。由于停产，工厂会损失一天的产量和销售额。工厂需要提前和客户、供应商沟通关于盘点的安排，如果还有客户订单没有完成，工厂必须在加班加点完成订单后，才可以安排盘点。工厂盘点的当日，ERP 系统也要关闭，直到盘点全部结束以后才能重新打开。

循环盘点就非常灵活，盘点过程中只需要把相关物料的移动或者生产活动暂停即可，盘点结束后立即恢复，把对生产的影响降到最小。

4. 盘点流程

(1)定期盘点的流程

由于定期盘点每年仅进行一两次,所以需要制定缜密的流程和相当长的前期准备。如图 6-7 所示为定期盘点的流程。

图 6-7 定期盘点流程

①制定目标。

定义盘点范围。在定期盘点中,需要定义盘点的范围,包括工厂内部的各个区域,原材料仓库、车间、成品和客户工厂的 VMI 寄售仓库等。并不是所有的仓库都被列入在此次盘点中,一些新品项目仓库比较特殊,库存一般是直接计入项目费用,不在 ERP 系统中,会另行安排盘点。

另外,像包装材料还需要看具体情况是否需要盘点。如果包装材料不在物料清单之中,每次根据实际发货的成品数量,在财务上进行处理,就可以不盘点。如果包装的种类繁多,且金额也不高,经过财务批准,也可以不盘点。如果是单价很高的周转器具,如铁料架等,就必须要盘点。

盘点地点。工厂根据盘点目标来锁定具体的地点。对于工厂内部区域,可以根据布局图,把所有的区域制定编号,确保不会遗漏任何一个角落。这些区域需要在盘点前确认,并且要与 ERP 系统中显示的区域一致。对于外部盘点区域,要先做好登记,以免后期发现没有安排人员盘点的情况。

盘点日期。设定明确的盘点日期,并做好内外部的沟通。例如如下的时间安排:

3 月 29 日下午 2 点,工厂盘点区域的准备工作开始,打扫所有区域,把车间的原材料返回仓库，清空在制品，成品运至成品库；

3月29日下午5点，每个区域必须整理完毕，确认每种零件只有一种标签，一个箱子里只能放一种原材料；

3月30日上午6点，工厂生产准时停止，在工厂内部、委外加工仓库和VMI仓库进行全面盘点。

②建立团队。

定期盘点是工厂的重大活动，供应链和财务是主导盘点的部门，需要全员参与，另外还需要其他部门同事的支持。

供应链部负责事项有：在车间负责实物盘点；确认各盘点区域的负责人；列出需盘点的详细信息；启动盘点。

财务部负责确认盘点的方式与差异数据输入；盘点标签由财务部分配。在盘点结束后，需要提供盘点评估报告。如图6-8所示，为盘点标签的样本。

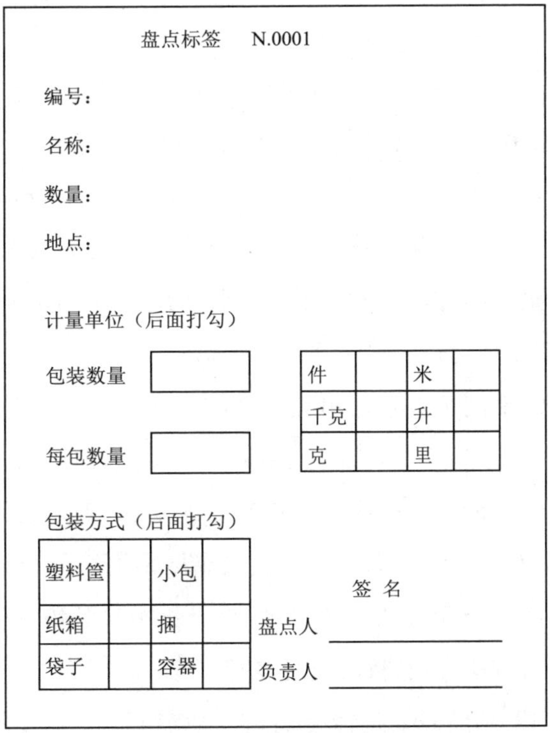

盘点标签　N.0001

编号：

名称：

数量：

地点：

计量单位（后面打勾）

包装数量 ☐

每包数量 ☐

件		米	
千克		升	
克		里	

包装方式（后面打勾）

塑料筐		小包	
纸箱		捆	
袋子		容器	

签　名

盘点人 ________

负责人 ________

图6-8　盘点标签样本

各盘点区域负责人的工作要点有：负责人必须准备好各自的区域；清点前要对区域进行清理和整理；做好计数前的原材料、零部件识别；确认产品单位（件数、重量、升）；确认区域和库位名称。

在实物清点过程中，负责人应管理和协助清点小组，处理他们遇到的任何问题。

盘点控制员。盘点控制员通常是管理人员，并不直接参与盘点，而是监督整个盘点的过程。盘点控制员确保区域内的计数和记录工作是完整和详尽的，还需要确保将所有区域的清点结果反馈给支持人员，最后输入盘点管理系统。

支持人员。若干个支持人员通过以下方式来支持盘点控制员：收集盘点标签，并在盘点完成后立即传递到盘点管理系统；根据特定的程序，检查库存标签的使用情况是否良好；协助系统输入，并将标签上的错误信息告知盘点控制员，及时解决该问题。

系统数据输入。负责数据输入的小组必须严格按照工作指示，将盘点数据输入系统中。盘点人员要严格根据流程，负责具体计数工作。

③盘点准备。

盘点标签。盘点标签是一种三页的复写纸，在盘点时，由盘点人员填写第一页的白色标签。在盘点开始时，将盘点标签送到区域负责人手上，分发给盘点小组成员。区域负责人管理盘点标签，直到数据输入完成后将其转交给财务部。

人员培训。每个区域负责人都应清楚盘点程序。对盘点人员，数据输入人员的培训工作务必在盘点前完成。工作指导手册在盘点前发给所有人。参加培训的人员需要签到，培训结束通过测试后才能参加盘点。

工具箱。供应链部门负责采购相关工具，主要包括盘点用标签、笔、计算器和电子秤等。

各区域准备工作。清理生产线上的在制品或零件，把未使用的原材料返回仓库。成品需在系统中申报，并在系统中完成入成品库。

所有区域都需要进行 5S 整理。外部区域如委外加工和 VMI 仓库，需要提前安排盘点人员前往对方所在地，按时进行盘点。

IT 准备工作。IT 部门需要指派专员，在盘点当日处理所有有关计算机及软件系统的问题。

在盘点之前，对所有电脑及软件系统进行测试。准备备用电脑。

关闭 ERP 系统。在盘点开始前，将产品的流动信息在 ERP 系统中关闭。流动信息指产品的申报、报废申报、领料、接收、发送和财务处理活动等。

④盘点步骤。

开始盘点。在盘点开始之前，盘点控制员需要对区域负责人和盘点人员进行简要说明，目的是处理尚未解决的问题。如果没有任何问题，关闭 ERP 系统，立即开始盘点。

区域负责人分发盘点标签，并统计分发的数量，便于在盘点结束后检查标签是否有遗漏。

盘点过程控制。区域负责人在自己所在区域内监控盘点过程，如抽样清点。如果盘点有差异，可以由盘点小组、盘点控制员和区域负责人进行第二轮的清点。

委外加工和 VMI 仓库盘点。根据事先评估的结果，把外部仓库分为三个等级。

A 类：最为重要，需要派出盘点团队，抵达外部仓库现场进行盘点。

B 类：重要度中等，需要指派一名专员，抵达外部仓库现场进行盘点。

C 类：对盘点结果影响性最小，无需派出人员，只需外部仓库回传盘点结果。

盘点结束。在完成以下工作后，此次盘点才能结束。

100%确认盘点工作完成；所有的标签已输入完成；数据审核无误并完成数据输入；差异清单已确认；ERP 系统已更新。

⑤盘点报告。

提供盘点结果。盘点结束后，财务负责人进行盘点报告整理并发布最终结果。财务不负责具体运营，是相对独立的第三方或内部审计，所以能客观地反映出盘点的实际结果。

主要差异清单。盘盈和盘亏都是异常，需要根据绝对值金额和数量排序，由高到低地展示出差异清单。

分析差异，制订行动计划。复盘是重要的工作，对于差异情况要立即进行原因调查，分析根本原因，然后制订改善的行动计划，这样才能在财务调账以后，不会再次出现同样的差异。

数据备份。所有的盘点文件都要被记录,并由财务部负责保管,作为以后财务审计的依据。

(2)循环盘点的流程

循环盘点的流程相对定期盘点简单。根据 ABC 分类法,在 ERP 系统中创建盘点文件,在盘点结束后把统计结果输入系统。然后根据盘点差异,进行原因分析,制订改善的行动计划,最后调整系统数据。循环盘点小组根据实际的工作量和人力资源情况,可以灵活地安排盘点计划,每天对库存进行盘点。

循环盘点可以及时地发现实物与系统库存之间的差异,立即采取改善行动。而定期盘点每年执行次数有限,有些差异问题可能已存在一段时间,较难找到造成异常的真实原因,给仓库管理带来很大挑战。

从以上总结的四方面来看,循环盘点比定期盘点有着明显的优势,更少的人力成本,基本不影响工厂生产,盘点效率更高而且能够及时发现问题。那么为什么还需要做定期盘点呢?

首先,定期盘点可以提供给企业管理者一份完整的库存情况报告,并将盘点结果与系统库存进行核对,对盘盈或者盘亏进行账目调整。

其次,根据财务制度规定,一般企业每年年终应该实施全面的盘点,部分上市公司在年中还要盘一次。

最后,在一些缺乏先进库存管理经验的工厂,没有专业人员可以做循环盘点,那么定期盘点就是他们唯一的选择。

6.3.3 分层过程审核

分层过程审核(Layered Process Audits,简称 LPA),是一种制造管理质量工具,由组织中各级管理人员,按照预先计划的频次,定期参与评审,并回顾整改结果标准化评审过程,目的是确保制造过程受控,并加强精益制造理念。如果使用得当,LPA 将会推动整个组织的文化变革,提高质量,减少废品和返工以及客户投诉。分层过程审核由三个关键要素组成。

1. 一套专注于高风险流程的审核系统

分层审核一般重点关注过程中可能存在缺陷的高风险区域，即经常会出现问题的地方。在制造车间里，每个生产批次启动之前，应该把作业指导书展示在工位上，而新入职的工人往往会忘记这点。该批次生产出的第一件产品叫首件，它应该被立即检查，合格的首件产品需要放置在特定的首件区域，而这也恰好是容易被忽视的工作。首件产品如果不合格，又没有被检查出来，可能会导致整个批次所有产品质量都不合格，既浪费了宝贵的生产工时，又损失了大量的原材料。对于仓库，也需要根据相同的原则，识别出高风险区域，并以此制定审核系统，见表6-3。

表6-3 仓库分层过程审核表

审核内容	编号	具体审核内容
安全	1	进入仓库区域的所有人员须穿着荧光马甲
	2	进入仓库区域的所有人员须穿着安全鞋
	3	仓库灭火器须放置在正确位置，并容易拿取
5S基础	4	通道无堵塞
	5	滑轮小车、托盘、箱子遵守区域摆放标准
	6	地面干净（无纸屑、纸板、标签、报纸、塑料袋、零部件等）
	7	平面库存区域箱子必须放置在滑轮小车上，其余区域要置于托盘上，不能直接放置在地上
	8	最上层的箱子上要放置透明塑料板防尘
	9	每一箱要有可识别的标签
爱护产品	10	同一箱内只能有一种零部件
	11	零件叠放不能超出箱子的深度
	12	掉地零件贴上黄标签放入红箱子
遵守标准	13	破损或变形包装已隔离
	14	原材料每一个库位上都有标识，成品每块区域都有客户标识
	15	平面仓库的标识上要有物料编号、描述、库位、包装标准、最大/最小库存和零件图片，进口件的标识要有物料编号，物料描述
	16	零件号和零件图片必须与零件实物一一对应
	17	库位上所放的零件不得超过所对应标签上的最大库存
	18	所有产品遵守先进先出原则
	19	供应商到货跟踪板有填写到货情况和质量检查情况
	20	发货跟踪板有填写发货情况和质量检查情况

2. 来自各管理领域的审核员

在分层审核中,负责执行审核的人是工厂组织中各级的管理人员,包括总经理、厂长、生产经理和主管等,他们按照预定的频率定期执行检查。例如,总经理和厂长每月两次,生产和其他部门经理每周一次,生产主管和工艺、质量工程师每日一次。所有的审核人员都轮流执行完全相同的审核。

3. 审核报告和后续行动计划,进行过程控制并推动改进

为了使分层过程审核系统真正有效,它必须将行动、分析和改进结合起来。如果审核员在执行审核时发现了异常,他不仅要记录发现的异常,还要立即采取初步的纠正措施,以确保不合格产品不会流出厂外。有关发现的信息应该被记录下来,并随时提供给管理层,以便后续的分析。这样,有了一个良好的记录和报告审核信息系统,分层过程审核是一个很好的工具,用于消除问题和改善机会。

6.4 传统仓库升级迭代的正确路径

仓库最初的功能就是为货物提供一个临时存储的场所。随着物流在流通业中的作用越来越重要,仓库也不再是只提供简易的存储功能,而是扮演着关键的作用。仓库是供需链条上下游企业之间的一个节点,也是一个缓冲点,它平衡着客户满意度和企业的成本。

传统的观点是把仓库看成一个独立的运作单元,而没有把上下游之间的关联打通。现代供应链管理中,仓库是整体战略的一部分。仓库的设计和运营需要为企业考虑节省成本。传统的理念喜欢把仓库设计得很大,仓库空间的利用率不是管理者关注的重点。随着土地和劳动力成本的上涨,仓库经营者也逐渐意识到较大的仓库空间,可能会给仓库运营带来两个问题:第一,增加了仓库的租金、水电等成本;第二,增加了货物的移动路径。因此,仓库的使用空间需要根据货物仓储需求量进行缜密计算,充分利用空间,减少资源浪费。

目前国内的一些制造业工厂的仓库还停留在较为原始的阶段,依靠着传统"账、卡、物"的方式进行管理。纸质的账本虽然基本都升级到 Excel 表格或是仓库管理软件，但是登记卡还在大量使用，简单的“入库——出库——结存”信息，很难有效地进行先进先出管理。实物数量的变化，没有办法与账、卡自动同步，还是需要靠人在系统中操作。

仓库管理效率的问题也逐渐浮出水面。低效率已经开始影响工厂的运营绩效，比如在订单履行方面，客户订单不能按照约定的时间和数量交付，其中一个可能的原因是仓库成品数量差异造成的。

库存数据的不准确、较低的空间利用率、低效的发货管理和手工记账错误等都是传统型仓库常见的现象。这些因素在不经意之间，阻碍了企业快速发展的步伐。传统的仓库都要升级转型，来应对不断上涨的成本和更快满足客户订单交付的要求。

很多的企业管理者会感到迷茫：仓库转型具体应该如何操作？怎样可以用最经济的方式来实现企业经营目标，把钱花在刀刃上？这里有一条升级之路供读者参考，如图 6-9 所示。

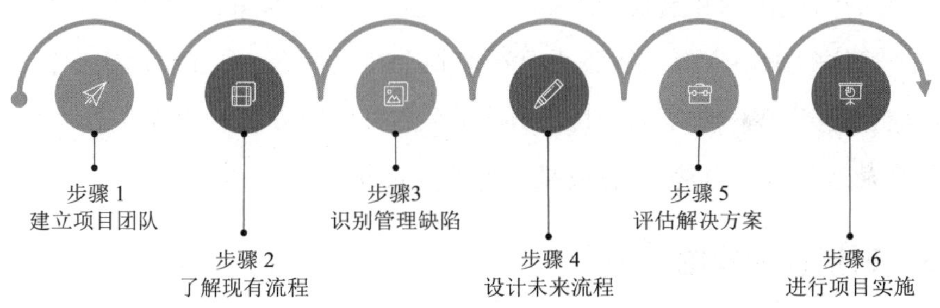

图 6-9　仓库转型升级之路

6.4.1　建立项目团队

理想的项目团队是由内部人员和外部顾问共同组成的。除非企业内部有经验非常丰富的人才，一般情况下是需要借助外力来完成此类项目的。顾问的优势有两点：见多识广和外力推动。顾问做过很多的相关项目，有着大量的成功和失败的实施经验，而且对行业内最佳实践案例非常熟悉。有顾问的参与，可以帮助企业少走很多弯路。

一些企业经营时间久了，就会产生管理的惰性，针对很多工作上出现的问题，不能及时有效解决，跨部门流程执行边界模糊。如果是由内部人员推动变革，经常会遇到各种阻力难以顺利进行，而由一股外力来主导，往往更容易被全体利益相关方接受，当然前提是有公司管理层的全力支持。

6.4.2　了解现有流程

通过了解现行状态，更好地理解仓库运行的各种情况，为下阶段的行动做好准备。收集和分析仓库运营的各项指标，通过量化的方法来判断绩效指标，包括库存准确率、来料收货准确性和效率、入库上架准确率、拣货准确率、及时出货率、客户投诉等。通过对这些指标数据与行业标杆企业的比较，可以看出两者之间的差距，避免出现井底之蛙的心态。

除此之外，还需要绘制出现有的仓库管理流程图，其中应该包含所有涉及的业务，如入库、拣货、出库和退货管理等。绘制流程图是一种最好的方式，可以深入了解每一个具体的操作步骤。外部的顾问带着全新的视角，来审视这些运行已久的流程，自然能够发现一些不太合理的环节；而终日沉浸在各种繁杂工作中的员工，可能早就对这些习以为常，不想或是无力改变现状。

6.4.3　识别管理缺陷

经过上一个步骤，项目团队基本上可以识别出一些缺陷，如根据绩效指标了解库存周转率、数据准确率、发货及时率、仓库空间利用率和仓库工人加班情况等关键数据；再结合现场参观绘制出的流程图，基本上对需要改善的环节有了全面的记录。通过消除浪费和冗余的流程，提升仓库管理的效率，降低运营的成本。同时，还为下一步的转型进行可行性分析。一些常见的缺陷可能包含如下情况：

(1)库存保管员使用纸质单记录货物信息，然后手工输入 Excel 表格里，非常容易产生数据输入错误；

(2)库存查询系统效率低，导致拣货员需要花费更多的时间在仓库里寻找货物，影响及时交货；

(3)同一型号货物存储在多个库位里,在整理仓库时依靠手工记录,然后再输入表格或系统,容易引起数据错误;

(4)货位安排不合理,周转率高的货物没有放在通道入口处,影响工作效率;

(5)陈旧落后的仓库管理系统,库存相关信息无法与其他系统对接,效率低下且出错率高。

6.4.4　设计未来流程

在专家顾问的带领下,项目团队共同设计未来的流程。存在缺陷的现有流程都是可以改善的地方,包括来料收货、物料搬运存储、拣货和发货等。行业内的最佳实践是非常好的参照对象,虽然每家企业情况不同,但是最佳实践足以在大多数的环境下应用。比如对仓库收货应该是先入系统还是先进行质量检验这一问题,在通常情况下,应该是先收入系统,不能因为可能存在的质量问题而影响收货工作的效率,毕竟有质量缺陷的产品是少数现象。如果所有供应商原料都需要经过检验合格后再入库,一方面会增加来料检验人工成本;另一方面也说明原材料的质量还不能达到客户要求,生产过程控制仍需加强。

6.4.5　评估解决方案

为了满足多品种、小批量的客户订单需求,仓库需要对现有的系统进行升级。考虑到先进的管理系统或是自动化设备需要大笔的资金投入,在投资之前就要谨慎地评估新系统是否可以有效地提高现有的运营效率,针对性地解决运营上的短板。比如使用条码管理系统和射频手持终端可以提高库存的准确性,及时更新库存信息,提高数据输入的质量和准确率。升级仓库管理系统 WMS,打通与 ERP 软件之间的数据传输,实现自动同步,从而达到提高工作效率的目标。

在选择实施改善方案时,需要根据项目的投资回报率和复杂风险程度的高低,把所有的方案归纳在四个象限中,根据企业的现实情况,排列出优先级。

如图 6-10 所示,从两个维度:复杂度、风险、需付出的努力和影响、改善效果、投资回报率,可以把所有的改善与解决方案进行归纳。一般来说,第二象限“快速回本见效”的项目应该率先实施，如上文提到的预先发货通知 ASN，由于目前技术都很成熟，实施成本低、项目周期短，但是回报很客观，能够为企业节省大量的人工成本，同时提高收货效率。第三象限，可以考虑风险和收益都较低的项目，实施一些标准化的仓库流程，如推行分层过程审核，这几乎不会增加企业任何支出，但也能带来一些运营的改善。第一象限是“需要高层支持”的，这些都是较大的项目，如引进立体货架，可以增加仓库的储存面积，还可以提高上架和拣货的效率，但是这类项目投资金额大，需要充分验证回报率后才能获得高层批准预算。第四象限，最不值得做的项目，不但收益少，而且风险高，除非有特殊情况，否则不会予以考虑。

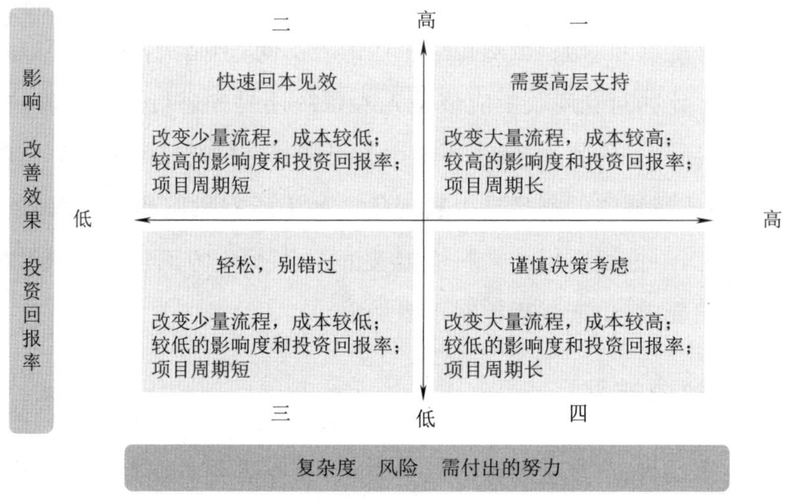

图 6-10 改善方案优先级排序四象限

6.4.6 进行项目实施

项目实施是在经过前面 5 个步骤之后的最后阶段。由测试、试点和推广实施组成，最终实现预期中的目标。

在项目方案测试之前，先要定义好绩效指标，然后培训所有的人员。试点是测试方案最佳的方法，如先挑选几家配合意愿高的供应商，推行需要大范围展开的 ASN 项目。这种试验方法使得团队能够理解方案如何在真实环境中工作。试验运行至少需要一个月，测试团队记录流程、系统、资源和人员遇到的实际问题。在这些问题得到解决之后，才能批准项目扩展到更大的范围。在试点活动完成后，项目团队可以转移到最后的活动，将试点测试的结果和建议提交给运营团队，完成项目交接工作。

仓库管理的升级，首先需要进行战略规划，其中包括选择正确的技术，并评估与业务和仓库流程的匹配度。成功完成这些步骤的关键是，识别当前流程和系统中的缺陷、浪费和低效率环节。

接下来的工作是设计未来的系统和流程，通过改造升级，最终完成传统仓库的升级迭代。我国仓库运营效率较低，除了管理理念和软件配套跟不上之外，硬件条件也存在一些缺陷。高标准仓储物流设备是未来发展的趋势。

6.5　高标准仓储物流

6.5.1　高标准仓储物流就是高效率

高标准仓储物流（以下简称高标仓）是“高大上”的现代化仓库，“高”指建筑高度，例如单层楼层的净高度达到 8 米以上；“大”指的是面积大，仓库建筑总面积可以达到 8 千平方米以上。“上”指配套设施齐全，包括消防系统、安全监控系统和具备实施仓库自动化的硬件等。目前，在我国电商零售企业、高端制造业和第三方物流是高标仓的主要租户，年平均增速在 5～20 个百分点。

企业选择高标仓的根本原因是成本和效率。我国的物流成本占 GDP 比重虽然已经下降到 15％左右，但是与一些发达国家相比仍然有 50％以上的差距。除去经济结构和运输成本的因素，仓储成本和效率问题也是导致物流总成本高居不下的原因之一。由于我国现代化仓储业起步较晚，大部分仓储设施都是在 1990 年以前建设的；仓库类型以传统仓为主，占全国仓库总面积的 80％以上，货运吞吐量的 90％以上。传统仓很难适应现代化物流操作的要求，主要问题在于传统仓面积一般小于 4 000 平方米，楼层净高不足 7 米，没有配备标准的地面漆和采光顶，仓库功能难以拓展，建筑结构不合理，可存储品类有限和土地权属不清晰等。

为了进一步提高仓库的自动化水平，持续降低成本，提高整体物流效率，许多企业都在考虑选择高标仓。我国目前高标仓面积约有 4 900 万平方米，整体处于供不应求的状态。在需求方面，随着电商零售业的快速发展，一些电商巨头，都在打造自己的物流体系，通过自建物流来提高配送响应速度和服务质量，为用户提供更好的消费体验。更多的电商企业选择了轻资产运营的方式，把业务外包给了第三方物流公司，从而间接拉动了高标仓的市场需求。一些高端制造业，比如汽车业，也对高标仓青睐有加。在供给方面，由于仓储用地供应紧张，再加上传统仓改造难度大、成本高，使得高标仓成了稀缺资源。

6.5.2 选择高标准仓储物流的 8 个关键因素

即使高标仓市场呈现出巨大的需求缺口，企业在选址时也要慎重考虑，因为仓库是重资产运营，不能因为资源稀缺就盲目投资。选址高标仓至少要考虑以下 8 个关键因素。

1. 地理位置

高标仓是物流地产，关于地产有一句经典名言："地段、地段，还是地段"。选择最佳地理位置的仓库非常重要。产品存储在客户附近的区域，可以满足及时交付要求。如，汽车整车厂要求原料供应商在厂区周围设立仓库，就是为了实现整车厂 Just in time（准时制生产）或 Just in sequence（准时制按顺序生产）的入厂物流要求。

2. 存储要求

对于危险材料、易燃产品和食品，许多企业要求仓库具有严格的储存和消防设施条件。仓库是否能够满足产品独特储存的需求？如何正确处理需要化学泡沫灭火机理的产品？仓库周围是否有溪流和池塘？在选址之前提出这些问题，有助于防范风险，或是在灾害发生时降低损失。

3. 租金成本

在选择仓库的位置时，成本仍将是一个关键因素。如，上海市的仓储用地供应日益稀缺，高标仓平均出租率在 92%以上，而地价和租金却在逐年上涨。由于供需极不平衡，导致上海高标仓日租金水平在 1.48 元/平方米，这对于租户来说是一笔巨大的成本开支。在上海周边的苏州、太仓和嘉兴等地区，相隔不足百公里，但是日租金水平只有上海的 68%～80%，因此成为需求外溢后的备选方案。

4. 劳动力可用性、劳动技能和成本

劳动力可用性、技能和成本与仓库所在地人口结构直接相关。随着我国人口红利逐渐减弱，劳动力成为选择高标仓的重要因素。较高的劳动力可用性，可以为企业提供充足的人力资源。城市拥有的高校数量越多，能够提供的高素质人才越多。物流已经不再是过去简单的手提肩扛操作，实施高标仓现代化和自动化操作，需要大量的专业人员。

5. 道路和交通流量

高标仓选址需要紧邻城市的绕城高速，可以快速通达出入城市的各条高速公路及主要商圈。具体需要仔细考虑以下 5 点：

(1)高速公路出入口的可接入性；

(2)高速公路互连情况；

(3)平均交通速度和流量；

(4)交通高峰时段；

(5)道路安全和条件。

拥挤的高速公路和地面道路以及信号系统不良等因素将增加燃料消耗、事故率和运输车辆拥堵时间。

6. 靠近机场、火车站和港口

多式联运可以为货主提供更多的运输方案，在运输成本和时效性之间找到完美的平衡点。如南京是我国交通枢纽节点型城市，水、陆、空交通条件优越，可以利用长江内河运输、禄口机场和铁路的立体化交通优势，为高标仓用户提供多样化的运输方案。

7. 市场与当地环境因素

任何高标仓都应尽可能靠近主要供应商、制造商和客户。这有助于缩短交货时间，降低运输成本并提高响应能力。此外，还应考虑当地的环境因素，如天气条件和遭受自然灾害等风险的概率。仓库必须满足特定的建筑条件，才能够预防各类风险。其他的当地环境因素还包括周围路段拥堵情况和高峰时段情况等。

8. 公用事业可用性及成本

公共事业包括水、电、气和互联网等基础设施。冷藏仓库非常依赖电力和水；自动化仓库依赖互联网和通信服务。在选择仓库时，不仅要检查公用事业的可用性，还要核查所有的相关成本。

高标仓的选址是仓储项目成功的关键因素。从全球的成功案例来看，优质高效的仓库资源基本都集中在经济发达、交通网络密集、劳动力充沛和产业结构合理的地区。我国43%的高标仓资源集中在长三角区域，这与该地区强大的综合经济实力有着直接的关系。

6.6 仓库未来科技发展趋势

自动导引车（Automated Guided Vehicle，简称AGV），也称物流搬运机器人，是这几年大热的物种，特别是电商物流的发展，如同一支催化剂，在短短数年之内把AGV行业迅速地带动起来。

6.6.1 AGV的运行原理

AGV的主要功用集中在自动物流搬运，适用的场景包括大型仓储配送和工厂内部物流等。它是通过特殊地标导航，自动地将物品运输至指定地点，最常见的引导方式为磁条引导和激光引导。AGV不用休息，可以365×24全天候工作。电能消耗完后还会自动回到充电桩补充能量，然后继续工作。

AGV机器人技术主要分为硬件和软件两块。在硬件方面，几乎所有的AGV都是通过磁条或是激光来引导，完成前进、后退、原地旋转等动作。目前，市场上各家设备商的硬件都很成熟，彼此之间的差别并不大，真正拉开差距的是在软件系统集成方面。AGV是一个负责执行层面的工具，它需要听从上层的指挥，让机器人完成物料搬运工作。AGV的上层就是仓库管理系统WMS，而WMS也只是一个执行层面的软件，真正的幕后控制者是ERP系统。因为ERP把采购、生产、库存和出货等模块全部集成在一起，统筹规划，根据既定的策略来实施各项具体工作。

目前，ERP、WMS和AGV三者之间，由于开发的厂商不同，使用的软件协议接口也不尽相同。想要在不同协议的目前，ERP、WMS、AGV软件之间实现数据传输，还需要一个中间媒介平台，把一种数据格式，转换成另一套系统可以读取识别的信息。

6.6.2 海康威视的案例

海康威视是以视频为核心的智能物联网解决方案和大数据服务提供商，通过与全球领先的供应链管理软件公司SAP(思爱普)合作，帮助客户部署AGV，提高仓储物流运营效率。如图6-11所示为海康威视AGV解决方案示意图。

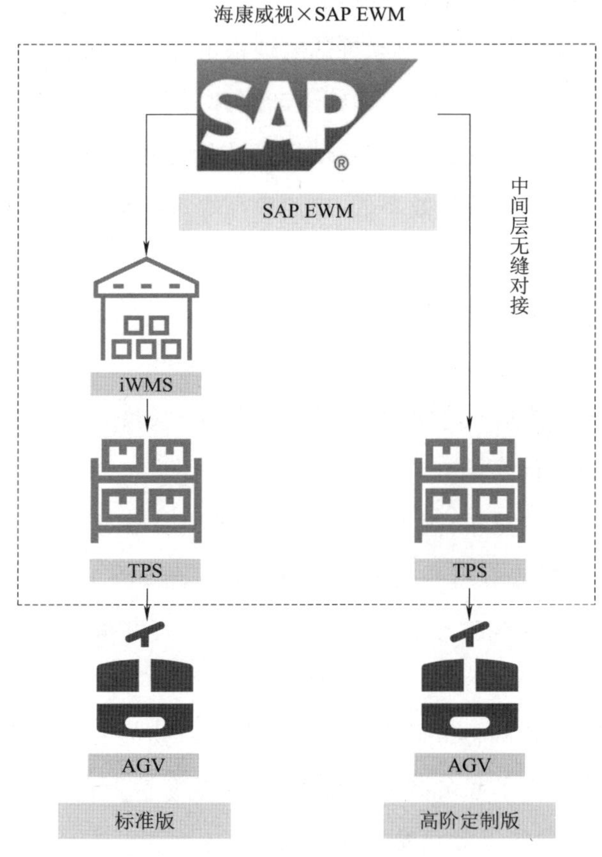

图6-11 海康威视AGV解决方案示意图

海康威视的解决方案是基于 SAP EWM(Extended Warehouse Management,扩展仓库管理)系统来实现的。iWMS 是海康威视的智能仓储管理系统,TPS 是任务处理系统。在标准版模式下,SAP EWM 与 iWMS 实现对接,然后再通过 TPS 来给 AGV 分派任务。如果客户有二次开发能力,则可以直接与 TPS 完成对接,简化流程,提高工作效率。海康威视凭借 SAP EWM 强大的系统集成能力,完美地实现了中间层无缝对接。而 SAP EWM 搭载了物联网技术,在集成、管理机器人方面具有很大的优势。支持灵活可配置的出入库策略,满足不同类型货品的多样化库存管理需求,支持用户实现真正意义上的柔性化生产。与此同时,SAP EWM 与 ERP、MES 等系统无缝对接,接收并执行物流指令,可以做到生产与物流管理的系统化、一体化、透明化和智能化。

随着物流业高速增长,仓库自动拣选的装备也是在不断地升级中,从最初手持扫描枪识别条形码,到 RFID 技术,再到逐渐兴起的语音拣选,以及最前沿的智能眼镜,以往在科幻片中出现的场景正在慢慢地应用在现实生活中。而传统仓库的一些弊端,如人工成本高、管理效率低、出错率高等难题都将被解决。

知识总结

本章通过介绍仓库面积计算方法、信息系统原理、绩效目标等,让读者能够理解日常管理背后的运行逻辑。

定期盘点内容非常重要,而且盘点也沿用了项目管理的方法,使用了 PDCA 的逻辑,让盘点活动成为帮助企业提高库存准确性的工具。同样地,传统仓库升级路径也是使用供应链持续改善的方法论,我们可以从中领悟到它的精髓,那就是“收集数据、发现差距、制定方案、试点实施和回顾总结”。

高标仓和 AGV,是从仓储行业发展和信息化科技的角度来讲解的,以帮助读者了解最新的趋势。由于我国电商发展速度,许多变革正在以超乎想象的速度发生,唯有不断学习才能赶上时代发展的步伐。

07 第 7 章 交付管理

交付是 SCOR 模型中六个基本流程之一，它甚至是最重要的环节。在 SCOR 的三个外部指标中，可靠性、响应性和敏捷性都和交付有直接关系。对于企业经营者来说，把客户订单交付出去才能够收到货款，维持业务运转，扩大企业规模。

交付不是喊喊口号，而是实实在在的行动，想尽一切办法，克服所有困难，把订单按时足量地交给客户。在这整个过程中，可能会遭遇诸多的困难，非常磨炼供应链从业者。从另一个角度看，一家企业运营中的所有矛盾，会在交付环节上集中爆发，如生产延误、运输延迟、包装破损、文件错误等问题。

交付就像是足球场上的守门员，是保护客户、维护企业利益的最后一道防线，值得重点研究探讨。

7.1 为什么交付如此重要

交付不仅是一个企业责任的体现,也是其能力的彰显。

7.1.1 责任的体现

如前文所说,交付是最后一道防线,一旦被突破,就意味着企业无法按照客户要求的时间和数量进行交货,可能会对客户的生产运营造成极大的负面影响。以汽车整车厂为例,如果整车厂因为缺少原材料而停线,就会使得整条生产线全部停止生产;汽车不能按计划下线,销售任务无法达成,有效产出受到遏制,在制品库存积压,运营费用不断增加。整车厂会因为原料短缺遭受巨大的损失,会通过罚款来倒逼供应商以严守交付的底线。

不仅是因为潜在的巨额罚款,零部件供应商也有责任保障客户的生产顺利进行,除非发生了不可抗力,否则就要竭尽全力地完成交付。通过长期的磨炼,责任心升华成使命感,无需客户催促,供应商也深知对方的具体要求和底线,全力以赴实现交付的目标。

在供应商企业里,交付到底是哪个部门的责任?答案似乎指向供应链,因为它是和客户直接对接的部门。但事实是,交付和企业所有职能部门都有直接或间接的关系,直接相关的有产品设计、采购寻源、生产制造、质量保证、仓储运输和售后维护;间接相关的有人力资源、财务和 IT 系统维护。所有人都参与其中,但只有供应链部门直面交付的压力,其他部门只能从供应链部门传递而来的信息中,了解到客户订单交付的紧迫情况。在企业里,应该是由供应链部主要承担客户订单交付的责任,主导交付的各项活动,协调整个公司的资源,完成使命目标。

7.1.2 能力的彰显

交付的过程贯穿企业整个运营流程,从接收到客户订单开始,直至商品运送至指定地点,或是服务的过程结束。

交付的能力越大，责任也越大，获得新订单、新业务的机会也越多。尊重客户，重视交付是企业经营的常识，但是它却经常会遭到人们的忽视。

7.2 不能按时交货后的措施

成品库存的作用是为了保障供应的连续性，是应对需求不确定性时的缓冲库存。但即使企业备了一些库存，可总有一些不确定因素，随时可能影响着客户交货。比如，外部因素有季节因素、经济趋势和天灾人祸；内部因素有设备故障、模具损坏和来料质量问题等。随着供应链管理的发展，企业越来越注重精益化，想方设法地控降成本。反映在成品库存上，就是减少安全库存天数，从而降低对流动资金的占用。一边是需求的不确定性，另一边是持续降低库存的指标，在两种压力下，供应链就像是在走钢丝，始终要保持一种平衡。当意外事件发生时，难免会发生不能按时足量交货的情况。遇到这种情况该怎么办？与客户对接的岗位销售客服，他是该主动通知客户，还是选择沉默，等客户自己发现问题后再找上门来？正确的做法显而易见，当然是前者，但是在现实情况中，并不是所有人都能把事情做对。

因为人的心理总是害怕受到别人的责备，即使不是因为自己的过错而造成的。根据以往的经验，销售客服会受到客户一连串的追问和抱怨，这种消极的情绪会影响销售客服做出正确的判断和行动。我们必须建立一套高效的沟通机制，提升交付能力。

7.2.1 及时进行沟通

不能按时交货后最重要的措施是及时沟通。受到疫情影响，全球很多大宗商品价格都在上涨，比如纸浆、化学品和钢铁，还有一些材料陷入了全球性的原料短缺局面，比如芯片，一些汽车厂商因为缺少芯片而减产或停产。原材料、零部件的供应商一旦遇到因为原料价格上涨，引起交货期延长的情况，正确的做法是立即通知客户实际的情况，以及预计最长的交货期。客户了解情况后，能够核对后续的生产计划;如果更新后的交期不能满足需求,还有足够的时间采取行动,如寻找替代的供应商或是更换原材料等。如果供应商没有及时通知客户,留给客户的反应时间就很有限,在仓促之间,想要找到供应备选方案的难度就会高,需要付出的成本也高。

7.2.2 交货预警沟通机制的三个层次

为了确保有效沟通的执行,不仅要及时沟通,还要有一套行之有效的沟通机制,见表 7-1。

表 7-1 交货预警沟通机制

层次	沟通内容	如何发现	谁来预警	何时通知	行动措施
一	内部沟通:发现潜在的风险	成品库存数据监控	销售客服	发现可能存在的供应断裂后	①通知主管和内部相关人员(供应链、生产、销售等部门) ②根本原因分析 ③预防措施制定
二	对外沟通:可能造成的缺货	接收到销售客服的预警	供应链经理	潜在风险评估完成以后	①通知客户潜在的断供风险 ②提供客户问题描述和对应措施 ③制定紧急运输方案
三	对外沟通:确认供应链的断裂	接收到销售客服的预警	供应链经理	确认供应断裂后	①通知客户断供的具体时间 ②提供恢复供应方案

1. 内部沟通:发现潜在的风险

当销售客服在进行每周的成品库存分析时,如果发现预计的期末可用库存无法满足客户后续的订单需求,意味着潜在的断供风险就要出现,见表 7-2。

表 7-2 期末可用库存 单位:件

第 2 周	0	1	2	3	4	5
客户订单	—	19	17	25	21	29
期末可用库存	50	31	14	29	8	9
周生产计划	—	—	—	40	—	30

表 7-2 中,期初的库存是 50 件,第一周完成订单出货后,

期末的可用库存＝50－19＝31(件)

以此类推，第二周期末库存是 14 件。在第三周，库存已经无法满足需交付的订单数量 25 件，所以必须安排生产，原定的计划是需要在当周完成 40 件，所以

第三周期末的可用库存＝14＋40－25＝29(件)

同理，在第五周时，生产计划完成 30 件，才能确保当周订单数量 29 件能顺利交货。

如果在第三周时，由于某些原因，生产部门未能够如数完成 40 件的计划量，就会产生潜在的交付风险。风险被识别出后，销售客服应该立即把这个情况汇报给主管，并且通知到公司内部的相关人员，特别是生产部。与此同时，销售客服还需要对出现断供的根本原因进行分析，制定相应的预防性措施，来防止类似的问题再次发生。如果通过内部的协调，产量能够达到预期数量，断供的风险就会被及时化解。然后，销售客服要通知所有相关人员事情已经妥善处理完毕。当然，由于警报已解除，就不需要另行通知客户。

如果经过生产协调后，发现仍然无法达成第三周全部的生产计划，为了保障客户不会断供，生产至少需要完成的产量＝25－14＝11(件)，这是保护客户产线的最少数量。销售客服要把底线明确地通知到生产部，同时把情况汇报给他的上级——供应链经理。

2. 对外沟通：可能造成的缺货

供应链经理接到销售客服的预警以后，应当立即对此次交付风险进行评估。如果评估的结果是无法完成最小数量的要求，即断供的危机无法在短期之内得到解决，供应链经理就应该立即书面通知客户潜在的断供风险，并主动进行电话沟通。作为资深的管理者，供应链经理应该具备较高的商业敏感度，能判断事情的严重程度，懂得用最恰当的方式与客户沟通。从工作经验和级别上，供应链经理是负责对外沟通的合适人选。

当然，主动通知客户是远远不够的，为了让客户放心，还需要把问题的前因后果尽可能详尽地向客户解释清楚。为了让客户进一步安心，供应链经理还需要提供有效的应对措施。这些措施要经得起客户的挑战，而不是缺乏可操作性的方案。

如有必要，供应链部门还要制定紧急的运输方案，使用专车运输或是空运，甚至是手提急件的方式来保障供应。

3. 对外沟通：确认供应的断裂

在竭尽全力之后，还是无法补救供应断裂怎么办？供应链经理只能在第一时间内通知客户，准确地告诉对方断供的具体时间，以及后续恢复供应的计划。恢复计划应该包括每天可以完成的产量、可出货的成品数量、每天的生产班次情况、运行的设备数量等细节。由于是己方原因导致客户停线，补货运输费用也应该由供应方承担，否则难以平息采购方的抱怨与不满。

作为一个有责任感的供应商，对外沟通必须诚实地通知客户，不可以隐瞒或是捏造事实，切忌推卸责任，给客户留下更差的印象。

在公司内部，供应链经理要把这次的事故进行复盘，找出导致客户停线的根本原因，并分享给各个相关部门进行经验总结和反思。面对断供的结果，公司内部不应该是相互推卸责任，而是要认真地思考问题的根源，采取相应的行动来消除它，这样才能有效地预防同样的问题再次发生。

7.3 销售客服的工作职责和职业素养

销售客服承担了大量的交付管理工作，是企业与客户联络的主要窗口，是供应链部门中非常重要的岗位。销售客服直接对接客户，对内需要和公司内部诸多个部门进行沟通协调。岗位的主要职责是负责接收客户预测和订单，把订单信息传递给生产部门，跟踪生产进度，在指定的交货时间窗口内完成订单出货，最后跟踪回款情况。

7.3.1 销售客服主要的工作职责

1. 客户需求管理

(1)定期接收客户订单。

通过邮件/传真等手工方式，或是通过电子传输的 EDI/Web EDI 方式接收订单；及时把客户需求信息导入ERP系统中，并且处理在导入过程中的数据异常情况。

(2)与客户确认预测和实际订单数量上的差异，确保数据真实有效。

及时和客户反馈数据的差异是一项重要的工作，因为此项工作可以发现客户预测或是订单上一些问题，比如输入错误、订单数量差异，或者是产品单价、包装数量、商品编码等上的错误。发现异常后及时通知客户，可以预防同样的错误重复发生。

(3)与生产计划部门确认交货计划的可行性。

定期和生产计划部门确认交货计划是否能够达成。如有必要，与原料采购部门确认原材料的到货计划。一旦发生交货的异常情况，应该立即和客户沟通交货计划的变动，寻求客户的批准来更改交期。销售客服不能只盯着自己的客户订单，也需要经常了解供应链上其他环节的情况，比如原材料供应和物流运输市场趋势等，保持对整个供应链条的敏感度。

(4)跟踪生产进度和预计完成日期。

如遭遇内部产能问题，无法满足所有客户订单需求时，需要协调各个客户的交期，排出交货的优先级。如果是涉及多个客服人员，就需要由级别更高的管理者来做出“仲裁”，决定先做哪个客户的哪些订单，否则，各个客服之间会相互抢夺产能资源，引起生产计划的紊乱。

(5)制订出货计划，确保按时足量交货到客户指定地点。

及时交货率是一项硬指标，必须考虑到在途运输所需要的全部时间，在客户指定的时间窗口内到货。出货计划需要考虑运输市场最新的动态，跟踪实际的运输时间，并以此来调整系统内运输时间参数。

(6)安排出货。

根据货物的托盘数量、体积重量，合理安排运输出货计划，尽量提高集装箱或卡车的装载率，合理地节省物流费用。

(7)跟踪成品安全库存，合理设定最小/最大安全库存量。

使用日报表和周边表等工具，来跟踪成品库存数量。一旦库存低于最小安全量,应该及时向上级主管预警,并跟踪生产进度,安排补货。

(8)管理物流供应商的 VMI 仓库。

这项工作中包括库存日报表、货物进出库的物流记录和各种物流费用的统计工作。

(9)主数据维护。

在 ERP 系统中维护系统参数(运输时间、最小出货量、安全库存数量),定期核对这些参数是否真实有效。

(10)跟踪可回收包装箱的数量和状态

可回收包装很容易丢失或是破损,这些物流容器是公司的资产,同时也关系到成品出货的及时率。缺少足够数量的包装箱,可能会引起交货延迟、供应中断和客户投诉等后果。

(11)制作各类出货单据。

这些单据包括发票箱单、质检报告、出口货物报关单据等。

(12)跟踪客户的销售额和应收货款的情况。

跟踪公司每月的开票金额,统计销售完成进度。定期审核应收货款,对于逾期情况进行汇总,上报给主管。

2. 客户关系维护

(1)定期与客户主动沟通。

可以通过电话或是邮件定期与客户进行沟通,目的是确保需求信息的完整性、准确性和可靠性,避免“意外的惊喜”。电话沟通可以增进与客户之间的了解和信任,有效避免因为邮件沟通而造成的误解。而邮件是最正式的沟通方式,在写邮件时,务必要言简意赅,把想要表达的想法和信息,用简洁的语言和精确的数字传递给对方,坚决避免长篇大论或泛泛而谈。

使用英语沟通时,经常会因为语言和文化的差异,没能清楚地了解到对方的本意,更加需要注意表达的方式,不要使用会引起歧义的词语。如有必要,与海外客户通个电话,确认对方的真实意图。

(2)了解供货绩效表现。

及时了解客户统计的及时交货率,对低于指标的部分进行原因分析,制订行动计划,改善交货表现。除了公司内部统计的及时交货率,销售客服也要了解在客户端的统计分数,自卖自夸是不行的,必须获得客户的认可。

(3)沟通交货延迟问题。

对于交货过程中的延迟问题及时与客户进行沟通,协商交货的优先级。对于延迟交货的根本原因进行分析,和相关部门一起制订改进计划并负责跟踪。客户需要了解为什么不能按时出货的根本原因分析。销售客服需要如实汇报情况,并且给出确实可行的补救方案,这样才能得到客户的信任。

(4)每年拜访 VIP 客户。

最佳的沟通方式是面对面交流,可以增进彼此的了解和信任。有句俗话,“见面三分情”,面对面交流是和客户建立信任关系最好的方式。考虑到销售客服平时的工作量,一年一次的客户拜访,当面交流是可行的。

(5)始终要有 B 计划。

确保公司内至少有一个经过培训的后备人员,当销售客服请假外出时,可以代理其负责的客户联络工作。员工总是会因为一些原因请假或者是休假,公司不能因为某个员工没来上班,就不能正常运转,特别是对销售客服这样重要的岗位。试想一下,如果客户有一个紧急的订单需要询问交货期,当天得不到答复就会非常紧张焦虑。所以公司内至少要有一个可以代理工作的人员,培训至少两名的销售客服,相互成为后备。即便一人请假,后备人员可以无缝对接业务,保障工作能够平稳顺利进行。

7.3.2　销售客服需要具备的职业素养

优秀的销售客服需要具备的知识、技能和职业精神如下所述。

1. 专业知识

(1)外语。

外语方面的专业知识,包括外语的听说读写能力,一样都不能少。

(2)国际贸易知识。

如果公司有许多外贸客户,销售客服要能读懂合同,精通 Incoterms®(国际贸易术语解释通则)条款,理解贸易合规的重要性,能够独立完成外贸单证制造等。

(3)供应链基本知识。

销售客服需要掌握供应链最基本的常识和精益的概念,理解简单的制造工艺流程。

(4)办公软件。

销售客服应会熟练使用 Word, Excel, PowerPoint 等基础的应用软件,如有条件,可以深造 Access 数据库和更加高端的商业数据分析软件。

(5)ERP 系统。

销售客服需会使用 ERP 系统相关的模块,如 SAP 系统中的销售模块等。

2. 产品知识

知己知彼,销售客服需要对自家的产品和制造工艺都有深刻的了解。有些公司会让新入职的员工到生产线上工作 1～3 个月,以便他们能够更好地了解产品的制造工艺。通过生产现场的实际操作,员工能够说出产品来源于哪条生产线,大概什么样子,主要的原材料有哪些。在生产线上的操作过程中,员工会学习最基本的产品知识,亲身实践的学习效果最好。除此之外,公司还要定期给销售人员安排产品知识的培训,通过系统讲解,帮助员工掌握理论知识,加强销售团队的专业度。

3. 沟通技巧

有效沟通是销售客服必须掌握的技能。

(1)善于聆听。真正的沟通高手首先是一个热衷聆听的人。

(2)同理心。指能够站在对方的角度来考虑问题,这样就能够拉近沟通双方心理上的距离。

(3)客观表达。实事求是地反映情况,不要添加任何主观感情的内容,也不要给予客户任何不切实际的承诺。

4. 职业精神

销售客服的工作强度大,压力也大,工作的创新性低。能够在这样的工作环境下长期从事重复性的工作，对于员工是一个很大的挑战。如何给员工创造出一个“减压”的工作环境，这是管理层需要考虑的问题。过高的人员流动率会给企业带来额外的损失，保持客服团队的稳定性，对企业是至关重要的。

销售客服在企业里是不怎么出彩的员工，但就是这些“无名英雄”的默默奉献，保证了客户订单按时足量的完美履行，帮助企业实现销售的目标。

7.4　交付的最佳实践 VMI（供应商管理库存）

需求和供应两端都存在不确定性。需求的不确定性包括产品生命周期、电商促销和自然灾害等因素；而供应的不确定性来源于资源的周期性、经济和其他外部趋势、牛鞭效应和供应商交付异常等情况。在贸易全球化的浪潮下，供应链变得越来越复杂，交付的难度也变得越来越高。为了应对这种局面，采购和供应双方应携手制定出行业的最佳实践，成功地提升按时足量交付的能力。

7.4.1　什么是供应商管理库存

供应商管理库存（Vendor Managed Inventory，缩写 VMI）是一种提升交付能力的最佳实践。在这种模式中，产品的采购方把需求和库存信息提供给供应方，由供给方全权负责维持在买方经营生产场地（如超市货架）的商品库存。在运营过程中，还需要第三方物流供应商的参与，提供运输和仓储服务。实施 VMI 的目的是确保买方能够始终拥有库存来满足交付，同时还能够优化库存水平。

举一个最简单的例子，饮料自动售货机，业主提供场地和配套设施，饮料供应商负责售货机的日常运营，根据库存情况定期补货。VMI 的起源也是零售业。如，宝洁公司和沃尔玛超市联手合作的一个婴儿尿片的 VMI 项目就是一个经典的案例。在这个项目中，沃尔玛超市把库存交给宝洁公司来管理，起到了双赢的效果。沃尔玛超市减少了缺货的情况，库存成本也降低了。宝洁公司降低了需求的不确定性和送货的成本，同时还成为沃尔玛超市的战略合作伙伴。

7.4.2 VMI 的运作模式

在 VMI 模式中，供应商获取客户的销售数据，并负责维持在客户端一定数量的库存。供应商来决定补货的品种、数量和频次。在完成补货之后，供应商拿到客户的签收记录，并以此为依据向客户开票收款。

客户在 VMI 项目中起主导地位。以汽车行业为例，客户一般都会在整车厂附近几公里的范围内寻找具有资质的第三方仓库和运输服务商，然后要求供应商在指定仓库内设立 VMI 货架库位。当客户需要零部件用于生产装配时，发送要货指令给第三方仓库，把所需要的产品规格和数量配送到客户工厂。由于零部件入厂运输是从 VMI 仓库至整车厂，配送距离大幅缩短，响应速度显著提升。零部件供应商根据整车厂定期提供的销售数据、需求预测和库存信息，自行安排补货，运送至第三方仓库，如图 7-1 所示。

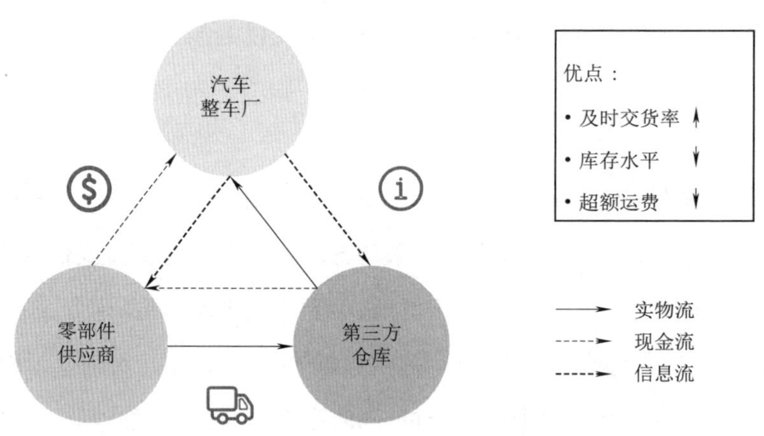

图 7-1　汽车零部件 VMI 运作模式

VMI 模式中涉及客户、供应商和第三方物流，以及实物流、现金流和信息流。它们之间的关系如下。

(1)客户(汽车整车厂)

信息流：提供销售数据、需求预测和库存信息给供应商。

信息流：发送要货信息给第三方仓库，要求送货给客户。

(2)供应商(零部件制造商)

实物流:安排补货到第三方仓库。

现金流:根据客户的签收或使用记录,向客户开票,收回货款。

(3)第三方仓库

实物流:根据客户的要货指令,在仓库内拣货、包装,安排运输至客户仓库。

现金流:向供应商定期收取仓库租用场地和物流操作等费用。

7.4.3 VMI 模式的优势

1. 及时交货率上升

VMI 最初的目的是用于缓解牛鞭效应,客户把补货的职能转移给供应商;供应商使用历史销售数据,结合预测分析的结果,自行安排补货计划。供应商在一次次补货的过程中,不断修正预测模型,提高预测的准确率,可以减少缺货的情况,提高交货及时率。

2. 库存下降

成功推行 VMI,可以控制库存的数量始终保持在最小值与最大值之间,不会产生过高的库存或呆滞库存。不管 VMI 库存的所有权归属于客户还是供应商,整体的库存水平会得到控制,从而提升整个供应链的效率,降低了库存成本。

3. 紧急补货运费下降

由于缺货而导致的紧急运输费用也会降低。供应商时刻关注客户的库存水位,根据实际销售或使用数量及时安排补货。

4. 运输费用降低,质量得到保障

在订单拉动模式中,如果货量较少,供应商一般采用零担运输,不仅单件产品运输费用高,而且还存在转运过程中货损的风险。使用 VMI 模式补货,供应商可以凑满一辆整车或是集装箱整柜;运费平摊到每件产品后更低,减少了运输的费用。整车和集装箱运输能够更好地保护产品,保障了运输质量。

7.4.4 库存所有权的问题

根据最初的标准定义,VMI 的库存是归客户所有。但是在实际操作中,又演化出了一种新的模式，VMI—寄售库存（Consignment stock）协议。在这种新模式下，库存的所有权属于供应商。供应商补货到第三方仓库之后，并不能立即给客户开票；只能等到客户从第三方仓库提货以后，供应商才能开票。在客户实际提货之前，不管这段时间有多长，仓库里库存的所有权始终属于供应商。这种模式在国内汽车行业内非常普遍，很多的整车厂都是在工厂附近设立一些 VMI 仓库，规定供应商必须先送货到中转仓库，等到整车厂实际使用后才能开具发票，再根据合同约定的付款条件完成结算。还有一些整车厂的 VMI 条款更为苛刻，规定只有零件在生产线边完成装配以后，供应商才能最终进行开票。这样一来，整个“补货—开票”的周期又被拉长了。

VMI 是供应商管理库存通用的名称，而具体的库存所有权问题，需要由客户与供应商协商后决定，在合同协议中明确规定双方的责任和义务。VMI 是为了便于理解而使用的一个名词，它是贸易条款，不是法律条款，所以库存所有权要以双方签订的合同为准。

7.4.5 VMI 实施的误区

实施 VMI 的初衷是为了缓解牛鞭效应，提高交货及时率。但是，在实际运作的过程中，客户发现了它的另外一个“优点”：通过转移库存所有权给供应商，从而降低自己的库存成本。

例如，在 VMI—寄售库存协议中，库存的所有权是属于供应商的，一些客户就利用了这一条款，把降库存作为 VMI 项目的主要出发点，但却陷入了以下几个误区。

1. 不管什么样的供应商，都拉进来做 VMI

为了实现降低库存的目的，客户不考虑供应商的实际管理水平、财务健康状况、交货质量稳定性等因素，强拉供应商加入 VMI 项目。这样一来，如果供应商的交货或产品质量出了问题，客户就没有足够的时间做出反应，到了最后受损失最大的还是客户自己。

2. 不专业的第三方物流供应商

第三方物流供应商是实施 VMI 的关键环节。VMI 项目的仓库，不是简单的存储，而是具有高度信息化和增值物流服务的专业仓库。不专业的仓库服务供应商没有能力提供实时的、准确的库存数据，这会对补货计划产生很大的影响，可能会影响客户生产计划和交货率。

3. 对于预测和补货不管不问，全部交由供应商负责

在实施了 VMI 以后，客户仍然要对库存数量进行监控。供应商出于节省运费的考虑，想要凑满足够多的货物后安排运输，补货的间隔时间会比较长。如果客户对库存水平疏于管理，可能会有缺料停线的风险，事后把责任全部推给供应商也是有失公允的。

实施 VMI 确实可以降低客户的库存压力，但是如果走进了以上的这些误区，就会发现“羊毛最终是要出在羊身上的”，想要省下来的钱，到最后还比不上停线的损失。

7.4.6　VMI 成功的关键

VMI 降低了企业商品缺货的风险，减少了供应链中的库存。想要获得 VMI 的成功，企业需要注意以下几点。

1. 选择合适的供应商伙伴

客户在选择供应商实施 VMI 时应该设定一定的标准，比如供应商每年的采购金额。举个例子，如果年采购额低于 10 万元人民币的供应商，净利润按照 8%来计算，供应商就不太可能为了赚 8 000 块钱来配合客户做 VMI。所以在挑选合作伙伴的时候，首选的供应商一定是采购金额排在前 10 位的，且已有较长时间业务往来，已经建立起了相互信任合作关系的。在此之上，VMI 项目才能顺利地实施下去。双方一起制定 VMI 协议，明确货物的所有权转移节点、付款条款和考核标准。

2. 信任伙伴、分担风险、信息共享

VMI 成功的关键是信任。供应商根据客户提供的销售数据，在客户的场地

(如零售商或分销商)维护商品的库存数量。客户放弃了商品上架的控制权,如果供应商没有按时补货,客户就会受到销售损失。

合作双方还要共担风险。在某些情况下,如果库存卖不出去,供应商将从客户那里重新回购产品。合作双方要分享真实的信息,客户需要公布促销计划、产品生命周期、历史销售数据、需求预测、库存数据和货物在途信息等。

3. 专业的物流服务供应商

第三方的 VMI 仓库负责集中管理各个供应商的物料,通过规模效应来降低物流成本。合格的 VMI 仓库需要有高度信息化的仓库管理系统,为客户和供应商提供准确的库存信息和进出库记录。物流服务供应商还可以为客户提供一些增值的服务,如入库检验、更换产品包装与入厂标签和回收空箱等。

4. 设定合理的最小/最大库存

VMI 设定的库存目标既不能过高,也不能过低,需要有一个合理的最小/最大库存区间。如何设立合理的库存范围?

首先是最小库存的设定,底线是必须保证客户不会断货,库存数量能够维持到下一次补货的到达。最小库存计算公式如下:

最小库存数量=客户每天的平均需求量×安全时间(天)

安全时间的设定要根据供应商的情况而定,交货质量越是稳定,运输时间越是短,时间就可以设置得越短;反之安全时间就要设置得更长。

安全时间应该包括以下几点:

(1)运输时间。从供应商工厂到 VMI 仓库的全部运输时间。

(2)VMI 仓库作业时间。包括仓库入库、理货、出库的操作时间。

(3)缓冲时间。可以预留一些额外的时间作为缓冲,来应对可能出现的意外情况。

其次是最大库存的设置。这方面需要考虑的主要是 VMI 仓库的存储能力,同时供应商也要考虑库存越高所需要承担的库存持有成本也越高。不管库存所有权归属于谁,都会占用一笔流动资金,所以需要根据客户实际需求预测波动,不断地进行调整。

VMI不是单纯地转移库存资金压力的工具，而是有效缓解牛鞭效应的管理利器。VMI成功实施的关键是，客户与供应商建立起长期信任的合作关系，共享真实的销售预测信息，建立合理的补货流程，培训员工共同有效地进行管理。

7.5　如何系统性地改善交付问题

交付问题需要标本兼治，很多时候人们只关注到表面上的问题，一旦解决后，往往会忽略问题的根源。如果不去除掉“病根”，同样的问题还会再次发生。因此我们需要系统性地改善交付上的问题。

7.5.1　交付改善路径图

交付是将正确的数量（Right quantity）、正确的产品（Right product）、正确的时间（Right time）、正确的地点（Right place）、正确的条件（Right condition）、正确的用户（Right customer）和正确的成本（Right cost）交付给客户，这就是7R原则。把订单按照客户要求完成交付，才能顺利地收到货款，赢得更多的业务。

7R原则中最关键的有两点：第一是正确的数量；第二是正确的时间。对应在供应链的术语中，正确的数量就是足量，按照订单上的数量，不多不少地交付；正确的时间就是按时，按照要求到货的日期时间，不早也不晚地送达。

如果订单不能完成交付，供应链就会扮演“催货专员”和“救火队长”的角色。如何破解这种局面，头疼医头脚疼医脚，只能暂时缓解问题。只有通过系统性地分析失效模式，识别问题根源，采取适当的行动，才能消除根本原因，持续改善。使用治标治本的方法，一劳永逸地解决交付问题，这才是正确的道路。

按时足量交付的改善是为了消除损失，通过寻找所有的失效模式，即导致未能按时足量交付的原因，使用持续改善的方法，最终提高客户满意度，并维持好与客户之间良好关系。改善主要使用的方法包括对损失的分析，识别根源，搭建改善框架，保持改善结果。不仅是要把问题根源都解决掉，而且还要设置一套系统流程，把改善的成果保持下来。见表7-3。

表 7-3　按时足量交付改善目的

项　目	改善的目的
按时交付	降低延迟或提前交付引起的异常情况。 降低延误，提高货车装载、运输使用率。 改善计划排期完成率和服务质量。 提高客户满意度，维护客户关系
足量交付	降低订单未完成交付的数量。 降低未按照订单数量的交付。 减少库存，提高库存准确性。 提高客户满意度和客户关系维护

俗话说，饭要一口一口吃，路要一步一步走。针对问题改善这类的事情，需要依照系统的方法，循序渐进地实施。改善活动本身就是一个项目管理，需要建立起一个行动小组，预先设定好项目的几个阶段，按部就班地执行每阶段需要采取的行动，收集的资料，输出的结果。大部分的交付问题都可以通过系统性的方法得到解决。

如图 7-2 所示，订单按时足量交付改善分为五个步骤：

(1)分析失效模式，识别关键流程；

(2)恢复订单交付流程的基本状态；

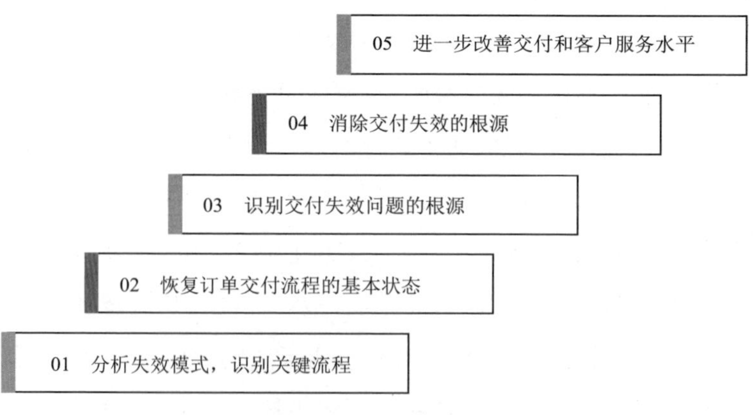

图 7-2　订单按时足量交付改善步骤

(3)识别交付失效问题的根源；

(4)消除交付失效的根源；

(5)进一步改善交付和客户服务水平。

在每一个改善步骤中，还包含着多个具体活动。在完成本阶段所有活动以后，需要有一份输出物，它可以是发现的问题，取得的一致意见，对流程进行的评估，或是建立起的改善流程等。每阶段的输出物获得了高层批准后，才能进入下一个阶段的任务。以下是为此五个步骤的详述。

7.5.2　分析失效模式，识别关键流程

在第一个步骤中，改善活动的目标是了解对业务和客户影响重大的KPI，并识别绩效中的差距。阶段的输出物是发现交付中的问题和影响绩效的关键流程，并对客户服务标准达成一致，如图7-3所示。

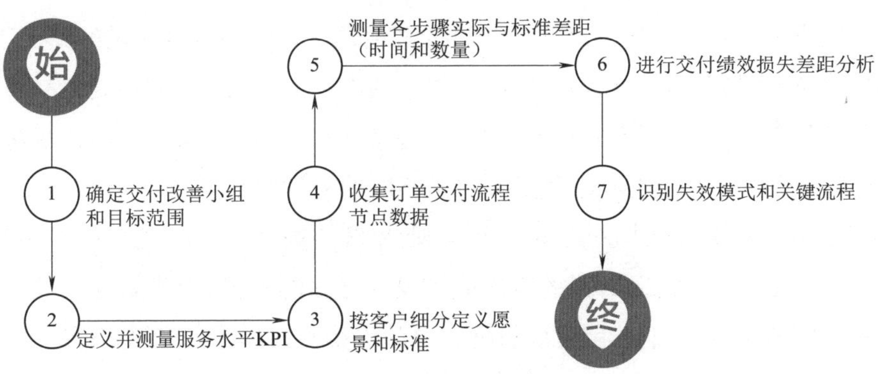

图7-3　分析失效模式，识别关键流程的具体步骤

1. 确定交付改善小组和目标范围

订单不能按时足量交付，供应链部门能否靠一己之力搞定？答案肯定是不行的。因为这项工作需要多个职能部门的协同合作，比如生产部，因为成品是由工人在生产线上加工装配完成的，订单不能履约出货，一多半是和生产部门有关。除了生产部，其他的职能部门还包括销售部、采购部、财务部、仓库等。把订单按时足量

交付出去，是全公司的共同目标，这些职能部门就是利益相关者。订单交付改善是一个项目，那就需要建立一支项目管理团队，由以上提到的利益相关部门组成，并指定一名项目经理，统筹规划项目的实施和团队的管理。项目组成员各有所长，各司其职，利用他们现有的资源和知识技能经验，完成项目中各自需要承担的责任。

改善小组组成之后，要定义好项目的目标范围，凡是超出了这个范围的任务，即使它非常重要，也只能先搁置一边，以后再说。以上这些任务完成以后，可以进入下一个活动。

2. 定义并测量服务水平 KPI

大多数的企业都是使用按时足量作为交付服务水平的绩效考核指标，以此来评估供应商的交货表现。按时主要是与物流和运输管理有关，足量主要是与生产和库存管理有关，因此，按时足量交付改善应该采取不同的路径。

3. 按客户细分定义愿景和标准

供应商是否对所有的客户都要做到按时足量交付？在资源充足的情况下，供应商应该选择“是”；但是在很多情况下，供应商没有足够的资源来满足所有客户的完美订单履行，无法让所有客户都满意。在这种情况下，供应商需要对市场进行细分，把客户根据一定规则分类，然后制定出不同的交付策略。

可以使用柏拉图分析法（也称二八法则）做客户细分。往往 20%的客户，贡献了 80%的销售额，因此这 20%的客户值得投入更多的资源，为他们提供最佳的服务。一旦完成了客户细分，就可以根据客户的重要性和具体需求，综合考虑服务水平、库存和交付成本，来制定出不同的交付标准。

4. 收集订单交付流程节点数据

需要分析一张订单从头到尾的全部过程记录，从接收到客户订单开始，直至订单被客户签收，哪些环节是流程节点。比如，确认订单交付日期和数量，是否在客户规定的时限内完成了确认的工作，并将信息反馈给客户。对每个节点的日期进行统计，可以判断其中是否有改善的空间。

5. 测量各步骤实际与标准差距（时间和数量）

实际数据一般从信息系统中获取，比如导出仓库实际出货的数量和客户要求的数量进行对比，或者以实际抵达客户仓库的时间和承诺到货的时间对比。

6. 进行交付绩效损失差距分析

根据绩效未达标的情况，进行逐条分析，然后进行失效模式的归类，比如是产品缺货、损坏、错误的包装或产品等。

7. 识别失效模式和关键流程

在获得详细的失效模式以后，就要对这些原因进行归类统计，见表 7-4。

表 7-4　失效模式

编　　号	足量交付	按时交付
1	缺货一生产计划	缺货一生产计划
2	缺货一库存管理	系统数据或文件错误
3	缺货一仓库管理	货车一车型错误
4	货物损坏一仓库	司机一缺乏驾驶资质
5	货物损坏一运输	运输路线信息错误
6	发货错误一标签	交付时间未达成一致
7	发货错误一实物	交付指令沟通问题
8	其他	交付绩效指标未达成一致

通过对失效模式占比的排序，可以追踪出最关键的流程。

使用剥茧抽丝的分析方法，一步步了解未能按时足量交付的具体情况，通过差距分析，归类失效模式，为下一步的改善工作夯实基础。

7.5.3　恢复订单交付流程的基本状态

这个阶段的目标是确保现行的指导方针和流程得到贯彻执行，同时恢复标准流程。它的输出物是消除没有按照流程操作引起的交付问题，对交付流程、库存设置进行评估。具体活动分为以下六个步骤，如图 7-4 所示。

1. 提高数据质量

在执行恢复订单交付流程的过程中，首先要提高数据的质量。因为在日常的数据统计中，可能会由于数据质量问题，导致最后统计结果偏离事实真相的现象。

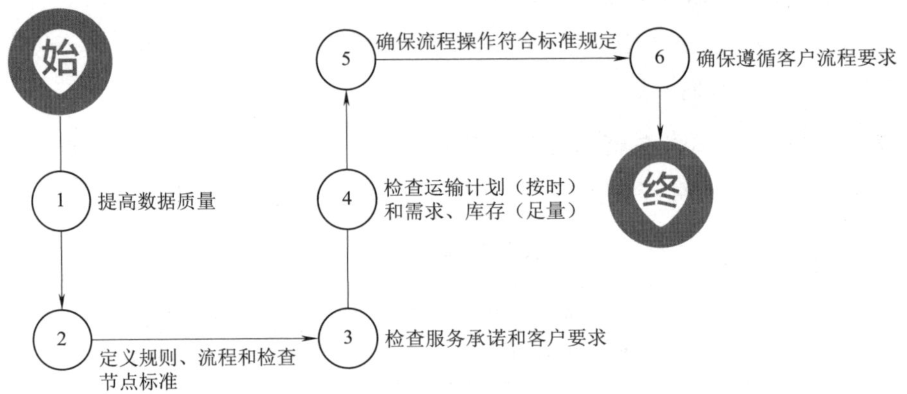

图 7-4　恢复订单交付流程的具体步骤

对于按时交付来说，要检查下列流程，以确保能满足客户交付的要求。

(1)明确并记录客户交付要求。比如，要明确客户订单上的日期，指发货的日期还是指到货的日期。

(2)针对交付计划进行沟通。

(3)了解运输情况。

还需要对服务水平的失效模式进行分解。统计每一种失效模式占总数的百分比。根据每种失效模式占比总和应为 100%，找出可能存在的数据错误和真正导致交付问题的原因。

对于足量交付，需要检查的流程主要包括交付计划和沟通两个方面。

客户是否可以接受欠交订单的数量，比如新产品在刚开始交付时，由于模具原因，没能达到理论中的产出数量，不能按照订单数量交货。这种情况是否可以被客户接受；对于新品，如果客户要求的交付周期很短，是否能够满足需求的数量，这些都是需要检查的流程。

在统计数据时，要把失效模式分解来体现，查找出是否有数据的错误，并找出不能足量交付的真实原因。

2. 定义规则、流程和检查节点标准

通过检查流程节点，评审当前的流程是否可以满足客户服务的目标。比如，在接到客户订单时，重要的节点有接收订单、确认订单、评审订单，还有订单转化为出货计划，然后检查生产计划和原材料采购计划等。然后要确保流程已经落实了，没有出现“说一套，做一套”的情况，那样的话流程就是处于失控的状态。

3. 检查服务承诺和客户要求

此活动是检查是否按照客户的要求进行交付。如在物流协议中，有关于预测、订单、文档、装载方式、交货频率、提货可等待时间，包装标签标准等规定，这些就是客户明确的要求，需要检查是否根据客户的这些要求执行了。

4. 检查运输计划(按时)**和库存、需求**(足量)

运输计划的输入是客户要求交付的数量，生产计划和包装部门需要以此排出一个每周和每日的交付计划。

仓库负责出货的人员，根据包装部门和仓库的人力配置，制订出每天的运输计划，并交给仓库操作人员实施。需要检查周计划和日计划，验证流程是否贯彻实施或是存在不合理之处。

对于足量交付，首先需要检查库存水平的设置，其中包括成品、在制品和原材料，还要查看安全库存的参数。接下来，要检查的是需求计划流程，包括所有的需求信号是否都已经收集到了，预测的偏差是否在允许范围之内。如果预测信息是由销售和市场部提供的，那么他们是否按时提供预测的信息，是否提供质量较高的信息。

5. 确保流程操作符合标准规定

要确保流程操作，包括企业内部和外部供应商，都符合标准的规定。如果操作标准制定不当，可能会造成服务水平的下降。另外，在运输过程中，第三方物流公司是否合规，比如车龄低于规定年限，防自燃防爆胎等的定期检查、行驶限速和车型合规等方面，都需要检查。要对比实际绩效和客户的需求。如有必要，需要和其他部门合作，共同解决问题。

6. 确保遵循客户流程要求

因为不同的客户有不同的收货要求，因此要确保遵守客户的要求。比如，关于包装和标签的标准，如果供应商选择使用可回收塑料箱，需要在可被接受的尺寸和颜色中进行选择。每个包装都必须贴有标签，上面显示客户的零件号、订单号、数量、生产日期和供应商等信息，确保标签的位置容易被识别。对于客户的出货流程，需要保持及时更新，并且在公司内部定期向新员工和相关人员进行培训，确保内部人员对流程完全理解，在执行上不会出现偏差。

恢复订单交付流程的基本状态，首先要提高数据的质量，然后进行各种内部的自查，包括交付流程、重要节点、服务承诺、运输计划、需求计划、库存设置和合规要求等，目的是要消除没有按照流程操作引起的交付问题，对交付流程、库存设置进行评估。

7.5.4 识别交付失效问题的根源

此阶段的目标是识别交付失效根源，并根据重要性进行分类排列；输出物是建立跟踪系统，对比潜在失效和标准流程；记录现有失效模式根源。如图 7-5 所示，是识别交付失效问题根源的具体步骤。

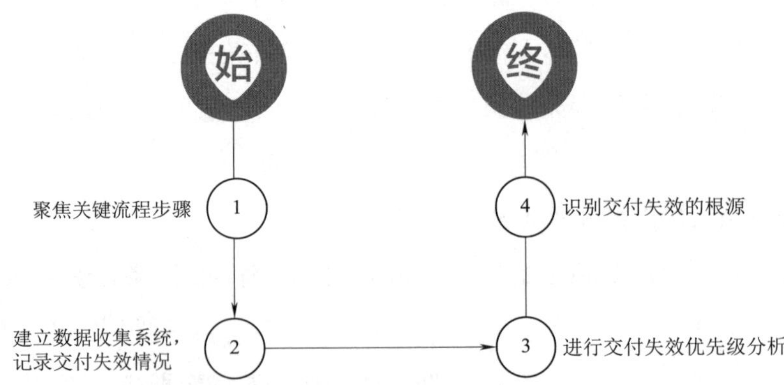

图 7-5　识别交付失效问题根源的具体步骤

1. 聚焦关键流程步骤

此前已经识别出了失效模式和关键流程，并且进行了数据的统计。接下来就要采取行动，来跟踪并消除关键流程中的问题点。

2. 建立数据收集系统，记录交付失效情况

要客观地描述发生的问题，并详尽地记录在电子表格中。每一个失效情况需要列出的内容包括，流程步骤、负责人、距离交付目标的差距，起始日期/时间，完成日期时间和存在的问题等。

为了有效地收集数据，可以使用 3W 的方法，来定义好收集数据的责任，3W 分别是 What，Who 和 When。

What：记录偏差的数据。

Who：由谁来收集这项数据。

When：在什么时候收集。

3. 进行交付失效优先级分析

根据流程分析的结果，确定失效模式的优先级，为消除损失打好基础。如果有很多问题点，难以在同一个时间段内解决，只能按照由高到低的顺序，先击破对交付影响最大的问题，然后按序进行处理。可以用帕累托图法找出影响按时足量交付的主要因素。

4. 识别交付失效的根源

古人倡导“一日三省吾身”，对着自己发问，强调自我评价和反省的重要性。企业为了识别交付失效的根源，也要多问问为什么。从最严重的问题开始分析，可以使用因果树分析法，找到导致问题发生的真正潜在原因；一旦确认以后，再使用 5Why 分析出根本原因。

通过帕累托图法列出分析问题的优先级，然后用顺藤摸瓜式的因果树和 5Why 法，找出导致交付失效的根本原因，就能对问题了然于胸，为下一阶段的活动做好准备。

7.5.5　消除交付失效的根源

此项活动的目标是，消除重复出现的交付失效原因。输出物是，建立持续改善流程来管理重复出现的交付失效问题。如图 7-6 所示，为消除交付失效根源的具体步骤。

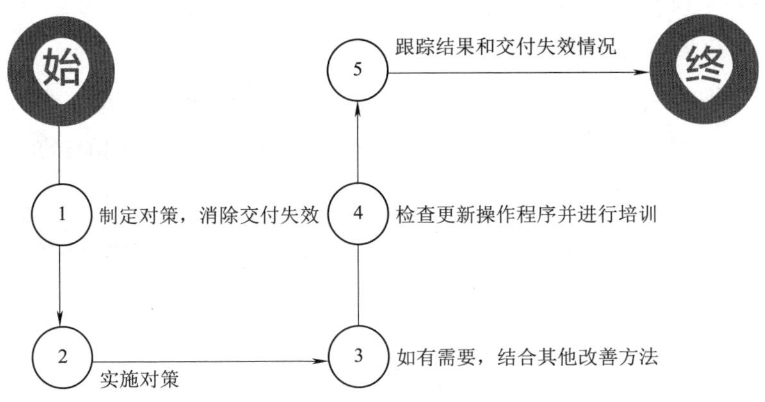

图 7-6　消除交付失效根源的具体步骤

1. 制定对策，消除交付失效

通过上一个阶段的活动，企业已经找到导致交付失效的根本原因，接下来就要制定出能够消除问题根源的对策。对策需要具有可行性，比如当产能不足时，可以选择通过安排工人加班来提高产量。但如果生产已经是 24 小时开工，每周工作 7 天，再想通过加班来提高产量，就是不可行的方案了。或许外包部分产能，缓解内部供应能力不足的方法更具有可操作性。

2. 实施对策

所实施的对策应包括如下三个要点：

(1)根据优先级制订计划；

(2)确定责任人，要写下具体的人名，并且要确认他能够做这项行动；

(3)确认行动的完成进度和预计完成时间。

制定好对策，接下来就要付诸行动。在实施纠正行动时，通常要改变现有的流程，触碰一些人的利益，这些人可能不愿意积极配合纠正行动，这是各个企业具有共性的难点。日常工作会让人产生惯性思维，平稳的、日复一日的工作又给人一种安全感。而执行全新的流程需要打破惯性思维，且具有不确定性，由不确定性产生对未知事物的畏惧感，这是正常的心理活动。如何化解人们对改变的抗拒力，我们需要把大的行动，分解为尽量细小的步骤，降低操作上的难度；每次做出一点点改变，累积到一定程度会形成质变；当人们看到行动产生的积极成果，就会增强负责人对完成任务的信心和意愿。

3. 如有需要，结合其他改善方法

对于复杂的问题，可以使用多种方法来解决。比如，交货承诺时间的问题，可以采用降低前置期的方法；降低生产过程时间可以使用增加工人数量，安排加班，或是用新的工艺提高生产力的方法；缩短在途时间可以用更快捷的运输方式，如改海运为空运等。不管使用哪一种方法，都需要其他部门的配合，单凭一己之力很难搞定跨部门协同的工作。

4. 检查更新操作程序并进行培训

每项改善行动完成后，需要更新标准流程或目标，将新标准正式化，并且清晰地传达。新的标准需要书面化，由负责内部流程管理的部门确认登记，并且在全公司内发布。正式的做法：要确认通知到了每个人，特别是流程的使用者。如有必要还要进行培训，加强员工对新流程的了解，避免产生信息传递不到位的情况。

5. 跟踪结果和交付失效情况

通过每日跟踪实施纠正措施的结果，来看已知的问题是否有复发的情况。如果没有复发，就可以认为行动是真正有效的；如果同样的问题再次发生了，说明可能没有找到问题的根本原因，或者采取的纠正行动没有执行到位。具体是哪种情况导致的，还需要进一步的调查才能得知。

制定对策、实施纠正措施、培训员工和跟踪结果等活动实施完毕后，就为下阶段的改善绩效打好了坚实的基础。

7.5.6　进一步改善交付和客户服务水平

作为系统性地改善交付问题的最后一个阶段，它的目标是进一步改善交付流程和前置期，改善供需协同，更好地使用新技术；输出物是以合作的方式管理交付流程，根据业务战略需要，进一步改善服务水平，如图 7-7 所示。

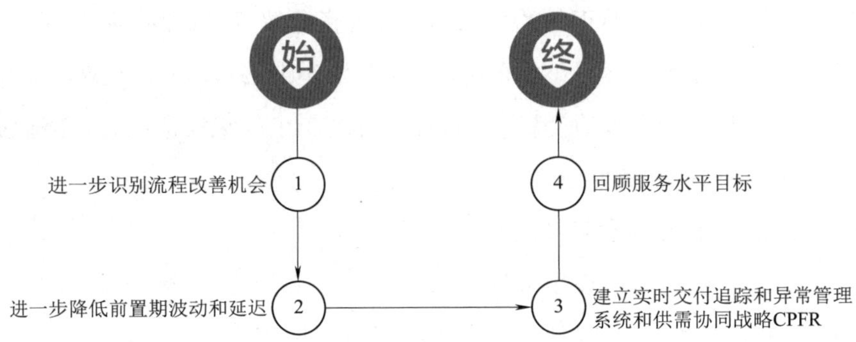

图 7-7　进一步改善交付流程和客户服务水平

1. 进一步识别流程改善机会

在上一轮的改善活动中，我们已经制定了对策，并且结合其他改善方法消除交付失效问题的根源。同时检查、更新操作程序，并对员工进行了培训。实施这些行动后，主要的交付失效根源已经被消除，但是依然要进一步识别流程改善的机会。

通过把供应链向上游延伸，就有机会识别出整个供应环节中潜在的可改善点。这就需要客户定期去审核一些关键供应商，在面对面的会议中，沟通交付过程中遇到的问题，包括预测、需求和紧急订单的配合。通过现场参观走访，可以发现一些潜在的改善点，比如产品的包装、生产制成过程等。作为客户来说，如果可以提供一些有用的建议，帮助供应商实现成本节省，就可以和他们实现双赢的局面。

2. 进一步降低前置期波动和延迟

如果要实现按时足量交付，生产的前置期就必须保持稳定。在许诺客户交货期之后，就能够按照原定的产出能力，来实现交付的目标。但是，在生产和交付过程中总会遇到一些意外情况，比如设备故障、模具损坏、原材料短缺、工人请假和交通堵塞等，都会使得前置期发生波动。

为了更好地理解前置期情况，可以用价值流分析的方法，对每一个活动及其细分的任务进行详细的描绘，包括生产、运输、检验、等待的各个过程，以及库存情况。然后，就可以采取相应的措施，来改善情况，持续减少延迟问题，使得前置期趋于稳定。

3. 建立实时交付追踪和异常管理系统/建立供需协同战略 CPFR

对于按时交付，需要建立实时追踪系统，及时获得提示通知，然后针对意外延迟情况，快速做出调整，满足下游客户的需求。通过使用交付异常管理系统，来提高运输的安全性，确保所有的货物失窃事件得到追踪。对资产进行登记，建立追踪损失报告。如果发生货物损失，可以及时向保险公司索赔。

对于足量交付，需要建立供需协同战略（Collaborative Planning，Forecasting and Replenishment，简称 CPFR），这套工具最早是沃尔玛超市和宝洁公司携手做的一个项目，目的是降低供应商的库存和增加销售额。沃尔玛超市和宝洁公司在共同预测和补货的基础上，进一步推动共同计划的制订，不仅实行共同预测和补货，而且将原来属于各企业内部的计划工作（如生产计划、库存计划、配送计划、销售规划等）由上下游企业共同参与，实现了更好的需求管理、订单交付和绩效考核。

4. 回顾服务水平目标

随着供应双方合作关系不断上升，彼此之间愈发信任，交付水平保持良好状况，库存金额将会有所下降。为了确保这种情况能够长久持续下去，双方需要定期来回顾关键的目标。

知识总结

按时足量交付是一家企业使命感和能力的体现。如果企业能完成客户紧急订单，或是在短期内快速提升交付能力，都会给客户留下好印象，以后就有机会收获更多订单。

沟通是一门学问，特别是涉及交付问题的时候，需要及时和客户沟通，同时还要建立一套预警的机制，根据供应风险的严重程度，采取不同的行动措施，目的是保护客户的生产和销售不受影响。作为日常交付活动的主要窗口人员，销售客服在组织中扮演了串联内、外部的重要角色，不仅需要做好订单和需求管理，还要积极维护客户关系。合格的销售客服需要具备多项的职业素养，同时还要有超强的抗压能力。

VMI是提高交付表现、减缓供应链中牛鞭效应的最佳实践。它成功实施的关键是客户与供应商之间的相互信任。客户不能以转移库存所有权作为出发点，损人利己的做法是短视的行为。

想要系统性地提升交付能力，需要使用项目管理的思维，一步步地展开改善活动。这套方法论还可以应用在其他供应链改善项目中，包括库存优化和运输管理等方面上。

08

第 8 章 逆向物流——一座尚待开采的“金矿”

供应链中有四个流，分别是信息流、实物流、资金流和逆向物流。而逆向物流是一座尚待开采的“金矿”，如果我们使用正确的方法处理各类逆向物流，不仅可以节省运营费用，还可以回收获取有价值的资源。

企业供应链管理中的逆向物流场景更加丰富，其中包括退货和其他逆向物流活动情况。

8.1 案例:退货品的“囧途”

在仓库里完成打包、准备出库的货物都是包装完整、堆放整齐的,就像是整装待发的部队,时刻准备奔赴前线。可是货物一旦被客户退回,再回到仓库的时候,原本的包装几乎都是破损的,里面的货物参差不齐。退货品非常不受人待见,收到这些货物后,企业如何处理也是一个难题。退货品该如何入库?需要经过哪些检验程序?是否还可以继续使用?这些都是让人困扰的问题。

不管是什么原因造成的退货,对于供应链来说都是一大堆麻烦事要接踵而来。首先要安排补货,保障客户的生产不会受影响。如果是因为产品质量不合格引起的退货,还需要准备客户的整改报告,收集整理数据,找出不合格的原因,并向客户解释汇报情况。如果客户很强势,远程汇报还不够,还需要派出售后质量负责人,去客户公司当面汇报工作。

而退货品在被返回后又可能出现如下一些情况。

1. 包装破损严重

原有的产品包装早已经被丢弃,客户可能会随便找个纸箱,把退货品塞进去,打个包。如果在退运的过程中,再遇到一些简单粗暴的操作,那么退货品回到供应商仓库时,里面的产品也几乎已经要变成“废品”了。

2. 没有统一的收货人

由于退货原因不同,可能会有多个收货联系人。比如,是质量问题的退货,收货人一般是质量三包的负责人;如果是产品包装问题的退货,收货人可能是物流部发货人。如果相关负责人员出差或休假了,退货品到了仓库后就可能没人来处理。

3. 无固定收货区域

退货如果是用快递寄回的,很可能就会放在工厂大门保安处。如果是用物流运输车辆运回来的,可能就会卸在仓库收货区。有时为了要找某一批退货,收货人可能要寻遍全厂。

4. 工厂内部处理流程缓慢，容易相互推诿责任

因为质量而退货的产品，需要在工厂的生产、质量、供应链和采购部之间确认产品是否可以再次销售；如若不能，应如何分摊退货造成的损失，以及责任追究。由于涉及内部多个部门，以及外部的客户、原材料供应商和运输服务商，很容易出现相互推卸责任的情况，会出现以下几种情况：

(1)退货产品是否可以返工后继续使用。

退货品并不一定就是质量不合格的产品。经过质量检验以后，一些产品只需要进行返工，还是可以用于二次销售的，但是需要有人承担责任。毕竟是退货品，没人敢打保票，在返工后不会再出现质量问题。

(2)由谁来确认返工品可以再次发货给客户。

生产部希望将返工后的产品卖给客户，这样可以减少报废损失，但品质保证部未必会同意，因为他们需要为这些产品质量做背书，可能会拒绝同意确认。

(3)由谁来提交偏差使用申请。

当退货品经过检验后发现，虽然有一些缺陷，但在产品功能上不影响使用。因为是被客户退货过的产品，对方都有相关记录，如果想要再次销售，需要提交一份偏差使用申请，请客户让步接收这批产品。偏差申请的提出，哪个部门主动来做，就变相承认是这个部门的责任。如果没有一套预先制定的流程，偏差申请就会落入“三不管地带”，最后不了了之。

(4)如果退货品的最终处理意见是报废，那么这笔费用该归到工厂内部哪个部门的账上。

退货品最终被判定为不可使用，只能做报废处理，意味着相关的原材料和工人工时的损失，这笔费用一定要有人承担。因为涉及追责，以及相应的绩效奖金或罚款，很少有人会主动地担下所有的责任，于是就有各种理由、借口推脱。

(5)难以向外部的原材料供应商或者运输公司进行索赔。

如果是外部供应商的原因造成的客户退货，原则上是应该向供应商进行索赔的，比如来料质量不合格，应该向原材料供应商索赔。但是在实际情况中，如果产品结构很复杂，造成不合格的真实原因较难鉴定出来，不容易责任判定，如果供应商坚持不承认是原料质量不合格引起的退货,就会陷入索赔的僵局。

以上诸多问题,使得处理退货的工作成了企业内部人人避之不及的一项工作,很少有人会主动承担这项工作。由于缺少其他部门的配合,负责处理退货的员工工作积极性也普遍不高。退货品如果刚回到工厂,经过挑选,测试合格后还可能有部分产品可以用。但是如果没有及时进行处置,退货品就会被人遗忘,时间过得久了,产品就会彻底失去使用的功能,变成真正的废品。

如何有效地管理退货品的逆向物流,让这块被忽视的库存再次发挥它应有的价值。这需要企业建立起一套行之有效的流程和专业的人员来进行管理。

8.2 什么是逆向物流

8.2.1 逆向物流在哪里

传统意义上的供应链,主要包括从供应商到制造商,再到客户的正向物流,双向流通的信息流,还有从客户付给制造商再付给供应商的现金流。在这三流之外,同时存在的,就是从客户到制造商,从制造商到供应商的逆向物流的过程。逆向物流主要是以实物流动为主,如图 8-1 所示。

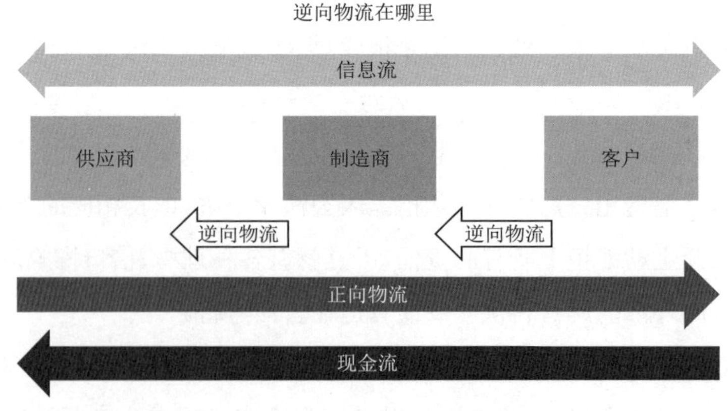

图 8-1 供应链中的逆向物流

8.2.2　推行逆向物流的四大动因

推动逆向物流发展有利于环境保护，但对于企业来说，还需要付出额外的费用践行可持续发展。但有以下四种动因促使企业加大在逆向物流中的投入。

1. 降低退货成本

正向物流的商品有足够多的货量，沿着既定的路线运输，通过优化路线，可以持续降低运输成本。但是退货是终端客户的随机购买行为引起的，有很强的不确定性，难以通过规模效应降低退货费用，所以很多零售商都鼓励顾客去店里退货。即便如此，零售商依然面临着高额的退货成本，退回仓库的商品需要重新检测、修理或修复包装后才能再次销售。如果商品损坏严重，只能在回收部分可用资源后报废处理。另外，产品生命周期较短的商品还必须加快处理速度，否则会迅速过期或被市场淘汰。退货成本倒逼着企业完善退货流程，加快逆向物流网络建设。

2. 增强竞争优势

通过完善的退货渠道和政策，可以提高客户体验。对于产品质量问题，或者是备品备件的维修，如果有完善健全的流程，可以加速维修替换的过程，给客户更好的体验，增强客户满意度，从而提高企业的竞争优势。

3. 环保政策影响

在海洋运输中，船舶燃料会排放出大量含硫的废气，容易形成酸雨，对海洋造成酸化影响，直接危害地球生态系统和公众健康。从 2020 年 1 月开始，国际海事组织(International Maritime Organization，以下简称 IMO)规定船用燃料的含硫量不得超过 0.5%，而此前的标准是不得高于 3.5%。IMO 是联合国下属机构，具有极高的权威性，使得全球航运业以及延伸产业链都要遵从新规。如果承运人不遵守 IMO 的规定，根据不同的司法管辖区，可处以高额罚款、扣船甚至监禁船长的刑罚等。

4. 环保意识崛起

随着人们环保意识的崛起，可持续发展是企业应当承担的社会责任，通过主动倡议、塑造企业环境友好的形象，可以增加销量和市场占有率。根据 2015 年进行的一项相关调查，近75%的20岁以下受访者愿意为环保的产品支付更多费用。一个品牌如果能建立起对社会和环境负责任的声誉，就能收获更多消费者的品牌忠诚度。

8.2.3 SCOR模型中的逆向物流

1. SCOR中的三种逆向物流模式

在SCOR模型中，把逆向物流定义为将材料从客户处通过供应链运回，以解决产品在订单处理或生产制造中发生的缺陷，并进行相关维护活动的流程。SCOR中的逆向物流分为三种类型，分别是缺陷的产品退货、MRO退运和过剩过期产品退货。

(1)缺陷的产品退货

企业可以对缺陷做出自己的定义，一般认为是产品质量不合格，或是其他的问题，如订单延迟或错误交货。针对缺陷产品，企业会提出保修索赔，并进行产品召回和退货。不良品最后的处理不属于退货流程中的一部分。

(2)MRO退运

MRO是Maintenance(保养)、Repair(维修)、Overhaul或Operation(翻修或运营)三个英文单词的缩写。企业需要根据维护计划，定期对MRO类物品进行例行维护、修理和升级，或是故障修复。一般来说，公司资产经过翻新后，可以重新投入使用。

(3)过剩、过期产品退货

根据客户与供应商合同的条款和条件，可能会接收过剩、过期库存或过时产品。产品退货的目的是将库存重新分配到能够销售的地点，比如一些滞销的服装，在原来的品牌店铺中下架后，经过退运到折扣商店中继续销售。

2. 绿色SCOR模型

当SCOR与环境保护结合在一起，就构成了绿色SCOR(Green SCOR)模型。如同SCOR模型一样，在绿色SCOR中，也有五个衡量绩效的指标。

(1)可靠性 Reliability

可靠性指把正确的产品配送给客户的能力。绿色SCOR中的可靠性要求减少产品丢弃过程中产生的废弃物。对于退货品需要减少由于额外运输引起的废气排放和燃料消耗。对于有毒有害物质需要妥善地储存、搬运和处理,并做好全程的跟踪记录。

(2)响应性 Responsiveness

响应性指供应链对环境的影响,比如污染物控制和过程中的其他监管步骤。

(3)柔性 Flexibility

柔性指一家公司能够达到其客户对环境保护的要求,其中包括制造、运输和可回收能力等。

(4)成本 Costs

此处的成本包括环保、清洁和能源使用的成本。

(5)资产管理 Asset management

可持续发展的资产管理指在做资产和投资决策的时候,需要把政府、环境和社会影响都考虑在内。

绿色 SCOR 模型是管理供应链环境影响的工具,其中包含很多的流程,来定义供应链操作范围和相关角色;还使用了各种指标,来评估和衡量供应链环境生态足迹,并且提供减少供应链环境影响的最佳实践。坚持人与自然和谐共生,坚持节约资源和保护环境,供应链从业者需要为了建设美丽中国,创造更好的生活环境,做出自己的一份贡献。

8.2.4　逆向物流的五个层次和应用案例

为了保护地球生态环境,减少废弃物,逆向物流可以分为五个层次,使用了五个含有英文字母 R 开头的单词,所以也被称为 5R 结构,如图 8-2 所示。

1. Reduce 减少资源消耗

富有社会责任感的企业应该时刻留意减少资源消耗,比如,通过技术上的改进,来减少原材料的使用量。这项行动不仅可以降低生产成本,也可以减少资源消耗。除了生产加工环节,工厂运营也要考虑减少能耗,比如,在中午休息时关闭电灯,在洗手间使用感应式的灯源等方式节能。

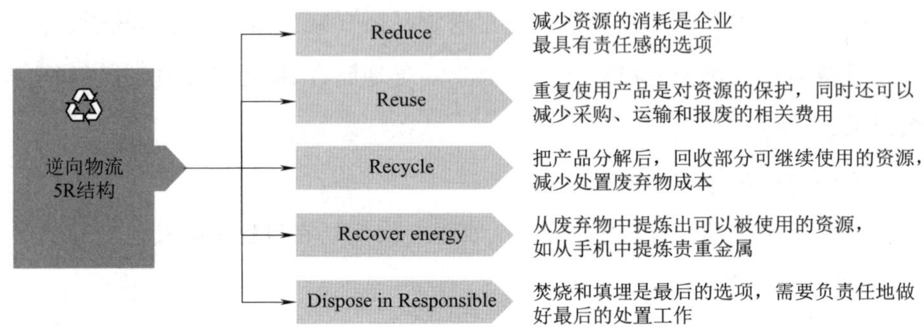

图 8-2　逆向物流(废弃处理)五个层次结构

2. Reuse 重复使用产品

重复使用产品是对资源的保护，同时还可以减少采购、运输和报废的相关费用。比如，在工厂内部用纸箱转运零部件和原材料，在使用了一定次数后，纸箱会破损，最终被丢弃；如果使用塑料或是金属容器转运，就不会出现上述情况。供应商使用可循环的容器运输原材料给客户，等材料被消耗完以后，客户再把空的容器返还给供应商，就实现了容器的重复使用。只要运输和保管得当，塑料或金属容器可以重复再利用很多次。

3. Recycle 回收利用

与减少资源消耗 Reuse 不同的是，Recycle 回收利用是把产品分解后，回收部分可继续使用的资源，减少处置废弃物成本。如，汽车的发动机发生了故障，即将要报废处理，如果引擎里的核心零件状态良好，通过再制造的技术恢复发动机的功能，可以达到新出厂时的状态。通过再制造技术生产的产品，如果质量符合原有标准，就可以避免重复生产，减少对自然资源的消耗。

4. Recover energy

它是指从废弃物中提炼出可以使用的资源，如从旧手机中提炼贵重金属等。

5. Dispose in Responsible

焚烧和填埋是最后的选项，企业需要负责任地做好最后的处置工作。在焚烧的过程中要减少废气的产生；填埋的过程中，也不能随意地向河流海洋中倾倒垃圾。

富有社会责任感的企业都很重视资源的重复利用、回收，以及恰当的废弃处理。以下通过一个案例，来了解一家托盘制造和租赁公司是如何实践绿色逆向物流的。

8.2.5　木托盘的环保之路

C 公司是一家在全球范围内经营物流包装设备租赁服务的跨国公司，提供多项物流服务项目，包括托盘租赁，并且使用的都是木质托盘。根据传统的观念，托盘租赁应该使用更经久耐用的塑料托盘，但 C 公司选择了木质托盘，其中蕴含了该公司对环保问题深层次的思考。

托盘经常会因为叉车司机的操作不当而受损，导致托盘损坏率很高。如果使用塑料托盘，虽然坚固耐用，一旦关键的承重部位受损后，就不能继续使用，整块托盘就要彻底报废，因为塑料托盘是无法维修的。木托盘就不同了，C 公司选用的托盘是模块化的产品，具有可拆卸、可更换部件的优点。只要受损的部件数量小于五个，这块托盘就可以修复，并恢复使用功能。如果受损的部件超过了五个，这块托盘就失去了维修的必要，但是剩余的材料仍然是有使用价值的，不会当作废弃物处理。

从成本角度来看，一块标准尺寸的木托盘制造成本是 150 元，如果只是少量部件损坏，维修成本远低于重新生产一块新的托盘。而同样尺寸的塑料托盘成本是 360 元，由于无法维修，一旦损坏只能整体报废。综合来看，木托盘更具有成本上的优势。维修使用的模块化部件，全部按照标准做好了切割和喷漆，可以直接使用，节省了准备修复材料的时间和人工成本。

从可持续发展的角度来看，木质材料比塑料更加环保。塑料的原料属于不可再生资源，比如聚丙烯是从石油中提炼出来的，而石油是不可再生资源。木材是可再生的，只要控制砍伐的规模，就可以把对环境的影响降到最低。

综合成本和可持续发展的因素，最终促成 C 公司使用木托盘来替代塑料托盘。C 公司的案例实践了逆向物流中的“五个 R”，减少木材原料使用、重复使用托盘、回收可利用的资源，最后，用适当的方法处理废弃物。

当我们在考虑哪种方式更加绿色环保时，需要深入实际情况进行了解分析，才能找到最合适的发展之路。

8.3 案例:汽车零部件退货管理流程分析

退货是供应链流程的一部分,关系到客户购买的体验。如果退货问题没有被及时妥善处理好,很可能会引起客户的不满,从而流失客户。所以,企业需要完善退货管理流程,提升客户退货体验,把流失的客户再找回来。

8.3.1 背景介绍:中国汽车后市场的发展情况

根据公安部交通管理局统计,截至 2021 年 3 月,全国机动车保有量达 3.78 亿辆,其中乘用车 2.87 亿辆。我国乘用车数量仅次于美国,位列世界第二位。虽然我国乘用车产销量每年仍然在增加,但是销量的增速却在放缓。汽车是大宗消费品,与我国 GDP 增长有正相关性。从 2015 年第四季度(Q4)至 2017 年第三季度(Q3),因为一些政策性原因,曾经短暂地出现了背离情况,但在 2018 年第一季度(Q1)购置税优惠政策结束后,乘用车消费与宏观经济发展再度呈现正相关性,如图 8-3 所示。

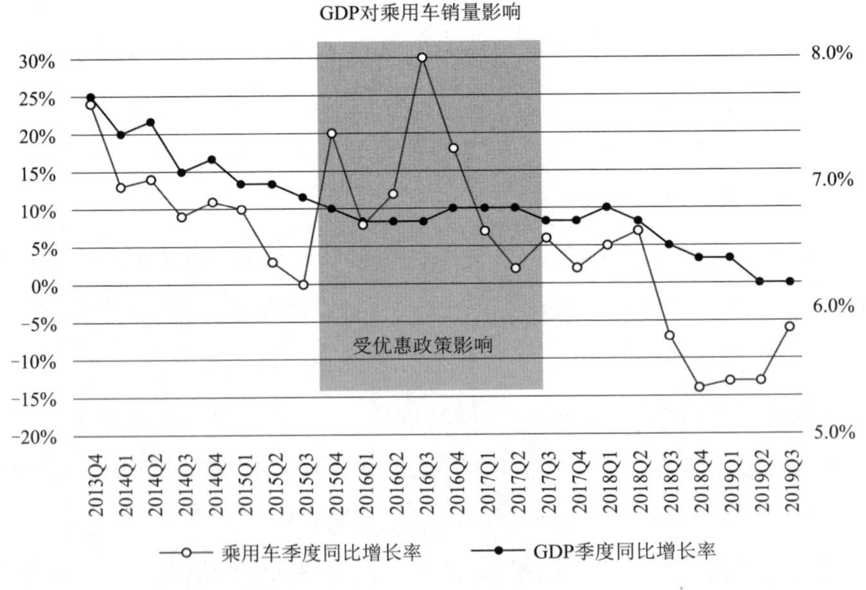

图 8-3 我国 GDP 对乘用车销量影响

在新常态背景下，新车销售逐渐放缓，市场竞争愈发激烈。汽车后市场慢慢成为产业链中最稳定、最丰厚的利润来源。在经济景气时，消费者考虑购置新车；淘汰的旧车在更换零件后，进入二手车交易市场。在经济前景低迷时，消费者倾向延长现有车辆的使用年限，定期做保养，更换易损和车身件。汽车后市场的特色是旱涝保收，宏观经济环境对它的影响较小。全球的汽车零部件制造商都把汽车后市场作为新的利润增长点，纷纷加大投入，以期获得和新车销售成正比的市场占有率，增加新的利润源泉。

8.3.2　L 公司的汽车零部件供货模式

跨国巨头和本国企业纷纷注目于中国汽车后市场。虽然起步较晚，但是国内后市场发展速度快，形成了多样化的销售渠道。在移动互联网时代，新的业务模式层出不穷，销售渠道更新速度加快。

外资零部件制造商 L 公司是一家跨国企业，在 30 多个国家布局了 120 多个生产基地，拥有 3 万多名员工。L 公司主要的产品是车辆照明系统及电子设备，它的售后业务部是欧洲最大的汽车零配件贸易维修公司之一。在中国售后市场中，L 公司把销售渠道分为传统渠道与新兴电商渠道。产品覆盖面从车型件、易损件、升级改装产品到设备与工具。在我国近 30 个省份拥有超过 200 家授权经销商。L 公司汽车零部件在国内的销售渠道大体如图 8-4 所示。

OEM 件(Original equipment manufacturer 的缩写)是指汽车零部件是由零部件制造商供应给汽车整车厂，用于组装新车；OES(Original Equipment Supplier 的缩写)是指汽车零部件是由零部件原厂配件，是在与 OEM 相同的装配线上制造的，在零件上打上品牌或印上制造商的标志，然后进行包装和贴标签。OEM 和 OES 的区别在于销售渠道，OES 件主要是供应给整车厂授权的 4S 店作为配件销售。一般来说，在 4S 店内只能买到原厂的零件。OEM 和 OES 组成了原装配件供应模式。

独立后市场(Independent Aftermarket parts，简称 IAM)模式不存在原厂供应的业务壁垒。后市场零件是 OEM 零件的“复制件”，是成本更低的替换零件。制造商通过逆向工程，可以制作出替换部件，有些产品质量甚至还高于原厂配件。

后市场为终端消费者提供更多维修服务的选择。我国汽车后市场规模巨大，已经成为众多零部件制造商重要的利润源泉，由于准入门槛远低于原厂配件市场，后市场竞争相当激烈。近年来，L 公司不断加大对我国后市场开发投入，但是却长期受到退货问题困扰，因此需要优化退货流程，提高用户满意度。

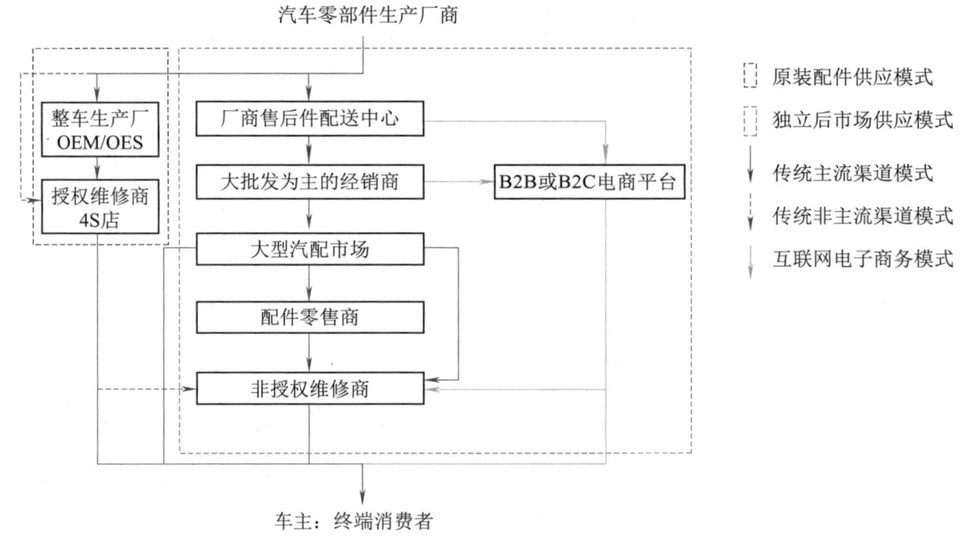

图 8-4　L 公司汽车零部件售后销售渠道

8.3.3　后市场退货流程改进

1. 复杂的退货流程

L 公司后市场零部件主要供给 200 多家经销商，退货也大多源自这些经销商。这些经销商遍布全国各地，原有的退货管理较为复杂。经销商先通过电子邮件、电话和 L 公司的售后客服取得联系，然后填写退货申请书。在经过 L 公司的客服和质量人员确认以后，经销商才可以把问题产品通过物流或是快递退回到 L 公司的分销中心。退货流程需要在经销商和 L 公司之间有几个回合的反复确认过程，存在以下的问题。

(1)时间长，效率低

经销商没法在最短的时间内得到 L 公司的答复。往返的邮件或电话确认占用了经销商和 L 公司工作人员大量的时间。

(2)无缺陷退货率高

大量的退货导致 L 公司工作人员没有足够的精力来核对每一批退货的实际问题原因,有些无缺陷产品也因为各种原因被退货。

(3)退货数据无法汇总分析

由于没有系统性的管理退货信息,导致大量的退货数据来不及进行处理和分析。

(4)经销商满意度和忠诚度下降

经销商正常的退货要求没有及时得到回复,导致客户的满意度下降,长此以往可能会致使客户忠诚度下降,从而转投其他的零件供应厂商。

面对以上的种种问题,L 公司积极展开改进行动,努力提高服务水平。L 公司搭建起了在线经销商平台(Dealer Management System,简称 DMS),主要功能之一就是实现经销商退货的网上批准流程,大大缩短处理此类问题所需的时间。同时也可以对退货数据进行汇总分析,提高客户满意度和增强客户体验。

2. DMS 提升退货管理效率

由于引入了在线 DMS 管理系统,使得 L 公司处理经销商退货效率大幅提高。如图 8-5 所示。以前往往需要一周或更长的确认时间,现在可以在 $N+1$ 天之内就处理完毕。所有的批准手续都是在线上处理,使得办公效率得到改善。DMS 的自动通知系统,也省去了很多邮件往来确认的工作。

使用 DMS 系统,L 公司的质量人员能够快速地处理退货,给出评判意见。以前由于工作效率低下,质量人员不能及时处理大量的退货,因此也无法对退货产品的质量问题进行下一步的分析。不能从根本原因着手,改进质量问题。有些经销商会把一些非质量问题的产品退回给 L 公司,质量人员也没有精力一一甄别。现在,随着新的流程和在线 DMS 的应用,质量人员有足够的时间来仔细核查每一笔的退货。根据事实情况,给予经销商令人信服的答复。如果是自家产品质量缺陷,马上同意退货并给出改进的行动方案;如果不是,也能明确地回复给经销商。这样做的好处是,L 公司和经销商对于产品质量问题都有一个清晰的共识,有利于 L 公司提高产品质量,增强客户满意度与忠诚度。

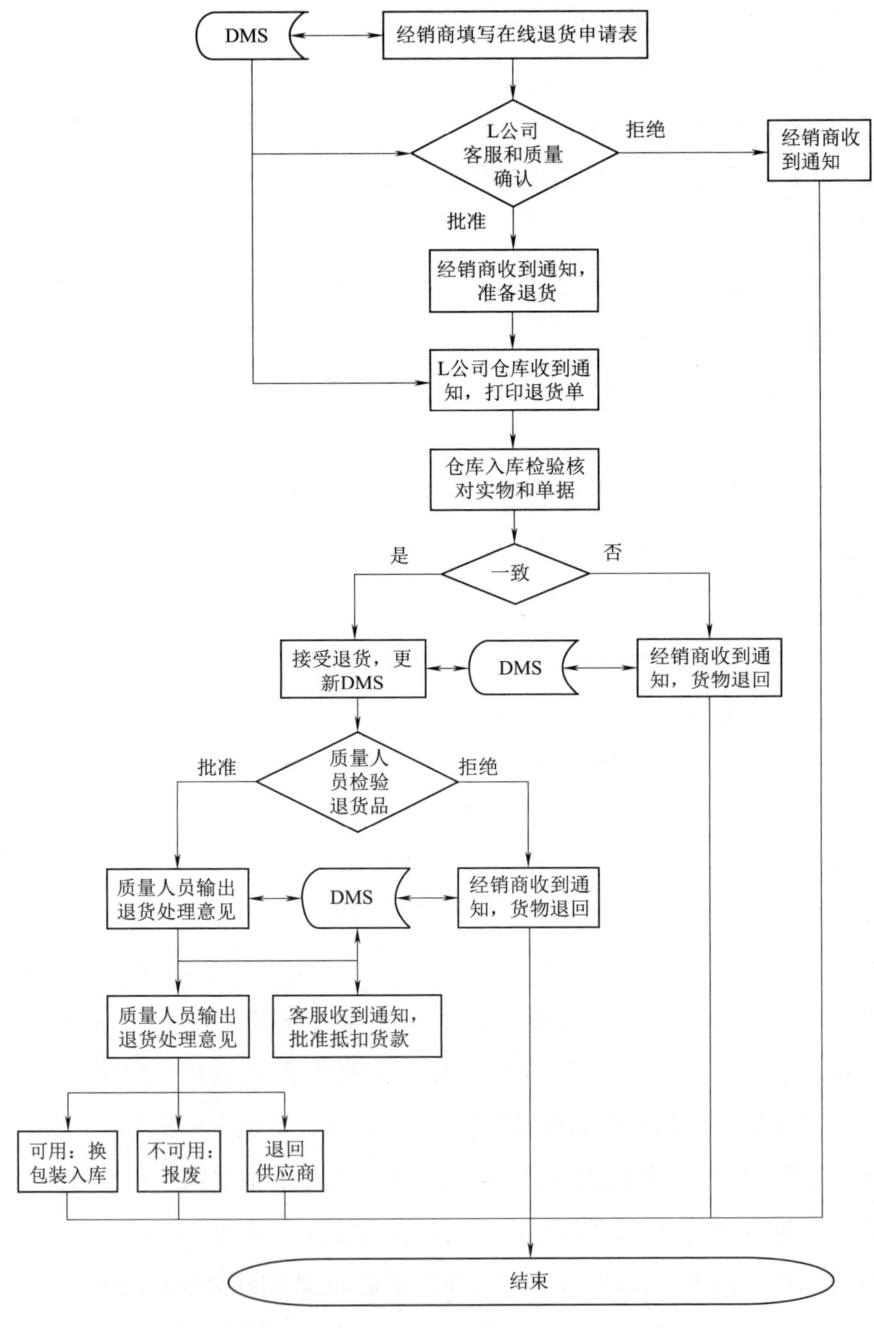

图 8-5　L 公司改进后的退货管理流程

3. 未来新技术应用的探讨

除了 DMS 系统外，L 公司还在积极开发新的技术，来持续提高客户满意度。L 公司正在开发相应的防伪标签技术，并试图对产品的整个流通过程进行追溯。

(1)产品全追溯

对于每一件产品都有一个唯一的识别条码或是二维码。从产品进入 L 公司的分销中心开始，直到产品最终到达经销商处的每一个环节实行标签扫描。这样可以对产品的流通过程展开全追溯，为产品的退货、保修和售后服务提供支持。在未来的汽车配件后市场竞争中，售后服务会占据决定性的因素，超过 50%的利润将会来源于售后服务。通过产品全追溯，可以获取大量的终端客户信息，销售人员可以开展多种多样的营销活动，普及后市场的产品知识，最终牢牢把握住终端消费者。

(2)产品防伪

通过每件产品上的识别码或是二维码实现产品的防伪。在 DMS 系统中设置可以退货的条件，而不再需要反复确认过程。从而增强客户的体验感，减少退货的管理成本。实现可定制的、实时认证的退货系统。

8.4　如何使用 PDCA 工具处理客户退货

上文提到，PDCA 循环工具，即是计划(Plan)、实施(Do)、检查(Check)、行动(Action)。PDCA 循环使用了一个直观的框架，用于改善众多业务领域的流程质量，包括产品生命周期、质量、生产运营和供应链管理。PDCA 适用范围非常广泛，只要能够长期坚持，可以改善许多运营的指标。

PDCA 可以应用在客户退货管理上，使用系统化的工具，一步步解决复杂的退货问题，不仅能快速保障客户利益，而且还可以找出退货的根本原因，使用持续改善的方法，彻底根除问题根源，防止同样的退货再次发生。具体步骤如图 8-6 所示。

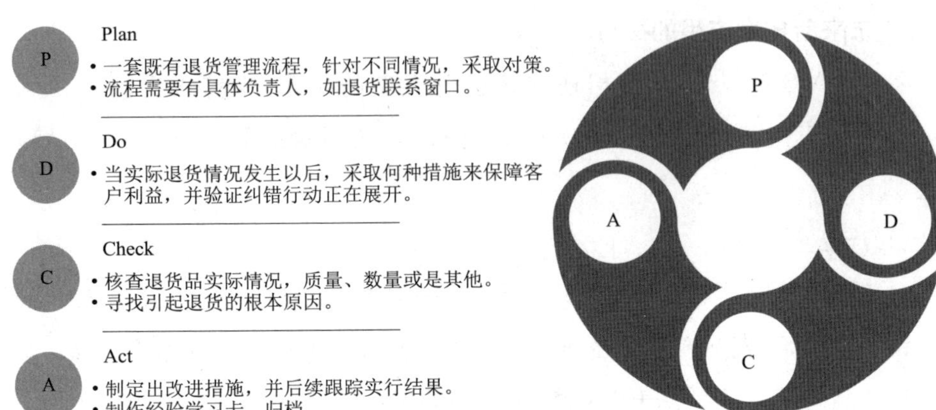

图 8-6　使用 PDCA 处理客户退货

8.4.1　计划

在传统的 PDCA 循环中，计划阶段是定义问题并制定解决方案。而在处理客户退货情况中，计划就已经完成了。比如在前文中的退货流程案例中，L 公司制定好了一套既有退货管理流程，针对不同情况，采取相应的措施。在流程中还有具体负责人，如退货联系窗口等。该计划规定了要做什么，如何做，何时做，以及谁负责完成每项任务。除此之外，计划还要制定数据收集和衡量成功的方法。

8.4.2　实施

1. 发生了什么

当客户退货发生后，正式进入实施阶段。根据流程，首先要了解到底发生了什么事情。企业需要从客户和自身的多个角度来理解问题，要前往问题现场收集数据，了解事实。很多时候，企业都是从自己的角度来看待问题的，这样往往会掉入一个陷阱，认为自身没有问题。比如，把产品的标签贴错了，就认为反正不会影响产品功能，不是很严重的事情。但客户并不是这样看待问题的，错误的标签可能会导致产品无法正确装配，甚至使得整条生产线停止运转。

在了解情况时，企业要坚决避免主观臆断，要使用“三现主义”的原则。即现场、现物和现实，可以理解为“了解真实发生了什么，到它发生的现场，检查真正的原因”。“三现主义”是一个很实用的方法，提供了寻找和解决问题的一揽子方案。它可以直戳企业管理中的痛点，避免人为主观因素在解决问题过程中的干扰。

在落实到具体行动上，可以首先使用 5W 和 2H 的提问方式，收集基本信息。

(1)What happened? 发生了什么?

(2)Why is it a problem? 为什么是个问题?

(3)When detected? 什么时候发现的?

(4)Who detected? 谁发现的?

(5)Where detected? 哪里发现的?

(6)How detected? 怎么发现的?

(7)How many bad parts? 多少坏件?

以上问题有些较容易回答，比如，“发生了什么? 谁发现的? 在哪里发现的?”但还有些问题需要经过一番思考，比如“为什么是一个问题?”当退货发生了，为什么对客户来说是一个问题? 会对客户造成什么样的影响和后果? 是否会产生额外的损失? 这些都是需要思考的问题。

2. 保护客户利益

当火灾发生时，消防员都是先考虑如何救人，然后再来分析着火原因。当质量原因导致退货发生，首先要考虑的就是如何来保护客户的利益。为了保障客户的生产不会受到影响，需要制定紧急的补救措施，从现有库存中挑选，找出质量合格产品，立即给客户补货，务必要把客户潜在的损失降到最低。

3. 分派任务，责任落实到人

分派任务也叫任务分解，是把具体的任务，落实到每个人身上，目的是加快流程处理速度，其中包括 5 个关键的要素。

(1)分解

一项大的任务，需要分解为若干个可以快速处理的小任务，由一人或多人负责完成。在客户退货发生后，需要对库存进行挑选，而库存分布在多个仓库，包括供应商工厂、VMI 仓库和客户的厂内仓库，把任务分解后，就要在各个仓库里派专人挑选。其他的小任务还要安排仓库补货、联络运输等。

(2)一对一

在任务分配上,要做到一个任务有一个负责人的"一对一"关系。俗话说,"三个和尚没水喝",责任人多,反而办不成事情。

(3)定期回顾

分配好的工作,需要定期回顾执行的情况,特别是在退货刚发生时,客户生产线还面临停线风险,需要每天回顾危机处理情况,更新状态和各项数据。

(4)任务完成时间

任务分解落实到人后,还要确定预计完成的时间,也就是最后完成的截止期限。当然,有些任务因为种种原因而不能按时完成,就需要在每日回顾时,把新的预计完成时间更新在记录表上。

(5)关键词

最重要的关键词是,要告诉执行任务的人具体要做的工作,并且在下一次回顾时,带着数据和事实来汇报情况。如果负责人没有准备好,可以先延迟汇报的时间,但必须要带着数据来,不能空口说白话。

8.4.3 检查

在核查的阶段,需要找出引起退货的根本原因。分析原因的方法上文已有介绍,可以使用鱼骨图和5Why分析法。此外,还可以使用因果树分析法(Factor Tree Analysis,简称FTA)来找出造成退货问题的潜在根本原因。一旦确认以后,再使用5Why分析出根本原因。FTA的原理和鱼骨图非常相似,从4个M,即机器(Machine)、方法(Method)、人(Man)和材料(Material)这四个维度来分析原因。

(1)机器:包括机器设备、模具、工装夹具、防错和软件等。

(2)方法:产品的制造和交付过程,包括条件、环境、工作方法、作业指导书和测量方法等。

(3)人:过程中涉及的人为因素,如培训、职业资格等。当涉及人的问题时,首先要确认这个人是否具备从事这项工作的能力。尽量不要把问题归结为人的主观因素，比如说某人因为受到了不公平待遇有了什么样的行为，这是非常主观的判断，应该尽量避免。正确的方法是从客观事物中寻找原因。

(4)材料：用于制造的材料或零部件，包括产品本身的材料，也包括用于生产加工的材料，如机器的润滑油和化工品。

在调查出问题会发生的因素以后，企业还要再来一次逆向思维——为什么没能够提前发现问题。比如在客户退货情况中，需要反思为什么是客户首先发现了产品问题，而自己却没有觉察到，其中或许存在着流程的漏洞。

8.4.4　行动

最后的阶段是制定改善的行动，并付诸实施。只有从根源上消除问题，才能防止同样的错误反复发生。改善行动应该包括以下几点内容。

1. 问题的描述和根本原因分析

通过前几个步骤，企业已经搞清楚发生了什么问题，比如，产品标签错误的根本原因是包装产品时，工人没有核对产品和纸箱标签，导致产品和外包装标签不符，仓库发错了产品，遭到客户退货等。

2. 纠正行动和改善措施

接下来就是要制定纠正行动和改善措施，比如，标签错误的行动是，重新审核所有的包装作业指导书，确保每一件客户产品都有一份对应的指导书。因为客户产品的尺寸规格和包装数量各有不同，所以包装方案是定制化的，需要制作多份的指导书。工人在开始包装活动之前，需要拿出对应产品的指导书，然后才能进行操作。

如果涉及多项行动，就需要把大任务分解为若干个纠正改善行动，每项工作都有明确的负责人。行动需要明确预期想要达到的效果，精确地说明纠正措施的效果应是什么，对问题的影响是什么，要有事实和数据。

3. 预期和实际完成日期

所有的行动都需要制定一个预计完成时间，也就是最后期限 Deadline。最后行动完成后，记录下实际完成日期。纠正行动同样需要定期回顾完成情况，当所有行动都完成后，应该由经理或以上级别的管理者进行确认，在表格上签字归档。

4. 经验总结报告

最后的行动是复盘总结，制作经验总结报告，其中应该包括以下这些内容：

(1)使用 5W2H 法讲清楚发生了什么事情。

(2)问题发生前的状态。问题发生以前是什么样子的，以前是怎么操作的。

(3)控制点。在哪里以及如何检查发生原因，多久检查一次。

(4)根本原因。一个根本原因只能对应一份经验学习卡。

(5)问题的遏制方法。使用了什么方法来遏制问题再次发生。

(6)控制方法。具体使用了什么方法来进行控制。

(7)标准。正确操作的标准流程是什么。

所有的经验总结报表需要汇总在数据库里，以后再有类似问题发生时，可以快速检索出当时问题的处理方法。站在前人的肩膀之上，可以少走一些弯路。

8.5 可循环包装材料的应用案例

包装是造成资源浪费的最大原因之一。制造商在选择使用一次性包装的理由是，不需要考虑包装回收的问题，可以降低成本。然而，这是以牺牲资源的可持续性为代价的。随着电商销售额占比的快速增加，制造商和零售商对于纸箱的需求也迅速上升，并带动了包装价格的上涨。这些环保和成本方面的原因，都推动着制造商改变以往的策略，考虑使用可循环使用的包装方案。

8.5.1 汽车制造业应用案例

在汽车零部件行业里，整车厂负责车身件的制造和安装，几乎所有的零部件都是依靠零部件供应商生产，因此会产生大量的零部件物流运输。与零部件实物流相伴产生的是大量的包装材料，如纸箱、内衬、托盘等。在我国汽车行业发展的早期阶段，零部件供应商主要采用一次性纸箱和托盘包装，造成了极大的资源浪费，企业的经营成本每年都在增加。而使用绿色环保可循环的材料可以降低成本，增加企业竞争力。近年来，汽车零部件供应商开展了多种方式的可循环包装材料的应用，以下介绍三个具体实施案例。

1. 短途运输

短途 500 公里内运输，且规模较小的场景中，可以使用塑料或是金属周转箱代替纸箱，如图 8-7 所示为塑料周转箱。

图 8-7　塑料周转箱

这种模式的主要优点有以下几点。

(1)标准尺寸周转箱(如 600 毫米×400 毫米×280 毫米)，可以根据不同的客户，刷成不同的颜色，或是打上客户名称，便于识别和回收管理。

(2)每种产品在周转箱内的数量是固定的，便于统计库存。工人只需要统计箱数，就能迅速计算出库存和发货数量。

(3)方便仓库装卸。标准化的包装便于堆叠和打托盘，使用托盘装卸货物效率更高。

(4)周转箱配合使用滑轮小车可以直接送上生产线，省去了上线换包装的工序。

(5)周转箱投资成本较低。

但是在这种模式下，由于使用的是不可折叠的周转箱，因此具有一些缺点。

(1)空箱在回程运输中占用卡车空间，使得整体的运输成本较高。

(2)空箱会占用大量仓库场地。

2. 中长途运输

考虑到不可折叠的周转箱会造成返程大量的运输费用，因此可以使用可回收折叠箱加上内衬包装的方案。适用范围是国内 1 500 公里内的运输，货量在中等规模的应用场景。

这种模式的主要优点有以下几点。

(1)包装材料可循环使用。

(2)包装外箱在回程时候可以折叠，降低了运输费用以及仓储空间。

(3)新型塑料外箱抗压性强，可以保护产品安全。

但也具有一些缺点。

(1)投资成本较高。如果产品生命周期终结，内衬包材不可继续使用。

(2)上生产线前需要重新换包装，增加了人工成本。

3. 国际多式联运，大规模跨洋运输

在国际多式联运，大规模跨洋运输场景中，可以使用标准化可折叠金属回收箱加上包装内衬的方案。它的主要优点有以下几点。

(1)标准化管理周转容器，规模化效应提高集装箱装载率，从而降低国际运输费用。

(2)金属网格周转箱和塑料周转箱在回程时都可以折叠，降低了运输费用和仓储空间。

这种模式需要考虑权衡的主要是成本，因为这需要建立一个专业的管理团队，投资购买大量的周转容器，以及开发一套容器管理信息系统。如果没有足够大的运输量，将难以分摊巨额的投入。只有货量达到一定规模的汽车制造商和零部件跨国集团才能运作这套模式。

以上三个方案针对不同规模的运输距离和货量，企业需要根据实际情况，选择合适的方案，在内外部推动可循环包装材料的使用。成功实施不仅能够为企业降低运营费用，还能提高企业形象。

8.5.2　循环包装数量的计算方法

在实施循环包装运输之前，需要投资购买一批周转容器。如果买得多了，会造成资源浪费；相反，买得少了，就会缺少发货用的容器，影响按时足量交付。所以在实施前，需要仔细计算需要的循环包装容器数量。以下提供一种计算方法供参考。

1. 基础数据收集

主要的数据包括以下内容。

(1)产品的年需求量。

客户每年的订单需求量是多少，此数量会有上下波动，需要选取最接近实际用量的数据。

(2)客户年工作天数。

指客户有效工作天数，去除所有节假日后，每年工作天数为 250 天左右。

(3)每箱中的零件产品数量。

每个箱子内可以放置的零件数量，除非包装变更，一般不会变化。

(4)运输时间。

从供应商仓库往返客户工厂的运输时间，包括去程和返程。

(5)库存天数。

要考虑周转箱在供应商和客户端全部的库存天数，其中包括满箱和空箱两种状态。

(6)其他参数。

比如保养、安全和损耗系数等。

2. 需要多少个周转箱

收集完基础数据以后，可以进行计算。假设 A 零件每年的需求量是 10 万件，客户每年工作天数是 250 天，那么，

A 零件每天需求量＝100 000÷250＝400(件)

周转箱的回收周期需要考虑运输时间和库存天数，还有其他系数。假设运输和库存天数总和为 6.5 天，保养、安全和损耗系数总和为 5%，周转箱回收周期为，

A 零件周转箱回收周期＝向上取整[6.5×(1+5%)]＝7(天)

为了维持生产运转，整个循环内需要的 A 零件最少的总数量＝400×7＝2 800(件)

假设每个周转箱内可以放置 A 零件 20 件，那么维持 A 零件循环所需的周转箱数量为，

A 零件周转箱数量＝2 800÷20＝140(个)

如果每个周转箱的采购成本为 100 元，那么企业需要投入的资金为

企业需投入的资金＝140×100＝14 000(元)

通过以上公式计算，可以大致了解企业周转箱需求数量和采购金额，并以此为依据制作预算和采购申请。

知识总结

相比于信息流、实物流和资金流，逆向物流受到的关注度较低，但其中包含着大量的降本空间。

客户的退货体验也很重要，如果合理的要求没有得到满足，客户满意度和忠诚度都会下降。处理退货需要有一套高效的流程，使用 PDCA 的方法，可以快速响应，保障客户利益，同时分析出退货的根本原因，然后制定出纠正改善措施，预防同样的退货问题重复发生。

汽车制造是制造业标杆行业之一，可循环包装应用多种多样，企业可以根据实际情况，选择使用的场景。正确地计算周转箱数量关系到供应的持续性和采购的合理性，数量过多过少都不合适，因此要准确评估需要投入的周转箱，避免出现缺料或是浪费现象。

第 9 章 供应链的绩效考核管理

供应链中的绩效管理更多的是考核客观事物，比如，SCOR 绩效偏重于考核流程的执行结果，通过五个指标（可靠性、响应性、敏捷性、成本和供应链资产管理），反映出企业供应链管理的真实水平。

除了 SCOR 模型，还需要多种工具方法，从多个维度来看待供应链的绩效，包括客户视角、自我评价，以及对供应商的考核。

9.1 如何正确看待绩效考核

绩效考核是把企业的战略目标分解为可执行的工作目标的工具,是企业绩效管理的基础。绩效考核可以使部门主管明确部门的主要责任,并以此为基础,用于衡量员工绩效表现的量化指标。但如今,一些批评者认为这种考核方法会造成创新力的缺失,员工只会关心短期的业绩表现,不利于组织凝聚力的形成。考核制度本身应该是没有错的,如果有问题,那有可能出在考核的内容上。如果绩效考核阻碍了企业的发展,那也许是考核的内容出了问题,而不是考核机制本身。

说起供应链中的绩效考核,讨论更多的是某个外部组织或内部职能部门的业绩表现。接下来,让我们了解采购与供应链等部门是如何看待供应商绩效的。

9.2 什么才是好的供应商

大家是否有过这样的经历?在企业内部,采购寻源部门认为好的供应商是,价格低,又愿意配合采购的工作。而供应链部门却不这么认为:供应商价格确实是低,但是交付和质量都较差,要么是交不上货,要么是好不容易交过来了质量又有问题,生产部门拒绝使用。

9.2.1 相互冲突的目标

造成这种现象的根源是各个部门考核指标的设定。企业考核指标的制定是由上而下的,首先是企业的年度目标,接下来是各个职能部门的目标,包括财务、销售、采购、供应链、质量等,最后是细分到每个员工的指标。这样就形成了完整的绩效考核体系。各个职能部门的考核指标有少量的相同点,更多的则是不同点。比如,采购寻源和供应链部门共有的考核指标包括供应商及时交货率和降低供应链运营成本。而两个部门又有各自的目标,采购寻源的主要指标有采购成本、供应商零件开发及时率、采购质量合格率、供应商合同签约率等。供应链部门的主要考核指标是库存控制、客户订单及时交付率、运输成本控制和生产计划达成率等。

职能部门之间的目标大多数是不同的，有些甚至还会形成相互冲突的目标。比如，采购寻源的主要目标是降低零部件采购成本，而在信息透明的市场环境中，零件价格基本上是“一分价钱一分货”，价廉质优的供应商和产品是非常难寻的。如果采购零件的原料是指定的规格料，那么供应商报价差异之处可能仅存在于管理和模具成本。报价高的供应商可能在企业内部管理方面投入较大，提升了各种软实力。而报价低的供应商，虽然在比价上有优势，但在管理上舍不得投入，零部件可能会出现交货或者质量的问题。这些缺陷问题都涉及供应链和质量部门的考核指标，甚至是影响到公司的整体利益，于是企业内部的冲突目标就这样产生了。

9.2.2　冲突的化解方法

如果冲突的双方之间有一方比较强势，很可能会形成“零和游戏”的局面。比如，当采购部门在企业内部强势时，采购的策略就会以实现自身的绩效最大化为目标，具体表现在用零件价格作为选择供应商的标准，忽视供应商的交货表现和质量稳定性。当采购部门处于弱势时，采购定点会倾向于交货和质量表现，而价格则成为次要的考虑因素。但不管是哪一方占了上风，都会给其他部门的工作带来一些负面的影响，其结果是企业内部之间相互争斗，增加了企业的内耗。

如何来化解非输即赢的冲突局面？解决方法并不复杂。既然采购寻源和供应链部门都有一些共同的目标，那么就应该求同存异，以双方共同目标为基础，找到两个部门利益的平衡点，最大化实现双方的目标。在具体的操作层面，需要双方合作配合，加强相互的信任，最终实现合作共赢的局面。具体可以使用的方法如下：

（1）分享各自的部门目标，并积极配合实现对方的目标；

（2）定期召开部门之间的信息沟通会议，主要关注供应商交货表现、配合程度和潜在的供应风险；

（3）分享新项目开发信息，协同完成零件开发从项目阶段转为大批量生产阶段的工作。

通过良好的内部沟通，建立起采购和供应链部门之间的信任，理解对方的出发点，在守住底线的情况下，积极地与对方展开合作，避免在内部产生矛盾纠纷，携手共同提高公司的整体绩效。

9.3 客户是如何看待制造商的

在员工绩效考核中，有一个著名的工具叫做360度考核法，它指从多个维度对员工进行综合考察，包括上级、同事、下属和外部客户，这种评估方法的优点非常全面，而且结果比较公正。在供应链绩效评估中，也可以借鉴这种思维，沿着整个链条，从下游客户、中间制造商自身到上游供应商，从多个维度考核整体供应链的绩效，从而客观地评价出链条的强度。其中最关键的或许就是客户视角，也就是客户是如何看待制造商的各方面表现。

从客户角度来看，首先是设定一套体系标准，来对制造商或供应商打分，如在质量管理中的ISO标准审核。不同的行业，还有各自的体系，比如说汽车行业国际通行标准是IATF16949，即"汽车生产件与相关服务件组织的质量管理体系要求"，也是相关零部件制造商进入汽车行业全球供应链的通行证。

9.3.1 MMOG/LE介绍

全球物料管理操作指南/物流评估(Materials Management Operations Guideline/Logistics Evaluation，简称MMOG/LE)是一套广泛在供应链管理、评审中所使用的营运实践和程序，是一项对供应商的物料和物流管理活动进行规范管理的认证体系。

MMOG/LE是由北美的汽车工业行动小组和欧洲电信传输数据交换组织于2004年联合创建。并定期对MMOG/LE更新，以确保它能跟上供应链流程、物流和通信技术、IT安全和相关审计标准的发展，目前已推出了第五版。

有别于ISO和IATF16949等质量体系，MMOG/LE更加关注制造商的交付和影响交付的因素。它的目的是建立一个供应链管理最佳实践的共同定义，以促进内部和外部合作伙伴之间高效的实物和信息流动。根据评审结果，MMOG/LE 提供优化和改进计划，帮助制造商提高物料计划的执行力和运输管理的效率。

在官方文件中，MMOG/LE 被定义为一个自我评估和持续改进的工具，但是最终还需要由客户进行评分确认，因此它是从客户的角度来看待制造商的供应链能力水平。虽然 MMOG/LE 主要是针对汽车行业的组织，但同样适用于其他多个行业，包括医疗、建筑、航空、化工、电子、工业和零售等。

9.3.2　主要结构和评估方法

MMOG/LE 分为完整版和基本版两种评估方法。在最新的第五版中，完整版共有 187 个标准，基本版使用了其中的 102 个标准。汽车制造商使用完整版，而较低层级的供应商使用基本版，虽然要求略有放低，但也保留了核心基本原则。在客户要求评估时，首先要确认是使用完整版还是基本版。

1. MMOG/LE 的权重

虽然所有的标准对评估供应链绩效和能力都非常重要，但其中的关键标准显得尤为重要，也获得了更高的权重。在评审方法中分为三种权重，根据重要性由高到低排序，分别是 F3(3 分)、F2(2 分)和 F1(1 分)。

(1)F3 权重最高的标准

F3 是关键的供应链管理流程，是企业运营的基本要求。如果不符合 F3 的标准，企业和它的客户的供应链就会有中断或是会产生更多运营费用的风险。

(2)F2 权重较高的标准

F2 显示了对运营过程的控制，对企业运营的效率和结果具有重要意义。如果不符合 F2 标准，企业的绩效和客户满意度可能会受到严重影响。

(3)F1 权重一般的标准

F1 显示了对运营流程的额外控制水平，有助于提高企业的整体竞争力。遵守 F1 标准，有助于提高企业的长期可持续性和竞争力。

2. MMOG/LE 的分类

企业根据完整版的 187 个标准进行综合自评，可以得到三种结果，分别是 A 类、B 类和 C 类企业。而基本版的评估结果为 ZA 类、ZB 类和 ZC 类企业。在此重点介绍完整版的内容。

(1)A 类企业

A 类企业需要同时满足三个条件，即所有 F3 标准全部符合；不满足的 F2 标准小于 9 个，并且总分需要大于等于 95%。

A 类企业符合所有关键标准，并能证明它使用了最佳实践的供应链管理流程。进行年度评估的目的是确保企业可持续和最佳实践。企业还需要制订行动计划，持续改进，用以消除剩余的未达标标准。由于得分要求严苛，A 类企业可以被视为该行业里的标杆。

(2)B 类企业

B 类企业的标准略低，但也需要同时满足三个条件。所有的 F3 标准全部符合；不满足的 F2 标准不得超过 15 个，总分要达到 85%或以上。

虽然供应链管理的大部分基本要素都已经做到位，但 B 类企业在几个方面存在不足，影响了内部绩效的效率，并可能影响交付客户需求的能力。企业应该制订一个行动计划，并尽快实施整改措施。B 类企业被视为有潜力的制造商，仍有上升的空间。

(3)C 类企业

只要有任何一项 F3 标准不能满足，或是不符合的 F2 标准大于等于 12 项，或是总得分小于 85%，就会落入 C 类企业的区间。

C 类企业在供应链管理的一个或多个关键领域存在缺陷，会给客户造成很高的供应风险。C 类企业现有的供应链战略中缺乏对内部流程控制，且效率低下。客户需要积极督促 C 类企业管理层，必须做出整改承诺，立即制订、实施行动计划，以避免给客户造成更加严重或长期性的交付问题。C 类企业是整体评估最差的制造商，如果在短期内无法提升交付能力，可能会被客户淘汰。

3. MMOG/LE 的六个章节

MMOG/LE 的 187 个标准分为六个章，见表 9-1，以下是具体内容。

表 9-1　MMOG/LE 标准

1. 战略和改进	2. 工作的组织	3. 能力和生产计划	4. 客户接口	5. 生产和产品控制	6. 供应商接口
1.1 愿景和战略	2.1 组织流程	3.1 产品实现	4.1 通信	5.1 材料识别	6.1 供应商选择
1.2 目标	2.2 操作流程和工作指导书	3.2 产能规划	4.2 包装和标签	5.2 库存	6.2 供应链管理协议
1.3 衡量、分析和行动计划	2.3 资源规划	3.3 生产规划	4.3 发货	5.3 工程变更控制	6.3 沟通
1.4 持续改进	2.4 工作环境和人力资源	3.4 系统集成	4.4 运输	5.4 可追溯性	6.4 包装和标签
1.5 供应链发展	2.5 风险评估和管理		4.5 客户满意度和反馈		6.5 运输
					6.6 材料收货
					6.7 供应商评估

(1)战略和改进

战略是企业的顶层设计架构，因此被放在了最重要的位置。MMOG/LE 评估过程需要最高管理层的支持和参与，借此机会梳理企业的战略，并由上而下制定、推行各项改进行动。在战略和改进这个章中，愿景是其中最重要的内容，它代表企业渴望实现的目标，是前进的方向。

(2)工作的组织

企业需要认识到供应链的重要性，包括信息流、实物流，以及与上下游的接口。通过这一章，企业清楚地了解组织结构和流程的重要性，以便为实现客户满意度、内部战略和目标以及持续改进提供一个坚实的基础。

(3)能力和生产计划

MMOG/LE 认为供应链应该参与到产品生命周期的全部过程，包括新品开发、工程变更、项目试制、试生产，以及大规模量产。由于生产计划与交付是 MMOG/LE 中最重要的模块之一，受关注程度也是最高。

(4)客户接口

制造商与客户需要充分地沟通，澄清彼此之间的职责和义务、期望和承诺，把"丑话说在前面"，才能在未来的合作中避免误解、纠纷，甚至是冲突。比如物流交付的接口，双方可以使用物流协议来进行定义。

(5)生产和产品控制

企业应建立一个流程，用来管理在供应链的所有阶段的物料，包括原材料、在制品和成品。比如给物料编制准确的标签，提供明确的标识信息，这样可以避免材料放错位置的情况，从而减少生产中断的风险。做好工程变更和产品追溯管理，可以有效降低材料废弃，以及售后维修的成本。

(6)供应商接口

供应商的选择尤为重要，要选择有足够交付能力、同时具有供应灵活性的。上游供应商要能够证明具备管理质量、成本和交付业绩的能力，这些都是实现高效供应链协同的基石。想要保障供应持续性，必须和供应商、分包商和服务提供商签订一份正式的供应链管理协议，同时进行监管，确保他们都能够按照协议上的条款履行。

MMOG/LE 从以上六个方面，共计 187 条标准进行评审。根据评分结果，把制造商分为了 A、B、C 三类。MMOG/LE 涵盖了制造业供应链体系中最关键的要素，也是从客户视角出发的绩效考核。即使是评分为 A 类的企业，也要每年进行复评，确保其始终维持较高的供应链管理水平，并且不断地改进。除了客户考核以外，大型企业还可以对集团内部众多的工厂进行评估，从自身角度出发，客观地评价供应链运营水平。

9.4 如何客观评价自己的供应链

让我们先来回顾 SCOR 中的两个绩效指标，成本和供应链资产管理，它们都是企业内部的指标，也是客观地评价自身供应链的管理水平。此外，制造企业也可以系统性地评估集团内部各个工厂的运营指标，然后进行打分，最后把评选结果在整个集团内部公布。

以一家汽车制造商 A 集团为例，它从生产系统、产品开发、全员质量、人员管理和供应商管理等五大方面，对下属的所有工厂进行考核打分。根据管理水平由低到高，分别对应 1 分到 5 分。比如在 5S 管理上，最低的 1 分代表“每一位工厂管理层人员都必须接受过 5S 培训”，这是相对最容易做到的。而难度最高的 5 分的要求是“生产或是物流团队达到并保持了 5S 标准”。

在 A 集团的评分体系中，涉及供应链的主要有以下内容。

9.4.1　供应链计划

1. 需求计划

需求计划主要是评估从客户端接受预测的时间跨度和颗粒度。比如最低的 1 分是仅能获得 3 个月之内的客户预测，而更长期的预测只能在短期预测的基础上推测，准确率是难以保证的。最高分的标准是预测时间跨度长达 18 个月，预测系统准确，数据能供给整个供应链使用，包括供应商、制造商、分销商等。

2. 产销协同 S&OP

S&OP 是一个整体的供应和需求计划，通过平衡生产与销售，来实现集团既定的财务目标。最高的标准不仅需要实施高效的流程，而且要保证有准确的输入和输出信息，还要有可靠的预算目标。

3. 主生产计划 MPS

工厂主生产计划是衔接中长期的 S&OP 战略和每日生产执行的桥梁。主计划至少需要覆盖未来 15 周的生产计划，能够分析工厂内部的产能和人力资源，更高的标准是可以分析外部关键供应商的产能瓶颈，最终能够输出一系列的计划，包括出货、生产、库存和资源计划。

4. 物料需求计划 MRP

物料需求计划是主生产计划的输出物，它的准确性对工厂的生产执行极其重要。MRP 结果的偏差，很有可能导致物料短缺或是过剩库存。因此最高的得分标准是能定期评审 ERP 系统中 MRP 的准确率，所有的 ERP 参数设定都符合集团的标准规定。

9.4.2 生产

1. 根据实际需求排产

传统生产模式是以产定销，但是这种做法已经不符合“多品种、小批量”的现代生产理念。生产需要根据实际订单排产，这要求生产与供应链紧密合作，双方都要严格遵照主生产计划的结果执行。

2. 拉动式生产

多品种小批量的生产模式是拉动式，根据客户实际需求或订单，向上游生产发出拉动指令。看板是实施拉动生产的有效工具，只有当全部生产线都成功实施看板后，才能够得到最高的分数。

3. 生产柔性

生产柔性主要包括快速换模，通过减少换模时间，增加工厂有效产出时间。另外，还可以增加机器设备与模具的兼容性，实现更加灵活的生产调度。

9.4.3 采购

1. 根据实际需求采购

原料采购的计划与执行同等重要，前者决定了在什么时间，采购哪些物料，才能保障生产的顺利运行，同时不会有冗余库存；后者跟踪物料的交付承诺和实际到货情况。得到高分的关键是把95%以上的采购金额纳入计划与执行体系中，且定期回顾供应商交付绩效表现，并制订改进行动计划。

2. 提高物料流动速度

提高物料流动速度，可以让供应链变得更加敏捷，灵活应对需求的波动。因此需要增加送货的频率，降低采购最小起订量。当然，这样做会增加采购成本，可以采用上门提货、规范包装数量、签订物流协议等方式提升效率，用这些方式抵消部分的成本。

9.4.4　实物流

1. 内部物流

内部物流是指物料在场内的移动，从原料收货直至成品发运的全部流动过程。内物流包括仓库和车间。在仓库里主要涉及库存管理、先进先出、5S 区域管理和物料上线效率等；车间的物流主要有产品装配单件流，根据看板信号拉动物料上线，消除在制品缓冲库存等。

2. 盘点

使用定期盘点和循环盘点的方法，对工厂所有库存进行盘点。5 分的标准是循环盘点准确率在 99%以上，库存账物相符，没有任何差异。

3. 运输成本

控制运费是降低运营费用的重要手段之一，需要定期把实际费用与预算进行比较，对超出预算的部分重点分析原因，并实施纠正行动。最高标准是，能够把运费支出控制在年度财务预算之内。

以上简单描述了 A 集团使用的供应链管理自评体系内容，它与 MMOG/LE 有相同点，也有不同点。

相同点：

(1)从供应链的主要模块(计划、出货、生产、仓库等)出发，使用评分标准，对制造业工厂进行全面的考核。

(2)提供了行业或是企业内部的最佳实践以供参考。

(3)考核体系随着供应链发展不断完善升级。

不同点：

(1)MMOG/LE 使用的标准更具有普遍性，应用范围包括并不局限于汽车制造。A 集团的系统，由于存在大量独特的企业标准，仅适用于该组织内部。

(2)MMOG/LE 是从客户角度来考核供应商，而 A 集团的考核体系属于企业内部评审，是“自省吾身”式的自我评估。

(3)MMOG/LE评估结果的A类企业在整个行业里都能得到认可,有机会获得更多新业务。A集团评估结果仅供内参考,没有对外部客户进行主动推广,因此与企业业务拓展没有直接关系。

9.5 如何衡量供应商绩效

作为企业的采购管理人员,经常会遇到一些现实问题:

(1)为什么要不断开发寻找新的供应商?

(2)供应商绩效出问题,是没选对供应商,还是管理不到位?

(3)单一供应商、总部或客户指定的供应商应该如何管理?

(4)想要淘汰供应商,如何制定退出策略,规避风险?

供应商对企业非常重要,在制造业的产品成本中,60%~70%来自原材料成本。上游供应商的产品质量、交期及服务,都直接影响下游客户企业的竞争力。倘若供应商未能及时交货,导致客户工厂停工,就会造成巨大的销售损失。事实上,目前有部分企业过于追求短期经济利益,为了完成采购费用节省目标,过分看重低价格,频繁更换供应商。

供应商管理的目的是使其能够满足客户企业的需求,实现企业的经营目标。如果供应商交货不准时、质量不达标、服务不配合,这说明供应商管理是失效的。有些企业仅仅依靠淘汰替换方式来管理供应商,这种简单粗暴的模式并不严谨科学,企业应该实施供应商全生命周期管理,运用绩效评估管理体系来解决问题。

9.5.1 原材料供应商绩效权重打分法

客户需要审核现有供应商的交货表现、原材料质量和成本,制定供应商评分机制,作为供应商综合表现的考核依据。供应商考评不是采购部门的一家之言,需要综合交付表现和产品质量,使用权重评分法得以纵观全局。

以下以 B 公司为例，采取一套简单实用的评分方法，目的是鼓励供应商持续改善，寻找降低成本的机会，提供供应商管理开发的基础数据等。

如图 9-1 所示，B 公司的供应商绩效主要分为及时交货、产品质量和技术创新三块，评分占比分别是 40%、40%和 20%。关于及时交付，在前面章节中已经多次提到，此处不再重复介绍。在产品质量中，客户投诉和 PPM 数量又各占了一半。PPM(Parts Per Million)是一个用来衡量产品质量表现的关键指标，意思是每一百万件产品中，存在缺陷产品的数量，比如 1 PPM 就意味着在一百万个零件中，有一个缺陷件。技术创新是供应商实力的象征，能够为客户降低采购成本，增强竞争力。根据 B 公司的评分结果，把供应商分成三个等级，分别是：

(1)优选，得分在 90～100 分。此类供应商优先获得新品开发合作机会，同时帮助其保持竞争力。

(2)可接受，70～89 分。可以参与新业务报价，但优先级在优选供应商之后，此类供应商需要提出改善行动计划，由客户跟踪实施情况。

(3)有待改进，0～69 分。鉴于供应商绩效不佳，因此暂停新产品合作计划。需要供应商提供纠正行动，并且重新到达可接受的范围。如果不能迅速改善绩效表现，客户将会开发新的替代供应商，转移现有业务。

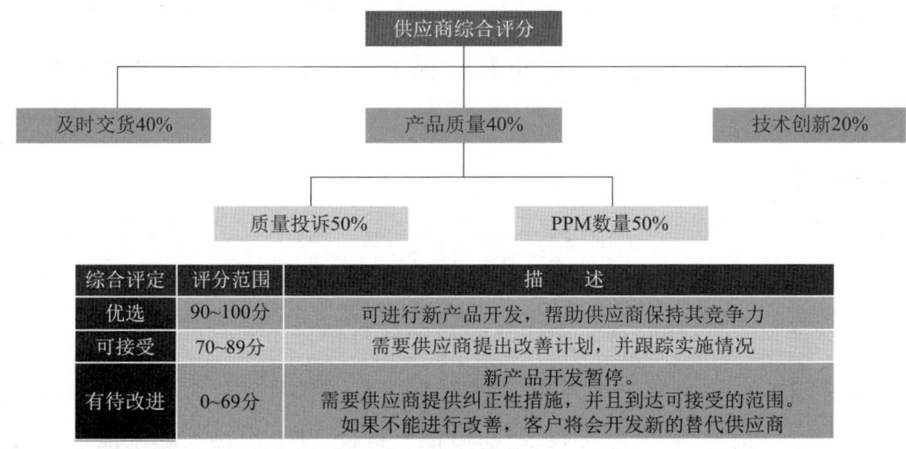

综合评定	评分范围	描　述
优选	90~100分	可进行新产品开发，帮助供应商保持其竞争力
可接受	70~89分	需要供应商提出改善计划，并跟踪实施情况
有待改进	0~69分	新产品开发暂停。 需要供应商提供纠正性措施，并且到达可接受的范围。 如果不能进行改善，客户将会开发新的替代供应商

图 9-1　供应商绩效权重打分制

9.5.2 物流供应商绩效评估指标

物流外包是大势所趋，几乎所有的制造商和零售商都把物流活动交给专业的第三方运营，只有极少数的企业会自建物流运输体系。物流供应商的考核评估显得尤其重要，按时交付是制造商对客户的承诺，需要由物流供应商负责实施。针对第三方物流的绩效指标主要由以下这些内容构成。

1. 安全

安全是企业经营的头等大事，绝对不可妥协，因此评估这项指标的目标是零事故。

2. 运输装载率

根据货物重量、体积和运输车辆、集装箱理论上的最大容积，计算得出运输装载率。最大化地实现这个指标，可以降低单件货物的运输费用，减少运营费用。由于货物包装方式不同，难以做到标准化，所以很难实现 100％，比较现实的目标在 85％～90％之间。

3. 运输准点率

这是另一个体现运输质量的评估指标，运输供应商应该在物流协议规定的时间窗口内抵达目的地。如果客户工厂所在城镇有卡车限行的政策，需要双方协商制定考核准点率的方法。正常情况下的准点率指标可以设定在 95％以上。

4. 运输货损率

在运输之前，需要明确划分供应商、客户和第三方物流公司的责任。在实际操作中，第三方物流公司在签收和交货时，不会承担外包装完整的货损责任。原料供应商的零部件用托盘包装，外面用缠绕膜或塑料打包带包装。供应商发货、客户收货只查验托盘件数和外包装，第三方物流只负责托盘件数和外包装，对箱内的物料数量和品质不承担责任。只有当外包装出现了损坏，或是运输车辆遭遇火灾、车祸时，才可以认定是运输货损。

5. 停线时间

停线时间指由于第三方物流公司的原因，引起的运输延误，进而造成客户生产线停线的全部时间。由于陆路运输存在不确定性，可以结合客户工厂所在地的情况，制定一个合理的指标，比如每 1 000 工作小时，停线时间不超过 10 分钟。

6. 改进行动

针对以上未达标的指标，客户要求第三方物流进行整改，并在每月统计完成整改的数量。由于客户默认第三方物流所有评估指标都应该达标，不应该出现整改情况，因此这项目标设置为零。

9.6　工具：目视化绩效管理法

9.6.1　什么是目视化管理法

生产现场是企业直接创造价值的场所，也是很容易出现过程控制偏差的地方。现场管理水平的高低，可以直接反映出企业经营情况的好坏。目视化管理很适合生产现场管理，用最直观的方式，找出存在的缺陷，对现场进行优化改进。

关于目视化管理有一句至理名言："我有两样工具，那就是我的双腿和双眼，它们可以让我来发现、判断、思考和决策问题。"目视化管理的主要特点包括以下内容。

1. 收集信息

目视化管理强调一切的事物都是可以一目了然的。人眼收集的信息，占了五感（五种感觉器官：视觉、听觉、嗅觉、味觉、触觉）收集信息量的 87%。目视无疑是收集信息最强有力的工具。

归纳下来总共有六个方面可以通过目视化管理来收集信息：

（1）人（Man），人员的能力矩阵，根据能力水平从低到高分为四种，包括不能独立操作，可以独立操作，能够发现解决一般性操作问题和最高级的可以协助其他员工处理问题，并能培训新员工。

(2)机(Machine),机器运行的状态,是正常运行、计划停机还是设备故障等。

(3)料(Material),仓库原材料、车间在制品和成品库存数量。

(4)法(Method),流程、作业指导书和控制文件,放置在生产线内醒目的地方。

(5)环(Environment),温度湿度的记录、跟踪和监控。

(6)量(Measurement),检具测量情况。

2. 快速反应

如果在生产现场发现了异常情况,比如设备故障导致产品不良率飙升,操作工人应当立即停止生产活动,产线的报警灯开始预警。生产主管来到问题现场,查看造成异常的问题,采取行动防止不良品流出,尽快解决问题,并安排恢复生产。

3. 立即改善

对于现场发现的问题,在找到问题的根本原因以后,管理者应该立即采取改善的行动,防止重复的问题再次发生。有问题不可怕,可怕的是在同一个问题上重复犯错。如果不能采取改善行动,“攻击”问题发生的根本原因,那么今后难免还会在同样的地方继续犯错。改善的过程可能比较艰苦,但是一旦成功就可以一劳永逸地解决问题。从长期的效果来看,改善行动非常值得去做。

9.6.2 绩效展示板

目视化管理可以通过绩效展示板,把各个部门或是个人的绩效指标统计在同一块展示板上,通过量化的方式,把工厂内部每月或每日的实际运行情况展示出来。这种方法的主要特点包括以下几个方面。

1. 一个都不能少

每一个部门、职能小组,甚至是个人都有自己的绩效指标。用一句话来形容,那就是“再小的个体,也有自己的指标”。绩效指标既是一种责任,也是展示业绩表现的平台。由于每个人都有一个或数个指标,可以让团队中“滥竽充数”的成员无所遁形,增强了员工的使命感、责任感和团队凝聚力。在供应链部门里,具体的绩效指标见表 9-2。

表 9-2　供应链部门绩效指标

职　　能	负责人	绩效指标	单　　位
安全	供应链经理	无损失工作日事故的天数	天
销售	供应链经理	销售金额	人民币
主生产计划达成率	计划主管	计划达成率	百分比
质量	物流主管	客户投诉次数	次
按时足量交货率	客户主管	订单按时足量交货率	百分比
	客户主管	成品库存低于最低水平	件数
	客服专员	订单未能按时足量交付数量	件数
库存控制	供应链经理	库存周转率	次数
	物料计划员	国产件原材料库存金额	人民币
		进口件原材料库存金额	人民币
	生产计划员	在制品库存金额	人民币
		成品库存金额	人民币
仓库	仓库保管员	零件摆放在错误的库位	件数
收货和发货	仓库主管	收货和发货准确率	百分比
		收货和发货工作效率	百分比
超额运费	物料计划主管	入厂物流超额运费	人民币
	客户主管	出厂物流超额运费	人民币

2. 信息共享

绩效展示板是一个与其他部门同事分享信息的平台，在这里可以看到各个职能部门的运营表现，有些是和自己的工作密切关联的。比如仓库会记录前一个工作日的收货入库情况，有多少家供应商送货，有多少货物是在规定时间窗口送达的，是否有多于或少于订单数量的情况等。而物料计划员会特别关注这些信息，如果有送货的异常情况，他就会去向仓库了解具体的问题，并相应地采取措施来遏制问题继续扩大。

3. 异常报警

每一个绩效指标都有目标值，如果实际结果是在目标范围之内的，指标的负责人就无需通报情况，只需要在绩效展示板上，使用绿色记号笔写下数据即可。如果超出了范围，负责人就应当根据既有的流程，先记录下异常的数值，使用红色记号笔分享在绩效展示板上，并向上级主管汇报具体情况。比如，生产计划达成率应该是在90%以上，但是前一天只完成了80%，这个指标的负责人计划主管就需要在展示板上写下80%的达成率，在调查清楚情况以后，在下次会议里向上级汇报。

9.6.3 每日例会

有了定期考核的绩效指标以及目视化绩效展示板，信息的收集整理工作已经完成，我们还需要把运营异常的情况及时向上级主管汇报，每日例会就是一种很好的途径。

1. 为什么需要每日例会

制造业工厂运营需要每日例会，原因在于工厂面临的挑战越来越多，比如，客户的订单模式从少品种、大批量逐渐转变为多品种、小批量。工厂需要每天都来回顾前一日的运营表现，需要知道交付了多少的客户订单，完成了多少的生产计划，仓库里有多少天的库存等。这些数据都反映了工厂运行最核心的内容：销售、设备利用率和现金流等。如果每隔几天来回顾这些核心数据，一旦这一期间某些数值没有达标，那么工厂就会错失立即改善和弥补的机会。所以，在高效率和标准化的工厂内，每日回顾是一项基础的工作。有任何问题，都将会在第一时间内得到处理和解决。供应链部门作为一个肩负着大量运营业务的部门，也必须要进行每日回顾指标。

2. 供应链每日会议

供应链部门每天都有很多常规的业务和一些突发的紧急情况要处理，在每日例会中，需要回顾部门在前一个工作日中的关键指标。这些指标全部都记录在部门的绩效展示板上。以一家制造业工厂为例，部门例会在每天上午10点半召开，每个人都在会议中和整个团队分享前一个工作日的绩效指标。

为了节省团队的时间，每个人只会介绍异常指标，比如客户投诉，只会在实际发生后向团队汇报，但是不会展开投诉的细节内容，因为这样做会占用团队的时间，会议可能会进入低效率讨论的模式。因此，每日例会时间应该严格控制在 10 分钟内，只分享最重要的信息和异常指标，不要深入讨论细节。针对会议中汇报的异常情况，由供应链经理决定，在所有问题中选取三个，使用 PDCA 循环方法，深入细致地处理问题。

3. 成功的要点

想要成功实施每日例会制度，需要留意以下几个要点。

（1）提前准备好数据

为了让会议高效召开，所有人都应该在会前把自己负责的指标填写在展示板上。当场填写信息，是在浪费团队成员宝贵的工作时间。

（2）时间管理

每日会议实施上的一个难点就是控制会议的时间，避免会议成为一个吐槽大会、扯皮大会。如果会议不幸陷入这种节奏，那么参会人员就会消磨时间，浪费精力，耽误工作。因此，每日例会的主要目的不是解决问题，而是分享信息。会议的主持人是部门的经理，他负责控制整个会议的节奏和进度。如果某个员工在谈绩效的时候，一不留神陷入"讲故事"的节奏，主持人必须立即停止这位员工的发言，不能被"带到沟里去"。管理者要做到这点并不容易，需要有强大的逻辑思考能力和高度的专注力。如果部门经理请假或是出差，每日例会也要照样进行，此时，部门经理需要事先指定一位代理人负责召开会议。每天坚持不懈地举行例会，时间长了员工就会养成一种习惯，做到领导在与不在一个样。

（3）站立会议

顾名思义，就是大家都站着开会，这样做有很多优点。首先，工厂里的会议一般都是在车间开的，车间空间紧凑，因此站着开会比较方便。其次，站立会议效率高，有事说事，讲完了大家就可以去忙其他工作。最后，因为差不多所有的部门都在同一个时间点开例会，根本没有那么多的会议室可用，站立会议会更加便捷。

（4）信息双向流动

信息有两种流动的方式：第一种是由下向上；第二种是由上向下。由下向上的信息传递，通过每日会议，基层员工把异常的情况逐级向上汇报，最后由部门管理者在最高级别的例会上，向其他部门主管分享信息。由上向下的交流沟通，同样是在每日例会上，部门经理把关于公司的一些重要信息向基层员工进行传递，比如公司获得客户的嘉奖，或是遭到客户的投诉等。这种信息沟通也可以用电子邮件的方式来实行，但这样一来就缺少了面对面交流的机会，当面沟通可以有效地加强团队合作精神。

使用目视化绩效展示板和每日例会相结合的方式，可以改变供应链部门的工作方式；便于管理者更加容易地找到问题，并且对问题的根本原因主动地展开“攻击”，在彻底解决问题的根源以后，就可以杜绝每天被同样的问题追着跑的情况。

知识总结

绩效考核是客观反映管理水平的工具，考核制度本身是先进的，在企业管理中，由于存在“屁股决定脑袋”的现象，导致各个部门只关注于自身的绩效指标，可能会对其他部门，甚至公司整体利益造成负面影响。如果出现这种情况，需要相关部门的负责人协商，化解冲突，实现企业整体利益最大化。

想要对供应链进行充分客观地评价，就需要从多个角度考核，比如客户视角的MMOG/LE，自身视角的企业内部评审，以及对上游供应商的考核。

本章最后介绍了一套目视化绩效管理方法，使用绩效展示板和每日例会，可以有效地反映出每天运用中出现的异常情况，快速展开行动，从根本上解决问题，并防止同样的错误反复出现。

第 10 章 供应链组织和人力资源管理

作为企业的中层管理者，向上要接受管理层的指令，把企业战略目标转化为可以落地的具体工作；向下要管理团队，努力达成组织和个人的绩效目标。合理地设置组织结构，运用人力资源，是每一名管理者的必修课。

10.1 供应链部门在企业里的定位

10.1.1 决定供应链在组织中定位的因素

1. 行业的因素

供应链在组织中的定位，取决于它在企业中承担的责任和所处的位置。不同的行业对供应链的重视程度不同。例如，一些电子消费品巨头的供应链在其企业中处于核心地位。电子消费品生命周期很短，平均每半年就要推出一款新品。这些公司的供应链从设计开始，到产品交付的周期都被压缩得非常短，所以对整个供应链组织的要求非常高。

汽车制造的供应链也获得了各家车企极大的重视，原因就在于其对交付的高要求，供应链必须保证整车厂不能出现停线的情况。对于物料的供应，信息的传递，流程的控制等多方面都有明确的标准和严苛的要求。为了保障整车厂客户的物料供应，零部件制造商也非常重视供应链管理。制造工厂需要把原材料进行加工，成为可出售的产品，然后再销售给经销商或者是直接卖给客户，制造环节是工厂的核心竞争力，需要围绕着制造建立起相应的供应链能力。想要实现精准的协同，就如同是交响乐队的指挥一样，需要掌控整个团队的节奏，让他们成为一个整体。这些因素就决定了供应链在组织中的地位和需要承担的重任。

2. 商业模式的因素

商业模式的不同，对企业中供应链的定位影响很大。如果把时间回溯到 15 年前，主导零售业的是品牌、市场营销、新产品引进、新功能、细分市场和为不同消费者量身定做销售策略，而供应链在零售业中处于边缘地位，主要的作用是提供商品，并未受到管理层的重视。随着电商网购的发展，供应链在企业中的作用被凸显，获得了空前的重视。上市公司财报披露都会把供应链作为主要话题，企业都在积极地评估供应链风险。

10.1.2　企业战略和供应链组织能力需要保持一致

供应链组织与企业战略的关系是什么？首先，经营者要了解自己企业的战略目标，是以增加销售额，还是以利润率，或是以抢占市场份额为目标。经营者必须要对企业目标有清晰准确的认识。以制造企业为例，追求的是相对稳健、可持续发展的策略，销售额、利润率和现金流都是需要重点考虑的目标。有了明确的目标，接下来就要看企业的竞争优势在哪里，是在产品质量上胜人一筹，还是性价比更高，或是及时交货率超过同行的竞争对手。然后，企业就需要制定供应链的组织和策略，换句话说，供应链的策略必须跟随企业的战略，不能背道而驰。

企业的顶层战略确定后，整个组织上下要保持一致，然后就需要判断，供应链是否具备足够的能力来支持战略目标的实施和达成。如果供应链组织团队能力已经足够，那是最理想的；如果不够，就要去发展供应链组织的能力，使团队能够规划，并执行企业的战略，不能给企业的发展拖后腿。

组织的能力包括人力资源能力和其他能力。如果组织缺乏可胜任的人才，就要去招聘，把优秀的、符合发展需要的员工引进来；如果企业的供应链信息系统跟不上发展的要求，就需要考虑实施信息化系统项目，来满足企业运营上的要求。这些都是供应链的能力。企业战略和供应链组织能力的关系如图 10-1 所示。

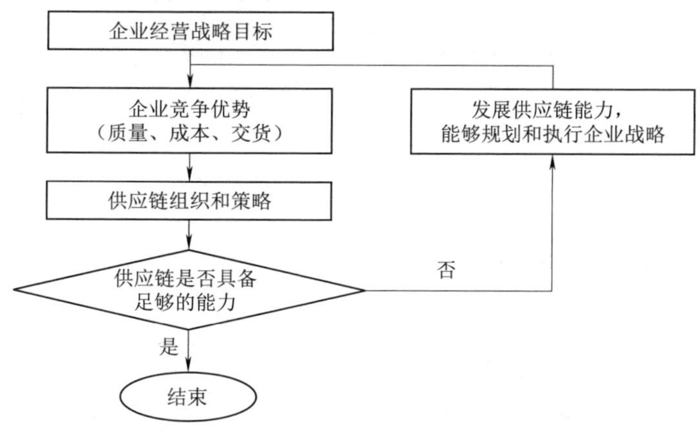

图 10-1　企业战略和供应链组织能力关系

10.1.3 供应链组织的使命

供应链组织的使命就是确保按客户要求的日期、要求的数量和较低的成本向客户交付销售的产品或服务。在上文中已经介绍，供应链主要负责的工作，包括信息流的各类计划，实物流的货物原料移动，现金流的应收和应付，以及逆向物流的退运、退货和废弃物处理等。这四个流组成了供应链的使命，当经营者在设置供应链组织结构时，需要从全盘的角度来考虑问题。如果供应链团队的职责范围，仅限于其中的某一个职能的话，就会出现厚此薄彼的问题。比如，为了节省运输的费用，一次性采购了大量的原材料，就会增加库存的成本；如果为了满足配送时效性误差在两个小时以内，就会增加额外的加急运输费用。管理者想要优化某一方面绩效时，需要考虑，他的决策是否会影响其他职能的指标。因此，供应链的使命是从全局出发，优化企业整体的成本，而不是其中的某一个部分，如图 10-2 所示。

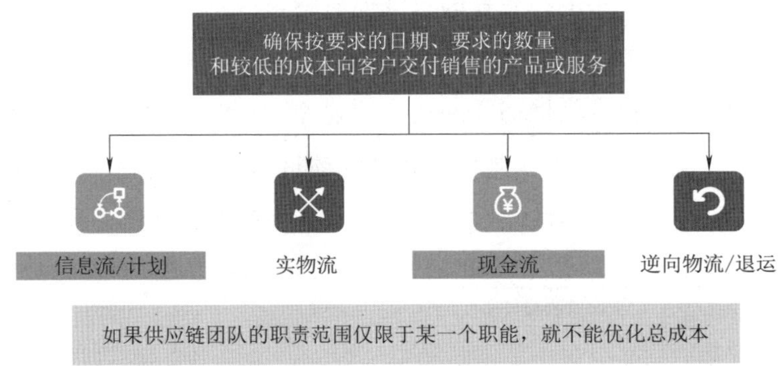

图 10-2　供应链的使命

10.2 如何设置供应链部门

10.2.1 传统制造业中的供应链组织

供应链最重要的关键词之一是平衡，比如，实现产销平衡后，才能做到企业的高效运营。在实际情况中，一些企业部门的设置依然按照职能划分的方式，把供应链管理中的模块“切割分离”，放置在不同的部门里。常见的情况有以下几种。

(1)销售部。负责接收客户订单，排出交付优先级，制订发货计划。

(2)生产管理部。根据销售的输出，负责制订生产计划。

(3)生产部。根据生产计划，制造产品。

(4)采购部。根据物料需求计划，制订采购计划，购买原材料。

(5)物流部。负责运输管理，制订物流计划。

(6)仓储部。负责原料入库、货物存储和成品出库。

以上这些部门可能归属不同的负责人进行管理，这些负责人之间是平级关系，谁也管不了谁。当遇到跨部门协调的情况时，就会出现沟通效率低下的问题。

在很多企业里，常见的供应链人力资源配置如图 10-3 所示。

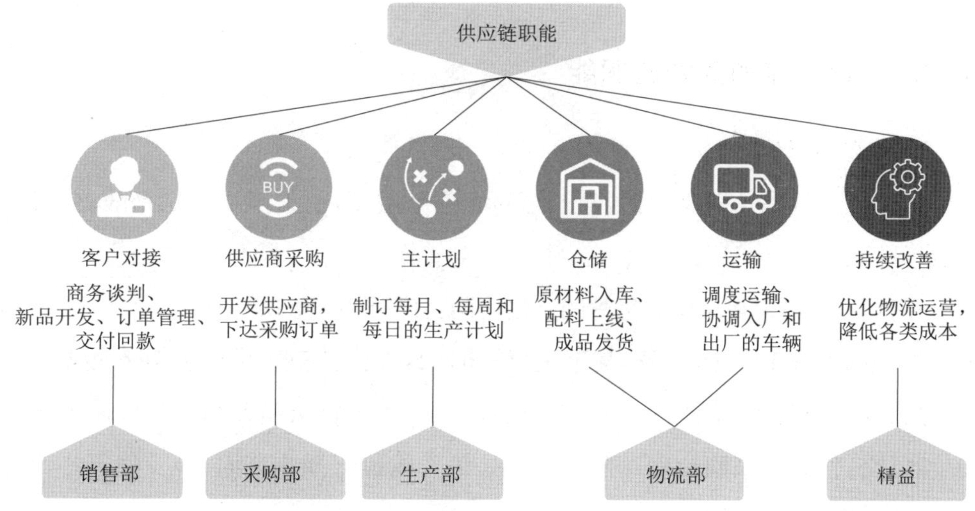

图 10-3　常见的供应链人力资源配置

从图 10-3 中可以看出，供应链职能被切割、放置在了多个部门里。这种做法的副作用是供应链协同难以实现。由于各个部门都背负着自己的绩效指标，在不同的团体中，一定会存在利益的冲突。更为严重的是，供应链部门的职能已被划分在各个部门，没有了自己的“生存空间”，导致一些企业误以为采购、仓储或运输就是供应链。如果把供应链设置在采购部里,可能会为了实现采购费用节省的目标,一次性购入大量的库存,导致库存成本上升。在这种“以偏概全”的思维下,很难实现公司整体利益的最大化。

由于传统制造企业供应链组织设置不够合理,于是一个大供应链部门架构呼之欲出。根据供应链参考运营模型 SCOR,组织中涉及的供应链流程包括计划、采购、制造、交付、回收和使能六项。从财务角度上看,供应链部门是管理部门,不直接参与生产制造,属于间接人工。因此,具体制造活动应从供应链管理中剥离出来。另外,使能中包含许多信息系统、人力资源、采购合同和贸易合规管理的内容,这些也不是供应链管理的核心职责。如果把制造和使能分离出去,供应链组织中应专注计划、采购、交付和回收等功能,我们可以把这些功能分成信息流的计划职能和实物流的仓储运输职能。根据这个思路,可以重新搭建供应链部门。

10.2.2 信息流和实物流职能

1. 信息流/计划

信息流也就是计划职能,主要工作分为三个层面,由上至下分别是战略、战术和执行层面。

在企业里,最顶战略层有每月的产销协同会议(Sales and Operation Planning),用来规划协调未来 12～18 个月,甚至是更长时间跨度的需求、供应和财务计划。在战术层,计划流程有每周的主生产计划(Master Production Schedule),输出每周的生产、交付、原料采购计划。在最底部是每天的执行操作层面,涉及每天排产计划,具体制造什么产品等。

单位时间内的有效产出越高,意味着更快地制造出商品,交付给客户,收回货款。供应链计划需要加快库存流动速度,帮助企业实现更快有效产出。库存转动得越快,赚到的钱就越多。“转等于赚”,转是库存经过整个系统的时间,也是把原材料转换为商品所需的时间。通过提高库存的周转率,企业可以获取更多的利润。想要提高流转速度,主要依赖信息流计划,而不是实物流。虽然我们可以使用空运替代陆路运输加快物体移动,但这是要以高昂运费为代价,并不能够实现利润的增加。如何通过信息流计划提高库存周转速度?可以加快客户订单确认处理的时间,减少安全库存的天数,或者是减少原材料订单交付的时间,要求供应商在更短时间交货。以上都可以通过提高信息传递的速度,优化供应链计划流程的方法来实现,如图 10-4 所示。

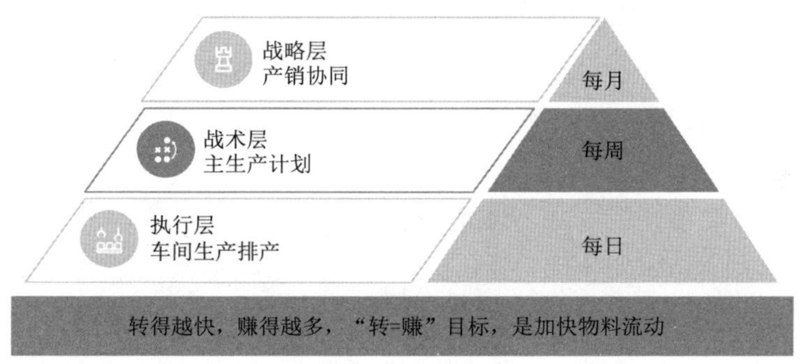

图 10-4　信息流/计划

2. 实物流/仓储运输

实物流主要负责的是仓储和运输,以及厂内物流,从仓库给生产线供料。如图 10-5 所示。这些活动的目标是在确定的计划流程范围内,找到最优的成本方案。由信息流计划来驱动实物流,指引后者展开相应的活动。比如,根据生产计划制订出的采购计划,再由采购计划来确定原材料提货运输方案。此外,我们需要根据原材料的种类、消耗用量,来计算仓库存放原材料所需的空间。根据每天的生产安排,

图 10-5　实物流/仓储运输

由仓库来配料，供应给生产线使用。对于发货也是如此，根据出货计划来安排给客户的出运计划。所有的实物流活动都是以计划为导向的，在这个范围内再寻求一个成本最低的解决方案。如果脱离了信息流、实物流自行做的安排，很有可能违背了按时足量交付的原则。即使物流成本较低，但可能会对全局造成不利的影响。

10.2.3 案例：制造业供应链组织结构

以下以一家世界领先的制造业企业C公司为例，此公司按照如图10-6所示的模式搭建了供应链组织。

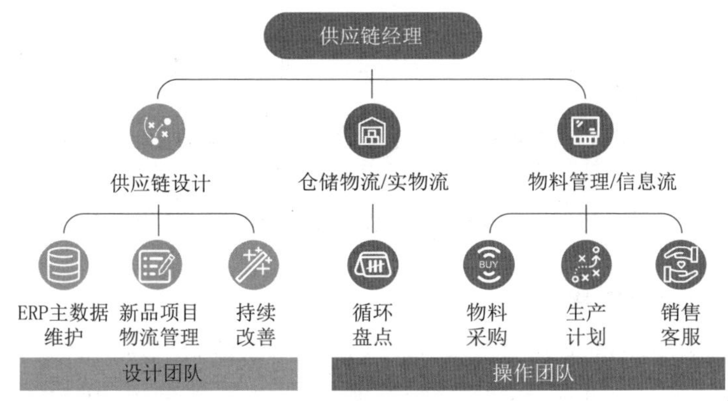

图10-6 供应链部门组织结构图

1. 团队建设思路

C公司把供应链分为设计和执行两个团队。供应链运营（执行）是实操性非常强的工作，需要具备高度的执行力，以及能够在高强度工作的环境下，夜以继日地保持稳定的状态，这样才能把每个订单都能按时足量地交付给客户。运营团队每天的工作时间都很长，节奏快、压力大，几乎把所有的时间都贡献给了订单确认、生产跟踪、调度车辆和仓库装卸等日常活动。当团队在工作中遇到问题时，没有足够的时间精力去思考、分析、解决，只能通过救火的方式，尽快把事情处理掉。由于系统性的问题没有得到根本解决，运营团队或许还会一直遇到同样的问题。此时，供应链需要有一个"大脑"设计团队，可以摆脱日常事务的纠缠，专注于改进流程、维护各类信息系统的主数据和参数，以及参与到新项目的前期物流活动之中。执行团队，包括信息流计划和实物流仓储，就像是人体的躯干，根据“大脑”的指示行动。设计和执行团队，两者各有分工，相互配合，共同提升供应链部门的绩效。团队的灵魂就是部门负责人——供应链经理。

2. 供应链经理

供应链经理是部门的负责人，管理上述提到的供应链设计和执行团队，主要的岗位职责包括如下几个方面。

(1)领导和管理工厂供应链团队，目标是最大化服务水平，最小化物流成本和库存，加速从供应商到客户的实物流动。确保以较低的物流和库存成本水平，为内外部的客户提供最佳服务水平。

(2)与团队一起管理从客户到供应商的实物流和信息流，成为客户和供应商之间的供应链接口，同时确保客户交货和供应商交货都可以按时足量地交付。

(3)确保 C 公司的供应链战略在工厂中得到实施，参与供应链网络设计，部署战略和各类工具。

(4)主导工厂的 S&OP 和 MPS 活动，并监督执行结果。

(5)控制所有内部和外部的实物流(包括运费)和信息流，并持续改进所有实物和信息流活动。

(6)与工厂经理一起制定和确认工厂的库存目标，将冗余和过时的库存保持在最低水平。确保工厂总库存(原材料、在制品和成品等)的准确性。

(7)通过以下关键绩效指标来衡量供应链的表现。包括客户和供应商的交货表现、有效产出时间、超额运费等。

(8)确保各类信息系统的可靠性，合理设置物流参数，包括计划、交货时间等。

(9)不断提高部门成员的供应链专业技术和知识水平。

(10)确保安全的生产工作环境。

3. 物料计划/信息流

信息流计划团队的负责人是物料经理，其岗位重要性仅次于供应链经理，是部门的二把手。物料经理的主要任务有以下几点。

(1)领导和管理全厂的销售客户服务、主生产计划和采购团队,跟踪各项绩效指标情况。

(2)协调和管理工厂的 S&OP 和 MPS 流程,推动计划的实施,管理所有的客户需求,确保客户的订单与工厂的能力相一致。

(3)管理工厂的产能,当产能无法满足全部需求时,根据优先级,提出资源分配的建议。

(4)管理库存,协调采购团队,保障物料供应,同时控制库存,实现降低库存水平的目标。

物料计划中的三个细分职能:销售客服、主生产计划和物料采购,已经在前文中都做过介绍,在此不再赘述。值得一提的是,主生产计划还会兼任 S&OP 的工作,而在其他的企业里,可能是由市场部负责 S&OP。其实,这个职能应该放置在供应链或是市场销售部,并没有唯一的答案,需要根据企业的实际情况而定。

4. 仓储物流/实物流

此职能的负责人是物流经理,主要的岗位职责包括以下几点。

(1)领导和管理所有的物流活动,包括原材料、零部件和成品的流动,内部和外部仓库。协调工作量,并优化资源分配。

(2)不断提高员工的专业知识水平,以及他们的综合能力,运用所有公司的管理工具,激励团队,培养员工工作主动性,提高绩效。

(3)确保质量、成本、交付的目标达成,如有偏差,并立即采取纠正措施。

(4)将任何可能对物流活动产生重大影响的问题,上报给工厂供应链经理。

(5)负责部门的所有库存盘点活动。

5. 供应链设计

以上介绍的岗位是制造企业里常见的配置,相比之下,供应链设计显得比较少见,在很多企业里没有设置相应的岗位,特别是在中小规模的公司里。正如前文所述,供应链需要有一个“大脑”,而供应链设计是担任这项工作的理想人选,其中主要的职责可分为以下三块。

(1)ERP 主数据维护

供应链的目标是最大化客户服务水平,最小化物流和库存成本,加速从供应商到客户的物流。想要同时实现这三个目标,就像是戴着镣铐起舞,难度非常大,非常考验对细节的把控能力。以供应链数据为例,需要有人来管理,维护审核与供应链信息相关的数据参数。主数据的维护时刻都在进行,并且经常有些数据会发生变动,因此需要定期检查维护,否则就是"后知后觉"。为了防止主数据变动对整体 ERP 运行造成影响,需要制定修改数据的审批流程,设定修改数据的权限,并由专人负责创建、修改或删除数据。

(2)新品项目物流管理

当企业的新品项目越来越多时,供应链管理的复杂度和工作量也随之增加,主要的表现在这些方面上:

①新客户的物流标准,每家都有一套体系文件要学习,要遵守,由谁来和客户对接;

②新客户的供应商门户系统,EDI 或 Web-EDI 等系统怎么对接,订单、预测怎么处理;

③新产品的运输和包装方案怎么设计;

④由谁来创建和维护新客户和新产品的主数据;

⑤新项目从预批量生产到大规模生产的过程如何控制;

⑥老项目生命周期结束,库存该怎么办。

以上这些工作就交给了新品项目物流来负责,主要工作职责有以下方面。

①新项目物流成本分析。除了正常的运输路线以外,还要考虑紧急的运输方案,以备不时之需。

②管理样品出货,以及大规模生产之前的过程控制,关键控制点包括生产计划,所有的原材料、产品包装、仓库存储位置和出货的标签文件等。

③与客户和原材料供应商对接,确定物流规范和协议。

④ERP 系统中物料主数据创建和维护。

⑤规划新项目产品和原材料的物流和包装方案。产品的外包装和内部的衬垫

设计,既要考虑保护产品,也要尽可能多装,来降低单件运费。

⑥库存全生命周期管理。一个新项目的诞生,就可能有一个老项目要终结,不能继续使用的库存最终要妥善处理。

新品项目物流管理是供应链部门的"特种部队",专门负责攻坚,为后续的大批量生产做好充足的准备,帮助产品完成从 1 到 N 的转变。在新产品项目和供应链管理之间,起到非常重要的衔接作用。

(3)持续改善

改善强调的是消除一切不增值的浪费。在供应链中有很多的浪费,比如过量的库存,长期堆放在仓库中,没有被消耗使用,就是一种浪费。在实物流里,重复的运输路径也是一种浪费。因此需要设计持续改善的岗位,来进行以下方面的优化工作。

①物料搬运的分析。参与设计实施、优化工厂内部物流的线路设计,包括收货、存储、发货等,优化仓储空间,或者是提高仓库的工作效率。

②库存的分析。需要定期分析库存的有效性,发现企业里的呆滞库存。另一方面,探测可能会出现缺料情况的关键性物料,制定相应的改善行动。

③分析库存差异原因。根据库存的盘点结果,找出差异根源,从而制订改善计划。

④解决 ERP 运行中的问题,提供各种数据报告。在系统运行中,经常会出现一些数据的错误,比如,倒冲时出现了原材料无法扣减的负数情况,这就需要在系统里找寻造成问题的原因,并制定纠正措施。

需要强调的是,以上介绍的供应链组织结构,并不是一种标准的组织结构,可以在任何企业里都能获得成功应用的结构。读者需要思考设定组织结构背后的逻辑,能够为自己的企业带来什么样的帮助,能够解决什么样的问题。明白了这些以后,再来想一想自己公司的组织应该怎么来搭建;怎么来解决企业供应链问题。这才是有价值的,完全照抄照搬并不能够解决每一个企业的实际问题。

10.2.4 共享服务中心

从本质上讲,供应链管理是服务型职能,它不直接产生价值,和企业里的财务、人事等部门很相似。近年来，共享服务中心（Share Service Center）的理念在很多跨国集团中盛行。

1. 背景起源

在过去的 20 多年里，大型跨国公司纷纷进入我国进行投资建厂。以汽车零部件公司为例，以博世集团和法雷奥（Valeo）为代表的零部件巨头在中国都拥有了数十家合资或是独资工厂，遍布全国的生产、销售网络能够迅速而高效地满足客户和市场需求。

这些大型汽车零部件集团在我国纷纷建立起共享服务中心，这种模式的理念是，将集团内部的共用职能集中起来，高质量、低成本地向各个业务单元提供标准化的服务，最初是在财务和 IT（Information Technology，偏硬件）/IS（Information System，偏软件）职能里推广使用的，后来逐步应用到供应链物流领域。

在分散型的组织结构中，如图 10-7 所示，每个国家或地区都有自己的财务，IT/IS 和供应链职能，但是跨国业务单元之间缺少内部沟通，协同合作效率低下。比如，集团内部的姐妹工厂，使用的 ERP 系统和供应链流程都不一样，在订单交付过程中存在大量问题，沟通效率甚至还不及外部供应商。在这种背景下，共享服务中心组织结构应运而生了。

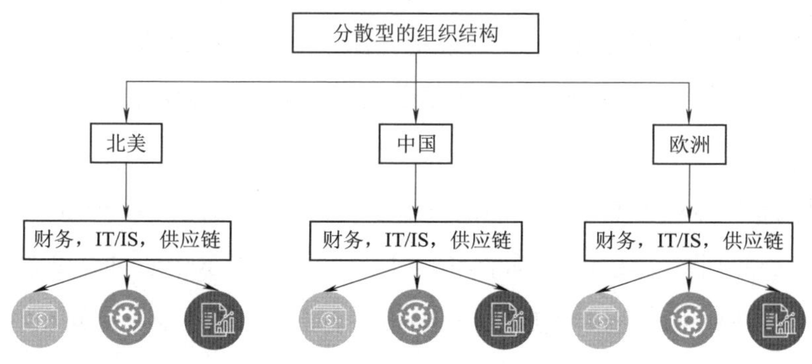

图 10-7　分散型组织结构

2. 共享服务中心组织结构模式

在共享服务中心组织结构中，建立起了区域性的职能部门，负责制定统一的标准和系统，协调各个国家之间的业务，如图 10-8 所示。

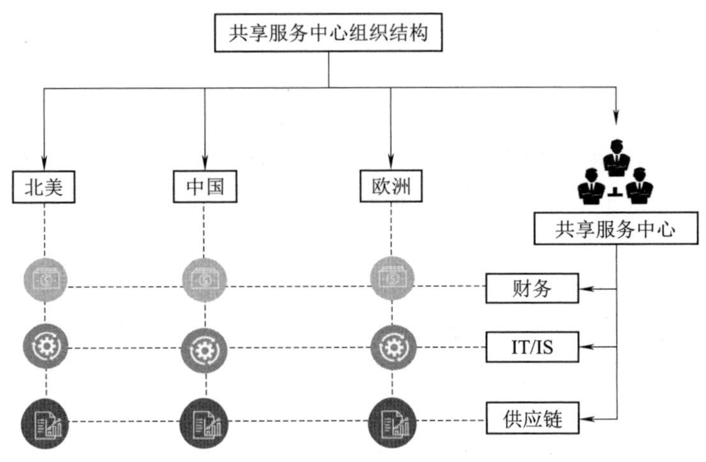

图 10-8　共享服务中心组织结构

在供应链共享服务中心模式中，较为普遍的组织结构是，每个工厂的供应链经理除了向总经理汇报以外，还需要向共享服务中心的供应链总监虚线汇报。工厂需要汇报给共享服务中心每个月运营的绩效，比如库存、准时交货率、运费等。而共享服务中心会根据工厂的情况，结合集团的供应链战略，制订一些持续改善的行动计划，并配合工厂一起实施。共享服务中心一方面监督管辖范围内工厂的运营情况，另一方面给予对方各种支持，包括信息系统应用、实物流优化、仓库现场改善等。

如果共享服务中心有区域性的供应链设计经理的岗位，那么在工厂的供应链设计人员也要向前者虚线汇报，如图 10-9 所示。共享服务中心可以整合所有工厂的物流业务，来和供应商谈判获取优惠的报价，同时凭借着专业的知识和技能，更好地管控供应链各项活动。

共享服务中心为集团内部所有供应链活动制定了统一的标准，推广最佳实践。每年还会定期组织工厂的供应链负责人参加研讨会，分享成功的经验，增进彼此之间的了解。

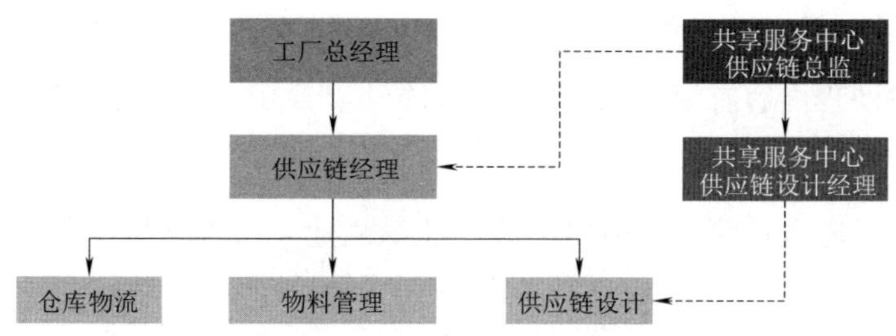

图 10-9　工厂和共享服务中心供应链组织结构图

10.3　供应链职业教育和相关培训证书

10.3.1　供应链教育如何与职场衔接

随着供应链管理岗位人才需求逐年递增，国内已经有多所大学开设了供应链管理本科专业。在教育部公布的 2018 年度普通高等学校本科专业备案和审批结果的通知中，共有 7 所高校新增了供应链管理专业，为国家和企业培养大批具有扎实理论基础的人才，见表 10-1。

表 10-1　7 所高校供应链管理专业正式上线

主管部门、学校名称	专业名称	专业代码	学位授予门类	修业年限
中央财经大学	供应链管理	120604T	管理学	四年
北京物资学院	供应链管理	120604T	管理学	四年
保定学院	供应链管理	120604T	管理学	四年
营口理工学院	供应链管理	120604T	管理学	四年
上海海事大学	供应链管理	120604T	管理学	四年
西交利物浦大学	供应链管理	120604T	管理学	四年
合肥学院	供应链管理	120604T	管理学	四年

除此之外，还有更多的高校正在筹划设立供应链管理专业，一些高校拟定的供应链专业设置中，课程的覆盖面很广，包括编程、博弈论运筹学、供应链金融、人力资源、产业组织、精益、规划战略和一些具体实操等，虽然课程的面很广，但每门课的学分都不多，这意味着教学内容可能不是很深入。

供应链管理是一门很注重实操的学科，如果学生在每一门课程里只学到一点皮毛，难以对课程内容有深度的理解，并不能学以致用。毕业后，所学知识和实际工作情况可能相差很远。

有鉴于此，笔者建议要从事供应链行业的从业者可以从以下几个方面加强自己的学习。

1. 研究最新科技应用

供应链，尤其是物流发展迭代非常快，并且有很多的前沿科技应用，如人工智能、区块链、云计算、大数据等。如今，学校里的一些理论研究落后于科技应用的发展，相关人员在学习时，可以多注重这些方面知识的学习。

2. 紧跟供应链潮流

供应链管理是与时俱进的专业，比如 SCOR 供应链运营参考模型已经更新到了第 12 版，每次升级都会引入一些新兴实践，同时淘汰一些过时的内容。因此，我们在学习供应链相关内容时，应选用最新的版本。

3. 新的学习模式

体验式学习已成为改变供应链物流教育和一般工程教育的一个主要趋势。学生可以参加实习和项目研究，以便能够运用创造性的方式，把学到的知识投入应用。如果参与采购分析项目，学习者就能具备选择最佳供应商的方法，并掌握沟通交流的技巧。如果参加物流分析项目，学习者就可以知道如何创建或修改模型，使用模型优化供应链决策，获取最大化回报，并最大限度地降低公司风险。

4. 与企业合作

高校可以聘请企业资深管理人士作为兼职讲师，为学生带来最新的成功企业实战经验。企业一线管理人员每天接触供应链日常事务，在日复一日的工作中，形成自己对供应链独特的见解，并拥有深度的洞察力，他们的理论知识可能不及高校教师，但是在实际应用层面上的丰富经验，可以给学生带来供应链领域最前沿的应用，以及未来趋势的前瞻判断。

5. 去公司实习

在岗培训，实习生可以积累经验，即使是初级的文书工作也能积攒宝贵经验，如果有机会，实习生也可以参与运营工作，获得珍贵的实战经验值。

6. 继续教育

在当今瞬息万变的市场中，供应链和物流教育机构必须快速响应，不仅要赶上行业趋势，而且要加快教育创新的步伐。供应链从业人员需要加速专业技术进步，才能满足岗位的期望要求。供应链从业者应当建立终身学习的价值观，切忌故步自封，把老一套的经验方法，应用在不断变化的市场环境中。

10.3.2　供应链培训证书

企业的供应链管理部门是负责统筹规划销售、生产和运营的核心部门。需要员工既有理论知识，又有实践经验。对于新入职员工，应当提供充足的培训，以确保他们有足够的知识和技能来完成日常的工作。随着供应链业务日趋复杂，对员工的能力要求也随之提高，以供应链计划人员为例，企业希望员工既懂数据分析，也要深谙自家的业务模式。因此，企业需要为员工提供必要的培训，确保他们拥有足够的能力来满足企业的要求。

1. 供应链证书

市场中关于供应链相关培训课程有很多，根据网站 Supply Chain 247 在 2014 年的一次调查，评选出了全球供应链运营相关证书的前十名，见表 10-2。

表 10-2　2014 年世界供应链协会认证排名

排名	协会组织名称	培训认证名称	权重得分
1	Association for Supply Chain Management（原 APICS）	CPIM/CSCP	857
2	Association for Supply Chain Management（原 APICS）	SCOR Professional	368
3	Institute of Supply Management	CPSM/CSM/CPSD	286
4	Project Manager Professional	PMI Certifications	202
5	Council of Supply Chain Management Professionals	SCPro Certification	198
6	Chartered Institute of Purchasing and Supply	CIPS Qualifications	136
7	Chartered Institute of Logistics and Transport	International Qualifications	84
8	Hazard Analysis and Critical Control Point	HACCP	71
9	Purchasing Management Association of Canada	SCMP Designation Program	67
10	Certified Management Accountant	CMA	56

2. 计划和库存管理认证(CPIM)

计划和库存管理认证(Certified in Planning and Inventory Management,简称CPIM),偏重于生产计划和库存控制,始于1973年,是ASCM最经典的认证。CPIM全方位阐述了计划、生产和库存管理、运营、供应链管理、物料采购、物料管理等。

CPIM可以帮助学习者掌握企业内部运作原理,深入了解需求管理的基础,规划并执行供应计划、库存管理、持续改进、质量管理、供应链科技、战略和S&OP,并提供将这些知识应用于整个扩展的供应链。CPIM是供应链入门级的认证,比较适合具有一定工作经验的人员。

知识总结

供应链组织究竟该如何搭建?企业需要结合自身情况,包括行业、规模和商业模式等全盘考虑。

由于供应链的应用不断推陈出新,从业人员需要定期学习最新理念和各类新的信息技术,来提升认知水平和业务能力。培训认证可以帮助我们完善知识体系,高含金量的证书也是职场升职加薪的有力砝码。